学前儿童科学教育

洪秀敏 编著

图书在版编目(CIP)数据

学前儿童科学教育/洪秀敏编著.—北京:北京大学出版社,2015.3
(21世纪学前教育专业规划教材)
ISBN 978-7-301-25505-6

Ⅰ.①学… Ⅱ.①洪… Ⅲ.①学前儿童—科学教育学—高等学校—教材 Ⅳ.①G613

中国版本图书馆CIP数据核字(2015)第032013号

书　　　名	学前儿童科学教育
著作责任者	洪秀敏　编著
责 任 编 辑	于　娜
标 准 书 号	ISBN 978-7-301-25505-6
出 版 发 行	北京大学出版社
地　　　址	北京市海淀区成府路205号　100871
网　　　址	http://www.pup.cn
电 子 信 箱	zyl@pup.pku.edu.cn
新 浪 微 博	@北京大学出版社
电　　　话	邮购部 62752015　发行部 62750672　编辑部 62767857
印 刷 者	河北滦县鑫华书刊印刷厂
经 销 者	新华书店
	787毫米×1092毫米　16开本　17印张　342千字
	2015年3月第1版　2020年11月第4次印刷
定　　　价	39.00元

未经许可，不得以任何方式复制或抄袭本书之部分或全部内容。
版权所有，侵权必究
举报电话：010-62752024　电子信箱：fd@pup.pku.edu.cn
图书如有印装质量问题，请与出版部联系，电话：010-62756370

内容简介

本书力求反映《幼儿园教育指导纲要(试行)》和《3—6岁儿童学习与发展指南》中科学领域教育的要求与精神,借鉴和吸纳当前国内外学前儿童科学教育的最新研究成果,着重探讨如何根据幼儿科学探究的过程和特点开展学前儿童科学教育的基本原理,旨在培养学生具有从事学前儿童科学领域教育与研究的专业素养。为提高学习者理论联系实际的能力,本书呈现了比较丰富的案例,希望帮助学习者在掌握学前儿童科学教育基本知识和基本原理的同时,能够结合具体实例提升分析问题、解决问题的实践能力。

本书适合学前教育专业师范生以及对学前儿童科学教育感兴趣的读者阅读。

作者简介

洪秀敏,教授,博士生导师,北京师范大学学前教育研究所(系)所长,世界学前教育组织中国委员会副秘书长,中国教育政策研究院学前教育政策研究中心副主任,北京幼儿科普协会理事。曾参加全国教育科学"十五"规划国家重点课题分课题"中国'做中学'科学教育实验"、中国科学技术协会"全民科学素质行动计划"(2049计划)等项目,获中国高校人文社会科学研究优秀成果奖、北京市高等教育教学成果奖、北京市哲学社会科学优秀成果奖、教育部高校哲学社会科学优秀咨询报告等荣誉。

前　言

随着科学技术的迅猛发展,人类社会已经进入了现代科技时代。"在这个充满了科学研究成果的世界里,科学素养对每个人来说都是必需的。每个人每天都需要运用科学信息帮助自己去做各种选择,每个人都需要机智地参与一些与科学、技术有关的公众讨论或争辩,每个人都应该与他人分享在理解和学习自然界的过程中所感受到的兴奋及满足感"(美国国家研究会,1996)。

学前儿童科学教育把幼儿探究自身和周围世界的自发需要纳入有目的、有计划的教育程序中,它对于幼儿认知、情感、态度、有关技能的发展具有重要的意义和价值,是全面发展教育中不可或缺的一个部分。目前,世界各国政府都高度重视公民科学素养的提高,重视从幼儿期开始的科学教育。科学教育在世界学校教育改革中享有很高的地位,突出地表现在从幼儿园开始各学段学校教育中。科学是很多国家课程中的核心课程之一,并且具有从幼儿园开始各个学段相互衔接的科学教育课程标准。

2001年,我国《幼儿园教育指导纲要(试行)》正式发布,将科学作为幼儿园课程中独立的一个领域提出,具有里程碑式的意义。2012年,《3—6岁儿童学习与发展指南》更是将《幼儿园教育指导纲要(试行)》中科学领域的目标、内容和指导要点进一步具体化,明确强调幼儿科学探究在科学领域教育中具有重要的意义和价值,并具体指出了科学探究的目标、科学探究活动的实施和支持幼儿科学探究需要注意的问题。

"学前儿童科学教育"是一门以课程与教学论的一般原理为依据,运用学前教育学、学前儿童发展心理学理论和原则来研究学前儿童科学教育活动过程的学科。它是一门应用性、实践性较强的学科,以培养学生具有从事学前儿童科学领域教育与研究的专业素养和教学能力为核心。为了使本书内容适应当前学前教育改革背景下幼儿园科学教育改革对幼儿园教师专业素养与能力的实际需求,从而使学生通过本书的学习,能够较好地理解和掌握学前儿童科学教育的基本知识、基本理论和基本原理,并提高开展学前儿童科学教育教学与研究的实践能力,本书在编写过程中试图突出以下三个写作特色。

第一,体现"以幼儿探究为本"的教育理念和教育策略。在《3—6岁儿童学习与发展指南》中,特别突出了幼儿科学探究在幼儿园科学领域教育中的重要价值和意义,而理解和掌握幼儿科学探究的过程和特点也应当是幼儿园实施科学教育和开展科学探究活动的前提和根本。因此,本书对幼儿科学探究的过程和特点进行了比较深入的介绍和讨论,试图帮助学习者强化以幼儿为本的价值取向和基本理念,并深刻理解幼儿科学探究发展的基本过程和年龄特点,以便增强对科学教育对象的认知,帮助学生学会尊重儿童、理解儿童、热爱儿童,努力成为儿童科学学习与探究发展的支持者和促进者。

第二,实践案例导引,强化实践应用取向。为强化领域教学课程的实践性,提升学生理论联系实践的能力,本书在撰写过程中,根据各章内容有针对性地选取了可读性较强的、有关幼儿科学探究和幼儿园科学教育教学等实践素材作为案例导引和资料支持,试图帮助学生更好地理解学前儿童科学教育的基本知识、基本规律和基本原理在实践中的具体运用,并逐步提高对学前儿童科学教育实践问题的分析能力和解决能力,为以后从事学前儿童科学教育教学与研究、自觉地将有关理论运用于实践奠定较好的基础。

第三,充分借鉴和吸纳国际学前阶段科学教育改革的先进经验。相对于我国刚刚起步不久的学前儿童科学教育改革,国外学前阶段科学教育改革的研究与实践比较成熟和发达,积累了丰富的有益经验。因此,本书在撰写过程中,比较广泛地搜集、整理和翻译了国际学前阶段科学教育改革的先进经验、先进做法等素材资料,特别是对近年来一些有代表性的国家开展的学前阶段科学课程标准研制、比较有影响的科学教育模式等进行了翻译、整理和比较详细的介绍,并选择和呈现了其中比较有代表性的、可资学习和借鉴的活动案例,希望能够开阔学生的视野,了解国际学前儿童科学教育的最新动态和研究成果。

本书在构思、研究与撰写过程中,参考、引用了许多专家、学者的研究成果,在此深致谢忱!在编写过程中,我的研究生李程、吴艳、韩慧菲、马群、顾红梅积极参与了相关资料和案例的搜集和翻译工作,付出了辛勤的劳动,在此表示感谢!北京大学出版社于娜老师对本书编写工作给予了大力支持,并进行了认真的审读和编辑,谨在此表示深深的感谢!同时,热忱希望关注我国学前儿童科学教育改革与发展的专家、学者、广大幼教工作者和读者们对书中的观点与内容不吝指正,提出宝贵的意见与建议。

洪秀敏
2015 年 1 月于北京师范大学

目 录

第一部分 学前儿童科学教育的基本问题

第一章 学前儿童科学教育导论 ······ 3
第一节 什么是科学 ······ 3
一、科学的本质 ······ 3
二、科学的内涵 ······ 7
第二节 学前儿童的科学 ······ 10
一、学前儿童科学的含义 ······ 10
二、学前儿童科学的特点 ······ 11
第三节 学前儿童科学教育的内涵与价值 ······ 13
一、学前儿童科学教育的内涵 ······ 13
二、学前儿童科学教育的特点 ······ 14
三、学前儿童科学教育的价值 ······ 17
第四节 国际学前儿童科学教育发展趋势 ······ 21
一、科学素养是科学教育的首要目标 ······ 21
二、科学探究是科学教育的本质追求 ······ 22
三、以现代社会生活为背景构建教育内容 ······ 22

本章小结 ······ 23
自我评量 ······ 24

第二章 学前儿童科学教育的理论基础 ······ 25
第一节 皮亚杰的认知发展理论 ······ 25
一、儿童认知发展阶段理论 ······ 26
二、科学概念的发展——"泛灵论" ······ 27
三、儿童因果关系的发展 ······ 29
四、儿童是主动学习的个体 ······ 30
五、皮亚杰观点的启示 ······ 31
第二节 维果茨基有关儿童科学概念发展的研究 ······ 32
一、"最近发展区"理论 ······ 32
二、关于儿童科学概念发展的观点 ······ 33

三、维果茨基观点的启示 …………………………………………… 34
第三节　布鲁纳的"发现学习法" ……………………………………… 34
　　一、概念发展的阶段论 ……………………………………………… 35
　　二、发现学习法 ……………………………………………………… 35
　　三、发现学习法的启示 ……………………………………………… 36
第四节　建构主义理论 …………………………………………………… 37
　　一、儿童朴素理论 …………………………………………………… 37
　　二、概念转换理论 …………………………………………………… 40
　　三、建构主义理论的教育启示 ……………………………………… 42
本章小结 ……………………………………………………………………… 43
自我评量 ……………………………………………………………………… 43

第二部分　如何教幼儿学科学

第三章　学前儿童科学教育的基本要求 …………………………………… 47
第一节　我国学前儿童科学教育的发展沿革 ………………………… 47
　　一、蒙学读本中的科学启蒙教育 …………………………………… 47
　　二、近代儿童科学教育的萌芽 ……………………………………… 48
　　三、现当代儿童科学教育的发展 …………………………………… 49
第二节　《纲要》中科学领域的基本要求 ……………………………… 51
　　一、《纲要》中科学领域的目标 …………………………………… 51
　　二、《纲要》中科学领域的内容与要求 …………………………… 61
　　三、《纲要》中科学领域的指导要点 ……………………………… 75
第三节　《指南》中科学领域的基本要求 ……………………………… 78
　　一、《指南》中科学领域的目标 …………………………………… 78
　　二、《指南》中科学领域的教育建议 ……………………………… 86
本章小结 ……………………………………………………………………… 90
自我评量 ……………………………………………………………………… 90

第四章　幼儿科学探究的过程与特点 ……………………………………… 91
第一节　幼儿科学探究的本质与内涵 ………………………………… 91
　　一、幼儿科学探究的可能性与必然性 ……………………………… 91
　　二、幼儿科学探究的本质 …………………………………………… 92
　　三、幼儿科学探究的内涵 …………………………………………… 95
第二节　幼儿科学探究的过程与特点 ………………………………… 98
　　一、幼儿科学探究的基本过程 ……………………………………… 99
　　二、幼儿的探究与科学家的探究 …………………………………… 106

　　　　三、幼儿科学探究的独特特点 ………………………………………… 113
　　第三节　幼儿科学探究的年龄特征 ……………………………………… 117
　　　　一、小班幼儿科学探究的年龄特征 ……………………………………… 118
　　　　二、中班幼儿科学探究的年龄特征 ……………………………………… 119
　　　　三、大班幼儿科学探究的年龄特征 ……………………………………… 121
　本章小结 ………………………………………………………………………… 123
　自我评量 ………………………………………………………………………… 123

第五章　幼儿园科学探究活动的设计与实施 ………………………………… 125
　　第一节　主题科学探究活动 ……………………………………………… 125
　　　　一、主题科学探究活动的选题 …………………………………………… 125
　　　　二、主题科学探究活动的设计 …………………………………………… 126
　　　　三、主题科学探究活动的实施指导 ……………………………………… 140
　　第二节　区域科学探究活动 ……………………………………………… 160
　　　　一、科学区活动的设计与实施指导 ……………………………………… 161
　　　　二、自然角和动植物园的设计与实施指导 ……………………………… 163
　　　　三、科学发现室的设计与实施指导 ……………………………………… 165
　　第三节　偶发性科学探究活动 …………………………………………… 170
　　　　一、偶发性科学探究活动的特点 ………………………………………… 170
　　　　二、偶发性科学探究活动的类型 ………………………………………… 171
　　　　三、偶发性科学探究活动中教师的应对策略 …………………………… 172
　本章小结 ………………………………………………………………………… 176
　自我评量 ………………………………………………………………………… 176

第六章　幼儿园科学探究活动的评价 ………………………………………… 177
　　第一节　学前儿童科学探究活动评价的内容 …………………………… 177
　　　　一、对科学探究活动的评价 ……………………………………………… 177
　　　　二、对幼儿发展的评价 …………………………………………………… 182
　　第二节　学前儿童科学探究活动评价的方法 …………………………… 190
　　　　一、收集评价资料的方法 ………………………………………………… 190
　　　　二、处理评价资料的方法 ………………………………………………… 202
　本章小结 ………………………………………………………………………… 205
　自我评量 ………………………………………………………………………… 205

第七章　国际学前阶段科学教育标准及课程模式 …………………………… 207
　　第一节　国际学前阶段科学教育新标准 ………………………………… 207
　　　　一、美国《新一代科学教育标准》 ……………………………………… 207

二、英国《国家科学教育课程标准》 ·················· 219
三、澳大利亚《科学课程标准》 ····················· 230
第二节　国际学前阶段代表性科学课程模式 ················ 236
一、美国 FOSS ································· 236
二、法国动手做——LAMAP ························ 243
本章小结 ··· 249
自我评量 ··· 249

结语：如何做一名有准备的教师 ···················· 250
一、有准备的环境 ································ 250
二、有准备的教师 ································ 254

参考文献 ······································· 259

第一部分

学前儿童科学教育的基本问题

2001年,教育部颁布的《幼儿园教育指导纲要(试行)》首次对幼儿园科学教育的目标和内容进行了比较清楚的描述,"科学"第一次被正式列入幼儿园教育内容中。至此,"科学"除去了神秘的面纱,有关"要不要对幼儿进行科学教育"的问题也有了明确答案。幼儿园教育内容抛却了过去的"常识教育","科学教育"取而代之,可谓是中国的学前教育在历史发展的长河中前进了一大步。从此,科学走近了幼儿,幼儿也走进了科学。

然而在实践过程中,学前儿童科学教育的实施也面临着诸多的难题。相较于艺术、语言等领域,幼儿园教师对于科学教育似乎怀有一种恐惧,甚至是排斥心理。其缘由概莫如下:"科学太难教了,我自己对科学知识就不怎么了解,孩子问我的许多问题,我都不知道怎么回答";"这些东西,到了小学、初中,还是要重新再教一遍,何必现在浪费时间?";"那些概念,孩子们能理解吗?能掌握吗?大多数时候都是当时记住了、能说出来,过几天就又全忘记了,有什么意义呢?"等等。

这些想法和顾虑反映了当前学前儿童科学教育领域中普遍存在的问题。的确,幼儿园教师科学知识普遍匮乏是阻碍学前科学教育实践的现实因素,然而问题的根源却在于,教师们对学前儿童科学教育的基本问题认识不清。这其中包括,对于科学的本质缺乏深入了解,对于学前儿童科学教育重要教育价值的漠视,以及对于科学教育的发展历史与趋势的认识较为模糊等。

因此,本书的第一部分着重对学前儿童科学教育的本质、特征、内涵、价值、国际发展趋势以及学前儿童科学教育的理论基础等进行论述,以期让读者能够在深入了解学前科学教育、开展丰富的儿童科学活动之前,树立起正确的学前儿童科学教育观。

第一章　学前儿童科学教育导论

1. 了解科学的本质。
2. 了解学前儿童科学的含义及特点。
3. 理解并掌握学前儿童科学教育的内涵。
4. 了解和掌握国际学前儿童科学教育的发展趋势。

清晰明确的概念是一切工作的逻辑起点。本书在深入探讨学前儿童科学教育的内容、方法之前,所要解决的重要问题是厘清与学前儿童科学教育相关的诸多概念,如:科学、学前儿童的科学、科学教育、学前儿童的科学教育等。

第一节　什么是科学

在科学教育中,科学的本质是一个至关重要的问题。科学教育必须反映和体现科学的本质。

科学是什么? 一般人可能首先想到的是那些在实验室里身着白大褂、手拿试剂瓶、眼戴护目镜的科学家们正在进行的实验研究;也可能想到的是物理、化学、数学、天文学等具体的学科知识。其实,在漫长的历史进程中,人们对于这个问题,并没有一致的看法。科学通过多种方式与社会发生相互作用,其本身在发展的过程中不断丰富和改变着自身的含义。在当代,科学已被赋予了丰富的内涵。随着人们对科学本质探讨的不断深入,这个问题的答案可以从以下三种不同界定中一探究竟。

一、科学的本质

(一) 科学是知识

科学是反映客观知识和规律的知识。

在1999年出版的《辞海》中,科学被定义为"运用范畴、定理、定律等思维形式反映现实世界各种现象的本质和规律的知识体系"。这也反映了多数人对科学的理解——"科学即知识"。科学即知识,并不意味着每一种知识都是科学,只有反映了客观事实和规律的知识才是科学。作为一种知识体系,与其他知识相比,科学知识具有不同的特点。

1. 科学知识具有真理性

科学知识的真理性是指科学知识必须符合客观事实，它是对客观世界的真实反映。任何不能正确反映客观世界的知识，或是与客观事实相悖的理论、见解都应该排除在科学知识的体系之外。然而，应当注意的是，科学知识的真理性是相对的，而不是绝对的。因为人们对事物的科学认识并不是一成不变的，而是不断变化发展的。过去认为是正确的、科学的知识可能随着新的事实的发现而被推翻，受到否定。应该说，科学是在不断的自我否定与自我修正中得以发展的。哥白尼（Nicolaus Copernicus）提出的"日心说"取代了长久以来的"地心说"，成为科学史上的一大进步。现在，我们又认识到，太阳作为一颗恒星，也不是静止不动的，它不是宇宙的中心，只是宇宙中微不足道的部分。

由此可见，科学没有最终的结论，更没有永远正确的结论。在不同的时代，不同的认识水平下，人们对于"科学"的认识都是不同的。科学的真理性不在于它对世界的解释是永远正确的，而在于它始终保持着开放性，始终在不断的自我否定与修正中客观地反映事物的本真。

2. 科学知识具有经验性

科学知识的经验性是指科学知识来源于经验性的活动，且是一种在思辨基础上的经验性活动，而不是任何人的主观臆断。

所谓的思辨基础上的经验性活动，具体是指在搜集和整理客观信息、并在客观信息的基础上，进行思维加工，从而得出结论。它强调的是客观的事实证据，由此可见，那些通过主观直觉获得的未经证实的感悟，或是出自权威人物的论断，以及那些打着科学旗帜的"伪科学"知识，都不是科学。因为它们都不是建立在客观事实证据的基础之上的。但是，科学知识的经验性并不排除理性的思考。正如达尔文（C. R. Darwin）所言，"科学就是整理事实，从中发现规律，得出结论"。关键在于这些思考必须建立在客观事实的基础之上，而不是主观臆想。

此外，我们也不能把科学知识的经验性狭隘地理解为个人的亲身经验。经验也有直接、间接之分。书上的科学知识，作为前人实践经验的结晶，对我们来说是一种宝贵的间接经验。"站在前人的肩膀上"是我们获得科学知识的重要途径。

3. 科学知识具有可重复性

科学知识具有可重复性是指科学应该是可以验证的、有规律性的知识，应该能经得起时间以及实践的检验。即，无论何人在何时何地重复某一实验，都能得到同样的结果，这说明这一结论是经得起验证的，是真正科学的、可靠的。

例如，人们在观察月相以及月食现象的事实基础上，总结出月食发生的规律。如果这个规律能够进一步被事实所验证，我们就可以认为它是正确的；否则，就可以认为它是错误的，至少是不完全正确的。同样，哈雷彗星的发现也可以说明科学知识是可以验证的有规律的知识。

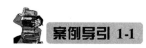
案例导引 1-1

1682年8月，天空中出现了一颗用肉眼可见的亮彗星，它的后面拖着一条清晰可见、弯弯的尾巴。这颗彗星的出现引起了几乎所有天文学家的关注。当时，年仅26岁的英国天文学家哈雷(Halley)对这颗彗星尤为感兴趣。他仔细观测、记录了彗星的位置和它在星空中的逐日变化。

在哈雷生活的那个时代，还没有人意识到彗星会定期回到太阳附近。自从哈雷产生了这个大胆的念头后，便怀着极大的兴趣，全身心地投入到对彗星的观测和研究中去了。在通过大量的观测、研究和计算后他大胆地预言，1682年出现的那颗彗星，将于1758年年底或1759年年初再次回归。哈雷作出这个预言时已近50岁了，而他的预言是否正确，还需等待50年的时间。在哈雷去世十多年后，1758年年底，这颗第一个被预报回归的彗星被一位业余天文学家观测到了，它准时地回到了太阳附近。哈雷在18世纪初的预言，经过半个多世纪的时间终于得到了证实。后人为了纪念他，把这颗彗星命名为"哈雷彗星"。

总之，科学知识是指人类经过科学研究而积累的，对客观世界和人类自身的系统的认识。这个认识是一个不断修正、不断深入，以逐步逼近客观存在的过程。科学知识的表现形式有科学事实、科学概念、科学原理、科学理论和科学模型等。科学知识并不是固定不变的真理，更不是绝对不变的真理，科学具有开放性。我们可以把科学知识的可重复性理解为经验性的延伸。即科学知识不仅来源于经验，而且需要不断接受经验的检验。人类对客观世界的探究进程会持续不断地深入下去，科学研究就是这样不断地肯定、否定、否定之否定，依靠实证来不断逼近自然界客观存在的真理，以丰富和调整原有的科学知识体系。

（二）科学是过程

随着社会的进步和科技的发展，人们对于科学本质的认识也日趋深入。许多学者从科学认识论的角度提出，科学是探索世界、获取知识的过程。它不仅仅是知识体系，还是一种通过亲身经历去探求自然事物意义，进而理解这个世界的过程。

从静态角度分析，我们可以说，"科学是反映客观事实和规律的知识体系"。但从动态角度来看，科学则是人类的一种特殊活动，它是以事实为依据、以发现规律为目的的社会活动。这种活动是通过各种手段去感知客观事物，在大量感性经验的基础上，再运用理论思维去把握事物本质，获取知识的过程。即"科学是过程"，既包括了科学知识的获得离不开科学探究过程，任何科学知识的获得都要经历人们的探究过程；也表现为结论的科学性与过程的科学性的高度统一。

1. 科学知识的获得离不开科学过程

任何科学知识都不是独立于科学过程之外的,相反,它是科学过程的产物。

以案例导引1-1提及的哈雷彗星的运行轨迹为例,人们今天拥有的关于科学的各种知识,都是在长期的科学探究的过程中获得的。一颗肉眼观测到的星星,引发了哈雷的研究兴趣,他怀着极大的兴趣,全身心地投入到对彗星的观测和研究中去了。在通过大量的观测、研究和计算后他大胆假设,彗星会定时回到太阳的周边。经过50年时间的等待检测,哈雷的预测被证实是正确的。

由此可见,科学知识的获得与科学过程是密不可分的。任何科学都不是权威论断、或是主观臆断,而是事实的证据和合乎逻辑的推理,即科学探索的过程。

2. 科学不仅表现为结论的科学性,也表现为过程的科学性

从"活动过程"这一动态的视角来看,科学知识是动态发展的,没有永远的真理。过去认为是正确的、科学的知识完全可能被新的事实所推翻否定,被新的认识和理论所取代。虽然科学知识可以被推翻,但是我们获得科学知识的基本过程却会一直存在并长期起作用。从某种意义上说,科学的客观性,不仅在于其认识结果的客观性,即科学知识符合客观实际;更在于它的过程的客观性,即在可观察的客观事实基础上进行合乎逻辑的推理,并将推理的结果进行验证。

随着科学技术的进步,科学研究的手段也在日益更新,科学过程也日益复杂。从肉眼的观察,到光学显微镜的使用,再到电子显微镜的应用,工具虽然有所改进,但观察作为科学过程中不可缺少的方法却一直存在。科学认识过程的客观性保证了科学知识的客观性,保证了科学知识在新的事实证据面前,能及时修正自己,使之成为一个开放的知识体系。

因此,从辩证的观点来看,科学应该是科学知识与科学认识过程的统一。就人类整个科学认识而言,它不是一个静态的知识体系,而是一个动态的发展变化的过程。科学不仅是指人们对客观世界的一种正确认识和知识体系,同时也是人们用科学的方法探索世界、获得知识的过程。科学是科学探索过程与结果的统一,表现为过程的科学性与结论的科学性的统一。科学知识的获得要依赖于科学过程,过程的客观性保证了知识的客观性。

(三)科学是世界观

从广义上说,科学意味着看待世界的态度与方法,科学本身就是一种价值观,是科学精神与科学态度。

20世纪90年代,美国科学促进会在《面向全体美国人的科学》(*Science for All Americans*)一书中提出:"科学世界观"的内涵应该包括:世界是可以认识的;科学认识是可以改变的;科学知识是持久的;科学不能为所有的问题提供完善答案。保加利亚学者优尔科夫认为,"科学的本质,不在于已经认识的真理,而在于探索真理"。今天,人们普遍认为,科学不是纯粹客观、价值中立的,它本身就是一种精神、一种价值追求。科学体现了人类所共同追求和崇尚的价值观——诚实、勤奋、公正、好奇、质疑、想象等。科学研究需要严肃认真、客观公正、敢于创新、独立思考、尊重事实、坚持真理、谦虚谨慎、乐于合作等态度和精神。尽管这些价值观不是科学所特有的，但是它们在科学中得到了充分的体现，构成了科学所不可或缺的内涵。

综上所述，我们可以为科学的本质做一个全面的阐释：科学是人们对客观世界的正确认识，是人们探索世界、获取知识的过程；是一种世界观、一种看待世界的方法和态度。科学的本质在于探究。科学过程的核心在于探究过程，科学态度的核心在于探究精神。而科学知识，正是科学探究的具体结果。

二、科学的内涵

为了全面、深入地认识和理解科学，把握科学的本质，可以从不同的角度对科学的内涵进行阐释。

(一) 作为探究与思维的科学

探究是人类认识世界的一种最基本的方式，人类正是在对未知领域的不断探索中认识世界的。正如美国《国家科学教育标准》所指出的："科学家们总是不断为他们的解释的正确性而奋斗"，而"正确的解释"（科学概念、定律和理论）的形成和完善又是依靠不断的探究或大胆的质疑完成的。美国学者兰本达、布莱克伍德和布兰德韦恩也认为，科学是一种"探究意义的经历"，发现意义、领会意义是经历、卷入、参与的结果，没有这些先决条件，就不可能真正理解事物的意义。

同时，科学作为一种探究，不仅强调科学的过程性，而且将科学的思维与科学的探究过程紧密地结合在一起。实用主义的重要代表人物之一、美国哲学家和教育家杜威就曾指出，探究是"对任何一种信念或假设的知识进行的积极、持续、审慎的思考"。在科学探究中，人们不仅使用观察、分类、交流、测量、推论、预测、假设等科学方法，而且使用逻辑、想象以及以证据为基础的思维来形成并修正科学解释，识别和分析各种模型，交流并捍卫自己得出的科学结论。因此可以说，科学发展的历史就是探究的历史、思维发展的历史。

对于科学的探究过程，美国《国家科学教育标准》提出，科学探究的过程主要包括：进行观察；提出问题；查阅书籍和其他信息资源来寻找已有知识；利用各种工具搜集、分析并解释数据；作出答案、解释或预言；交流结果。研究者们对于科学探究基本框架的认识是基本一致的，即科学探究主要包括观察和提出问题、形成假设、实验求证、得出和交流结论四大基本步骤。

(1) 观察和提出问题：观察是科学探究的基石。通过观察可以发现自然世界中未知的各种事物和现象，从而提出问题。因此，观察和提出问题是密不可分的。但是，并不是所有的观察都能导致提出问题。在科学探究中，个体要经常审视自己知识的界限，探寻运用已知的理论所无法解释的难点，从而确立需要探究的事实。

(2) 形成假设：假设源于个体所提出的问题，是对于问题的一种简洁陈述，它试图解释一种模式或预测一种结果。虽然假设只是一种试验性的观点，必须通过观察或实验加以验证,但它能帮助探究者澄清思想和说明关系。

（3）实验求证:实验是对观察和假设的一种验证,通过实验,假设就可以被证实或支持,而那些由"权威"传递的错误观念也可以被抛弃。实验是有明确程序,并可重复进行的探究方法,它常用来验证一个包含因果关系的假设。

（4）得出和交流结论:在对假设进行验证的基础上,个体总结其发现并得出和形成结论。科学结论有可能是对假设的支持,也有可能是对假设的否定,并提出新的假设。因此,得出结论常常并不是科学探究的结束,而是新探究的开始,科学正是在这种循环不断的探究中获得发展的。

（二）作为态度与精神的科学

在对科学本质的理解中,仅仅把科学理解为人类的一种探究与思维是不够的,科学还是一种态度与精神。所谓科学态度,是个体基于对科学本质的理解、对科学价值观认同基础上的一种情感和行为倾向。所谓科学精神,是个体在科学活动中所形成和表现出来的人格特征,是各种科学价值观、科学品质以及行为准则的整合。科学态度作为一种建立在科学观念基础上的心理与行为倾向,与由各种科学观念整合而成的科学精神是密切相联的。① 科学态度是科学精神的重要组成部分,科学精神是科学态度的内化与升华。

对于科学态度与科学精神的具体内容,研究者们认为,求实、严谨、怀疑、创新、坚持、合作等是科学态度与精神的重要体现。

- 求实:即按照事物的本来面目认识事实,不带有成见和偏向性。在科学探究中,应尽量摈除各种可能造成偏见的个人、宗教或社会因素,尊重事实,追求真理。同时,要能够倾听和尊重他人的意见,能接受他人的正确意见,并修正自己的观点。

- 严谨:严谨是现代科学技术的生命,是科学研究的必要条件。在科学研究中,从资料的搜集、整理、分析、推理、实验到最终得出结论,都需要严谨,不能忽略事物的细微差别和任何细小的发现,在没有获得充分的证据之前绝不能随意作出判断或结论,否则就无法保证科学研究结论的精确性与可靠性。

- 怀疑:科学之所以为科学,是因为科学追求真理,强调实证和科学推理,不崇拜任何权威,不轻信,不盲从,更不迷信。同时,从科学理论的发展来看,科学知识与理论总是在不断发展的,因此,应该用一种客观的和开放的心态来看待科学,以怀疑和批判的思维来评判科学理论的发展。

- 创新:创新就是在已有知识的基础上,凭借自己的智力去发现、掌握尚未知晓的知识,并加以运用。科学活动的基本特征是永无止境地探索未知、追求真理,科学对真理的追求表现为对真理的发展。科学必须创新,创新是科学的生命和灵魂。

- 坚持:科学成果之所以宝贵,不仅在于它能够造福人类,对人类社会发展具有巨大的推动作用,也在于科学成果中饱含着科学家的艰辛和不懈追求,追求科学的

---

① 陈琴,庞丽娟.科学探究:本质、特征与过程的思考[J].教育科学,2005(1):1-5.

道路充满着困难和挫折。科学发展的历史证明,坚持是科学态度和精神的一项重要内容,是科学家最宝贵的精神品格之一。

- 合作:科学研究离不开科学家之间的合作。如果说现代意义上的科学是从某些科学家个人的研究开始的话,那么随着科学的发展,它越来越成为科学家们的一项共同事业。正如美国著名科学家托马斯·库恩所指出的,在现代社会,科学的主体是科学家共同体或科学家集团。科学的这种社会性随着科学综合性的不断增强而愈显突出。

(三) 作为知识与能力的科学

除探究与思维、态度与精神外,科学还是人类的一种重要的知识与能力。科学知识是人类在试图了解和认识宇宙自然时所努力获取的有关事实和理论的信息。产生于众多不同科学领域的知识共同构成了科学知识体,它是人类创造的成果。科学知识是不断修正和完善的,它会因为新的现象、新的实验所带来的新问题和新理解而不断改变和扩增,不存在永恒不变的科学真理。正如美国《科学素养的基准》所指出的,"当新的问题出现时,就会提出新的理论,发明新的装置,开发新的技术……而新的理论又会促成新的实验和新的观察……如此继续下去"。

在整个科学知识体系中,存在四种不同层次和水平的科学知识:科学事实、科学概念、科学理论和科学模型。不同的科学知识相互影响、互为基础、层层递进,共同构成一个科学知识体。在不同发展阶段,个体对于不同科学知识的理解和发展水平不同。

- 科学事实:科学事实是科学概念、科学规则和科学理论产生和发展的基础。由于事实是我们通过自身感官所感知到的事物的状况,并且是一种客观存在,因此,通常被认为是可靠的信息。但实际上,由于一些不确定和限制性因素的存在,我们通过感官获得而认识的科学事实也包含一些错误的可能性。随着科技的发展和认知水平的提高,人们对于科学事实的认识也会不断丰富和深入。

- 科学概念:科学概念是在科学事实的基础上,运用思维和推理来确认和在一些事实或信息间建立起有意义的联系,将其所具有的本质特点进行抽取和概括而形成概念。概念反映的是客观事物内在、共同和本质的特征,是具有共同特征或特性的事件、事物或现象的抽象化。概念的形成和发展是一个活跃的过程,包括了三个不同的层次:概念系统、概念和子概念。

- 科学理论:与科学事实、概念不同,科学理论不只停留于对现象的分类和描述,而是达到解释的水平。运用科学理论可以对那些模糊和隐藏在直接观察外的复杂的现实进行解释。科学理论从不会成为科学事实,它在被证明有误或修改前保持暂时性。正如史蒂芬·霍金所描述的那样:"在它只是假设的意义上来讲,任何物理理论总是临时性的:你永远不可能将它证明。不管多少回实验的结果和某一理论相一致,你永远不可能断定下次结果不会和它矛盾。"

- 科学模型:科学模型就是一种理论阐述,用以解释和整合已知的信息来适合一个特定的自然现象。模型有助于个体将一个规则或理论中最显著的特征概念化。通常,模型是从抽象的思想中推论出来的,它们在现实中并不存在。科学模型的建构是一个曲折的过程,随着信息的积累和补充,已有的模型就要作出修改以调和新的信息,甚至形成一个新的模型来替代原有模型。科学知识获得的过程也是科学能力形成和发展的过程。通过上述分析可以看到,科学知识体系的建立是一个层层递进、不断深入的发展过程。在这一过程中,知识的发展并不只是简单的量的积累,而是包含着复杂的思维加工过程,从科学事实的认识到科学概念的形成、科学理论的建立和科学模型的建构,个体必须深入地认识和理解各种科学知识,探讨和分析各种科学知识之间的关联以及存在此种关联的原因,并且运用这些科学思想来解释和预测其他的自然现象或问题。因此,在科学知识的获得过程中,个体理解和运用科学知识的能力也相应得到了发展和提高。由此可见,在科学的发展中,科学知识的获得与科学能力的发展是密切相联的,知识是能力获得的基础和载体,能力是知识发展的保障。

第二节　学前儿童的科学

今天,人们已经日益认识到科学对于人类发展的重要作用,但仍有很多人认为科学是成人、是科学家的事情,与儿童无关。其实这种认识是错误的。幼儿对周围的事物怀有浓厚的好奇心,总有千万个问不完的问题,想知道事物到底是怎么样的,为什么会这样。例如:天空为什么是蓝色的?太阳为什么从东边升起?我是从哪里来的?……学前儿童的科学就掩藏在问题与寻找那些问题的答案的各种探索活动之中。

一、学前儿童科学的含义

我们应当承认儿童的世界是有科学的。因为早在儿童发展的初期,他们就已经出现了对周围世界的好奇、探索和思考等探究性活动,这些活动即是学前儿童的科学。它来自于儿童的本能,孩子在不知不觉中运用了科学探究的方法,展现了孜孜以求的科学态度,更呈现了推理思考的科学特质。这些发自儿童内心的自发性活动,正是最初的科学活动,也正体现了科学的本质——探究。

儿童不仅是一个好奇者、发问者,也是行动者、实践者。例如,洗手时,他们会用手去堵住水龙头,看看会发生什么;洗袜子时,他们会把袜子套在水龙头上,发现袜子鼓起来了……生活中这样的场景屡见不鲜,尤其是那些越不知道或者越被禁止的事物,越能够激发孩子的好奇心和探索的欲望。例如,家具高处的神秘景象,总能激发儿童攀高的欲望,他们想一看究竟;对禁止他们碰触的热水瓶等危险物品,他们却总是充满着好奇。儿童常常在好奇心的驱使下去了解周围事物,用手抓握,观其形,听其声,闻其味,甚至借助工具摆弄,这与科学家的探究行为颇为相似,只是更加大胆和粗糙。但不可否认的是,每一个儿童都可以被称为"小小科学家"。

科学的本质在于探究,确立以探究为核心的全面的科学观,对于理解"学前儿童的科学"至关重要;而理解"学前儿童的科学",对于教师实施有效的学前儿童科学教育至关重要。学前儿童的科学,即是幼儿对事物表现出好奇、提出问题、进行探究、寻求解释的一系列探究活动,尽管他们最后并没有得出在成人看来"正确的"结论。

二、学前儿童科学的特点

承认学前儿童有自己的科学是我们开展科学教育的前提。幼儿对周围的事物充满了疑问,学前儿童科学是儿童用他们独特的理解方式创造出来的一片璀璨天空。一方面,它既充满着科学的探究精神,又不同于成人理解的科学。[①] 因为他们对整个世界充满了好奇心,会大胆地尝试与探索,并试图去理解周围的世界。但另一方面,限于儿童的发展水平,他们的思维还依赖于具体的动作和表象,不能进行抽象的逻辑思考。这也使得儿童的科学区别于成人的科学,形成了学前儿童科学独有的特点。与成人科学相比,学前儿童科学的主要特点有如下三方面。

(一)学前儿童科学是一种经验层次的科学知识

幼儿所能理解的科学知识,并非成人意义上所指的抽象的、概念化的科学知识,而是具体的科学经验。即使教师告诉他抽象的结论,幼儿也无法真正理解。所以,学前儿童科学是经验层次的科学知识,它是直接具体的,而不是抽象间接的;是描述性的,而不是解释性的。幼儿对事物的认识直接受到其原有经验的影响,在探索和认识事物过程中所表现出来的不合乎成人逻辑的想法和做法,在幼儿已有的经验和认识结构中却是极其合理的,合乎他的"自身逻辑"。了解到这一点后就不难理解,让儿童说明具体事物背后的间接联系或解释现象背后的因果关系等要求,是不符合教育规律的。

心理学研究证明,幼儿的年龄特点决定了他们对事物的认识是感性的、具体形象的,思维需要动作的辅助。他们对物质世界的认识,还必须以具体的事物和材料为中介和桥梁,在很大程度上借助于对物体的直接操作。例如,很多的孩子,尤其是男生,小时候都会有拆闹钟、手电筒等家用电器的行为出现。这是因为他们好奇闹钟为什么会响、手电筒为什么会亮,它们里面有什么秘密?对于这样的困惑,孩子的解决办法就是拆开它们,一探究竟。孩子们正是通过与物的直接相互作用来获得有关认识的。正如皮亚杰(Piaget)所说:认识既不是来源于客体,也不是来源于主体,而是发生于主客体的相互作用。

与科学家一样,学前儿童也在不自觉地使用科学探究方法。由于受经验水平和思维发展特点的限制,幼儿探究解决问题的过程和方法具有很大的试误性。他们对于事物特点的认识和对事物间关系的发现,需要尝试多次,不断排除无关因素,才能

---

① 王冬兰.学前儿童科学教育[M].上海:华东师范大学出版社,2010:3.

接近答案。

（二）学前儿童科学是一个自我建构的过程

科学是在自我批判与自我修正的过程中成长起来的，学前儿童科学也不例外，它也经历了一个不断改变的过程。这种改变来源于幼儿生活经验的不断丰富和认知能力的逐步提高。

1. 生活经验不断丰富

随着年龄的增长，幼儿的生活经验不断丰富，他们对周围世界的认识也在不断改变。当这些直接或间接的经验与幼儿已有的认识相矛盾时，新旧经验之间的冲突、同化、顺应、整合就导致了幼儿认识的改变。这就是知识建构的过程。

2. 认知能力逐步提高

除了生活经验外，儿童认知能力的发展也是促使其认识不断发生改变的重要原因。随着幼儿年龄的增长，他们会逐渐放弃那种主观的、自我中心的思维方式，转而寻求客观的解释。当儿童逐渐能以不同的方式来理解事物，社会交往变得更富有合作性，以及随着生活经验的丰富、认知能力的发展，他们的理论会变得更加复杂，他们对于世界的认识会越来越趋近于成人的科学认识。

因此，与其说学前儿童科学是一种肤浅的、不完善的认识，还不如说它是一个理论建构的过程。我们应该用发展的眼光，从过程性的角度来看待学前儿童科学，把它视为一种处在不断发展、变化和完善过程中的科学认识。

（三）学前儿童科学是对客观世界的独特理解

认识发展水平的局限使得"学前儿童的科学"带有主观性色彩。儿童只会从自己的角度出发，获取一些片面的信息；儿童也不能区分主观体验与客观信息，即主观的感受、意愿与客观的观察结果之间的区别。但是，也正由于这种浓厚的主观性色彩，学前儿童科学充满了诗意和想象的特质，形成了他们对客观世界的独特理解。

儿童不能客观地解释自然事物和现象，而往往从主观的意愿出发，如认为船能浮在水上是因为它勇敢，即赋予万物以灵性，形成拟人化的解释。皮亚杰曾说，游戏是"儿童所选择的使自己相信的现实"。儿童相信自己的假想，他们常常处于游戏的情境之中，在这个假想的情境中观察着新鲜事、探索着科学。

学前儿童科学带有强烈的主观色彩，这既是它的不成熟之处，也是它的独特可爱之处。科学发展的今天，理性和逻辑思维遏制了我们的想象力，"客观性"使我们站在自然之外冷漠地，而不是情感充沛地研究科学。正如苏霍姆林斯基所言："我千百次的证实，缺少了诗意的、美感的涌流，孩子就不可能得到充分的智力发展。"在某种意义上，学前儿童科学的主观性与现代理性科学恰好形成互补关系，儿童在假想游戏中探索自然，以投入的情感对话自然，用诗意的想象解释自然。学前儿童用自己独特的探索方式去了解周围的事物、身处的客观世界。理解学前儿童科学的独特性，有助于我们进行符合学前儿童年龄特点的科学教育。

第三节 学前儿童科学教育的内涵与价值

儿童的科学教育是整个科学教育体系的初始阶段、基础环节,其实质是培养幼儿的科学素养。作为启蒙科学,学前儿童的科学教育重在激发幼儿的认识兴趣和探究欲望,培养儿童爱科学、学科学的兴趣,开发幼儿的智力。当然,理解学前儿童的科学教育,我们首先需要深入了解什么是科学教育。

一、学前儿童科学教育的内涵

科学教育即是指数学与自然科学教育以及在此基础上形成的各种交叉科学、综合科学和技术科学的教育。各级各类学校中进行的科学教育呈现出系统性、客观性、抽象性和继承性等特点。[1]

幼儿科学教育的目的就是对幼儿进行科学素质的培养。科学是幼儿园课程必不可少的一个部分,与语言、健康、社会、艺术共同构成了幼儿园教育的五大领域。

广义而言,学前儿童科学教育是指一切促进幼儿学习科学的教育活动,包括家庭、社会、幼儿园等各类施教者对幼儿进行的科学启蒙教育。狭义而言,就是指幼儿园的科学教育。

自20世纪80年代以来,我国的幼儿科学教育经历了最初的常识教育、新生的幼儿科学教育和近年来以探究为核心的幼儿科学教育三个阶段的发展演变,它始终是处在一个发展变化的过程之中的。在这个过程中,人们针对儿童的科学教育活动的理论探讨和实践研究不断增加,但是对于学前儿童科学教育内涵的讨论并未达成统一意见,其中具有代表性的主要有以下几种。[2]

第一种:幼儿科学教育是指幼儿在教师的指导下(包括直接指导和间接指导),通过自身的活动,对周围物质世界(包括自然界和人工自然)进行感知、观察、操作、发现问题、寻求答案的探索过程;是幼儿获取广泛的科学、技术经验与具体事实,主动建立表象水平的初级科学概念,学习科学方法和技能,发展智力的过程;是发展幼儿好奇心,使幼儿感知自己的能力,得到愉悦的情绪体验,产生学习科学技术的兴趣,积极对自然界和人工自然关注和爱护的过程。(王志明,1997)

第二种:幼儿科学教育应成为引发、支持和引导幼儿主动探究、经历探究和发现过程,获得有关周围物质世界及其关系的经验的过程,使幼儿获得乐学、会学这些有利于幼儿终身发展的长远教育价值。(刘占兰,2000)

第三种:学前儿童科学教育是指学前儿童在教师的指导下,通过自身的活动,对周围的自然界进行感知、观察、操作、发现,以及提出问题,寻找答案的探索过程。(施燕,2006)

---

[1] 周京峰.学前儿童科学教育新体系[M].济南:山东人民出版社,2012:8.
[2] 李槐青,彭琦凡.幼儿科学教育·科学[M].北京:北京师范大学出版社,2013:17.

第四种:学前儿童科学教育的内涵应该包括以下几个重要方面:学前儿童科学教育是引导幼儿主动学习、主动探索的过程;学前儿童科学教育是支持幼儿亲身经历研究过程、体验科学精神和探究问题解决策略的过程;学前儿童科学教育是使幼儿获得有关周围物质世界及其关系的感性认识和经验的过程。(刘占兰,2008)

仔细研究这些不同的概念表述可以发现,其核心内涵是一致的:教师支持和引导儿童与周围环境和物质世界进行相互作用,亲身经历探究过程,以帮助幼儿形成喜欢探究、尊重科学事实的科学情感和态度,初步掌握观察、实验、测量、分类等各种科学方法,获得有关周围物质世界及其关系的广泛的科学经验的活动。

学前儿童科学教育的实质是对学前儿童进行科学素质的早期培养。作为整个科学教育体系的起始阶段,它是一种科学启蒙教育。通过科学教育,使幼儿萌发学科学的兴趣、好奇心,积累科学经验,掌握初步的科学研究技能,并为幼儿以后的科学学习奠定基础。

从广义上来说,学前儿童科学教育应该包括一切知识体系的教育;但为了与国际科学教育的概念与范围相一致,学前儿童科学教育则特指自然科学方面的教育。从科学经验、概念方面来说,则主要包括学前儿童对周围环境的认识以及对一些科学现象、技术的了解与认识。[①]

二、学前儿童科学教育的特点

以探究为核心,学前儿童科学教育具有现代科学教育的基本特征,其内涵和特性也更加接近科学与科学探究的本质特点。学前儿童科学教育的特点主要体现在教育目标、教育内容、教育过程、教育方法和教育成果等五个方面。

(一)目标的整体性和长远性

学前儿童科学教育目标是构成科学教育实践活动的第一要素和前提,是科学教育的核心,对教育任务的明确、教育过程的组织有重要的指导作用,是教师进行科学教育的方向和进行科学教育评价的指标。

学前儿童科学教育目标的整体性是指目标指向儿童整体素质的发展,涵盖了儿童发展的各个方面:科学情感和态度、科学方法和过程以及科学知识和经验等诸多方面。目标的长远性则体现在学前儿童科学教育活动目标能为儿童养成科学的信念和获得科学的方法明确方向,不断促进儿童的可持续发展。这是衡量科学教育活动成败与否的重要原则。

学前儿童科学教育目标体系是横向结构与纵向层次相结合的网状结构,它既具有不同的结构要求,也具有不同的层次要求,是一个复杂的体系。从纵向来看,学前儿童的科学教育目标可以分解为总目标、各年龄阶段的目标、单元目标和教育活动目标四个层次;从横向来看,它包括科学的情感与态度、科学的方法和技能以及科学

---

① 周京峰.学前儿童科学教育新体系[M].济南:山东人民出版社,2012:17.

知识这三个方面。① 值得注意的是,在科学教育活动中,知识经验的积累是幼儿探究活动的必然结果,但它不应成为教师片面追求的唯一目标。教师不能以牺牲儿童的主体性、儿童的探究兴趣等来实现知识的传递。

(二) 内容的生活化和生成性

1. 教育内容来源于生活

教育源于生活,教育向幼儿生活的回归是现代教育发展的一个重大趋势。幼儿身心发展的趋势决定了幼儿的学习是在成人指导下的主动学习,是在周围环境中的学习。

学前儿童的知识经验贫乏,往往是通过感知和依靠表象认识事物,幼儿的科学活动也是在与周围环境的互动中完成的。《幼儿园教育指导纲要(试行)》中明确提出:科学教育要密切联系幼儿的实际生活,将幼儿身边的事物和现象作为科学探索的对象。只有贴近幼儿生活的学习,才能使幼儿的学习变成有意义的学习。

科学教育生活化已然成为现代科学教学改革的方向。学前儿童科学教育也应该寻求一种更自然、更符合儿童年龄特征的教育方式,倡导以幼儿生活为教育内容,强调充分利用生活中的各类教育资源,有效地促进幼儿生动、活泼的发展,让幼儿在生活中实现科学精神和态度、科学方法和能力、科学知识和经验的生成与发展。

2. 在生活中随机生成科学教育的内容,并服务于生活

生成性是科学教育内容生活化的又一个重要方面,即教师在已有活动构思之上,依然能根据对儿童需要的观察和科学教育的要求,灵活生成教育内容或进行随机教育。这对教师提出了比较高的要求,它要求教师能巧妙地将教育目标内化成幼儿自身的需求,生成幼儿感兴趣的探究内容。例如,教师可以利用儿童的好奇心,从孩子们平常爱问的问题入手,从他们周围的环境布置入手,利用已有的生活经验,通过解决一些具体的难题或困惑来帮助儿童学习相关的科学知识,领略科学的奥妙,培养孩子的科学兴趣。

因此,学以致用,引导儿童将科学知识的学习和运用融入每日的生活之中,鼓励儿童在面临真实的科学问题情境时能够不断地思考与探究、发现与学习,从而使得科学教育的学习既有源于幼儿生活的部分,又有必要经验的拓展部分,以指导和帮助幼儿更好地生活。

(三) 过程的主动探究性

科学探究是学前儿童科学教育的核心,换言之,学前儿童科学教育应当是引导幼儿主动探索的过程。因此,在教学实践中,教师需要有足够的耐心,安排足够的时间以保障儿童的自主探索,引导孩子通过自己动手操作,自主发现探究的结果。真正的自主探究与学习,应是儿童积极主动地与客观事物相互作用的过程,而作用的结果又是一个不断强化或调整幼儿对客观事物原有认识的过程。科学教育的过程

---

① 王冬兰.学前儿童科学教育[M].上海:华东师范大学出版社,2010:9.

是儿童主动探索的过程,是儿童主动猜想、尝试与发现的过程。

与以往相比,幼儿园中的科学教育探究活动在很大程度上解放了孩子的四肢,鼓励儿童运用自己各方面的感官去认识周围的事物与宏大的客观世界。但值得注意的是,在这一过程中,儿童的大脑,儿童的思维并没有得到真正的解放。在科学教育的过程中,虽然是儿童在操作、探索,但这些活动常常是在教师的高度控制下完成的,儿童只是在按照教师的教学计划、教学指令进行科学探究活动。这种表面意义上的"主动探究"是值得我们思考的,也是在教学实践中需要彻底改变的。

(四) 组织方式的灵活多样性

1. 集体、小组和个别探究相结合

长久以来,集体科学探究活动一直是学前儿童科学教育的主要形式,其优点在于内容一致,主题鲜明,有较高的教学效率。然而,集体的科学探究活动,由于探究内容过于单一,幼儿人数多,故探究活动通常只能按照教师预先设计好的活动过程和步骤进行,无法保证每个孩子都有机会参与到科学探究活动中去。因此,除了集体的科学探究形式外,教师应该鼓励和引导儿童自发地参与小组以及个别的探究活动,给予儿童充分的时间和空间,使其主动积极地开展科学探索,而集体探究活动也可以以小组活动或个别探究为依托,在其基础上扩展生成。

2. 在一日生活中渗透科学教育

除了专门组织的科学教育活动外,更多的应当是在儿童的一日生活中随时随地渗透科学教育。因为对儿童而言,科学就是他们每天所听所做的事情。科学教育的内容来源于生活,幼儿对周围世界的好奇与兴趣无时无刻不在发生,教师应当时刻注意观察儿童,解读他们好奇的言行举止,从而发掘出适合儿童兴趣的科学探究活动的主题。

围绕生活中的科学现象引导幼儿进行观察和探究,让科学活动回归生活,让幼儿感受生活中的科学乐趣。除了科学活动的主题发掘于生活外,科学探究活动的场所也可以不必拘泥于幼儿园的教室和户外场地,社区、大自然等都是天然的科学实验室。教师可以引导儿童到社区、大自然等这些更广泛的空间中去发现问题、解决问题。科学真正的源泉不是书本,而是大自然本身。同时,科学探究的时间也应当生活化,教师要随时支持幼儿个别或小组发起的探究活动。教师应当把科学教育渗透到一日生活中,挖掘每个幼儿探究活动的独特价值。幼儿生活即是教育,生活中的随机教育能够让幼儿真实地体验到科学就在身边,领悟科学的实际意义。

(五) 结果的经验性

科学教育的目的不是让幼儿说出非常准确的或是科学的概念,而是强调让幼儿亲身经历探究和发现的过程,获得相关的科学经验。有时候这些经验可能是幼儿领悟了却说不出来的,也可能在成人看来是幼稚的、童话般的,但幼儿却在探索和获取知识的过程中真正体验到了科学的精神、科学的思维方式和过程(李槐青,2013)。

例如,引导儿童认识"风",教师不应该期待幼儿能够理解并说出"空气的流动产生风"这样的科学原理,而应更多地为幼儿创设体验和感知"风"的机会与条件。可以提供一些材料,如风车、塑料袋、扇子、帽子等。引导幼儿想出各种办法使这些材料动起来以感受风的存在,幼儿通过操作会发现:用嘴巴吹、用脚踩、向前跑等各种方法都可以使风车转起来。作为教师,应为幼儿发现和感受到"风的力气很大,我的帽子都被风吹走了""风使风车转起来了"等各种现象而感到满足。

三、学前儿童科学教育的价值

在现代社会发展的大背景下,幼儿科学教育具有重要的意义与价值,已经受到各方的广泛重视。作为幼儿教师,应该正确认识和理解幼儿科学教育的价值。

随着人类社会的历史车轮向前滚动,必然要求对幼儿进行科学教育,以便其更好地了解周围事物,适应生活环境。对幼儿开展科学教育,既是幼儿发展的需要,也是幼儿教育必不可少的重要组成部分。无论从社会的需要来看,还是从幼儿的个体发展来看,都是至关重要的。

(一) 学前儿童科学教育的社会价值

1. "科学技术是第一生产力"

随着现代科技的发展,人类社会已然进入现代科技时代,科学技术日益渗透于经济发展与社会生活的各个方面。科学技术成为推动现代生产力发展最活跃的因素,科学人才资源是实现国家富强的关键。

科学技术推动了社会生产,繁荣了社会。无论是发达国家,还是发展中国家,都越来越意识到国家财富的增长、社会的繁荣对科学技术的重要依赖。现代国际间的竞争,关键是科学技术的竞争。邓小平同志早就敏锐地洞察到这一发展趋势,提出了"科学技术是第一生产力"的著名论断。1995 年,党中央、国务院正式发布了《中共中央、国务院关于加速科技进步的决定》(以下简称《决定》),这是面向 21 世纪的重大决策。在《决定》中,首次提出"科教兴国"的战略,强调当前紧迫而重要的任务是"经济、社会发展向依靠科技进步和提高劳动者的素质转移"。

当前,我国面临着世界范围内新技术革命的挑战,国际间科学技术竞争日益激烈。尖端科学的新的突破与发展,必将导致社会生产力的高速发展,导致生产工具、手段和工艺的巨大变革,社会劳动力将不断智力化和科学化。劳动者是社会生产力中起主导作用的最积极、最活跃的因素,其劳动能力不仅取决于体力的大小,更取决于智力的高低。科技时代除了要普及科学教育,培养智能型劳动者之外,还需要培养大批的科学研究人才。科学高度发展的国家需要的不是个别的,而是整批的科技人才,只有这样,才能使整个国家的科学组织健全、充满活力。因此,科技人才资源已成为一个国家走向富强道路的极为重要的促进因素。

2. 学前儿童科学教育是培养科技人才的基础

21 世纪是知识经济时代,各国之间综合国力的竞争,根本上是国民素质的竞争。而科学文化素质则是国民综合素质的基础,只有具有较高的科学素质,才能成为一名高素质的新型人才。

学前儿童科学教育是学前教育的一个重要组成部分。虽然它不可能直接培养出科学家或科技才人,但二者之间却有着紧密的联系,早期科学教育的奠基对于科学家的培养具有潜在的作用与影响。树下的牛顿好奇苹果为什么往下掉,聪明的爱迪生利用镜子的反光照亮了整个房间,这些著名科学家的成长故事说明,正是一些有趣的自然现象,以及科普活动和科普读物等,在孩童时期就激发了他们的科学探索热情,促使他们走上了科学的道路。

(二) 学前儿童科学教育的个体价值

学前儿童科学教育通过有目的、有计划的教育活动来激发幼儿去了解自己以及探索周边的世界,它能够促进幼儿认知、情感、态度、技能等多方面的协调发展。作为幼儿园教育中的五大领域之一,它是儿童全面发展教育中不可或缺的重要内容,对于人的终身发展具有深远的影响。因此,除了对于社会发展有着重大意义外,学前儿童的科学教育也具有同样重要的个体价值。

1. 促进幼儿的思维发展

在科学教育中,幼儿通过自己的探索,了解自身和周围的世界,并在其中获得了丰富的知识经验。值得注意的是,这些知识经验在幼儿的头脑中并不是杂乱无章地堆放着,而是组成了一定的认知结构。幼儿组织经验的过程,就是在经验与经验之间形成联系的过程。通过对这些经验加以比较、概括,幼儿会逐渐认识到这个世界的多样性和共同性。并且,随着儿童概括能力的增长,他们会在已有的关系中逐渐建立起新的关系。因此,有人提出科学教育是儿童思维发展的"实验室",它反映了儿童思维实验的结果,又为新的思维实验提出了问题。幼儿科学认识演进的历程,就是幼儿思维发展的轨迹。①

案例导引 1-2

> **爱因斯坦的小板凳**
>
> 小时候,有一次上手工课,爱因斯坦想做一只小板凳。下课铃响了,同学们争先恐后地拿出自己精美漂亮的作品,除了爱因斯坦。老师温柔地看着他,相信他第二天能交上一件好的作品。
>
> 第二天,爱因斯坦交给了女老师一个制作粗糙的小板凳……。满怀期待的老师十分不满,她问全班同学:"你们还有谁见过比这个更丑的凳子吗?"同学们纷纷摇头,老师又看了爱因斯坦一眼,生气地说:"我想,世界上不会再有比这个更坏的凳子了吧。"教室里一阵哄笑。

---

① 张俊. 幼儿园科学教育[M]. 北京:人民教育出版社,2004:28.

此时,爱因斯坦满脸通红,他鼓起勇气,肯定地对老师说:"我见过,我见过比这个更糟糕的凳子。"听到这句话,全班都安静下来了,大家都看着爱因斯坦。只见他慢慢地从自己的书桌里拿出两个更丑的小板凳,说:"这是我第一次和第二次制作的,刚才交上去的是第三次制作的小板凳。虽然它并不是很完美,也不是令人很满意,但比起前两个,已经很好了。"听完这句话,大家都不再嘲笑爱因斯坦了,老师向爱因斯坦亲切又深思地点头,同学们也向他投去赞许和敬佩的目光。

这个故事让我们看到了爱因斯坦的独立性和韧性。无论做任何事情,都要尽自己最大的努力,发挥自己最大的潜能。

2. 促进幼儿的全面发展

作为幼儿全面发展教育的组成部分,学前儿童的科学教育是通过"科学"这一内容对幼儿进行全面发展教育的活动。除了科学知识的增长外,科学教育的价值还体现在:激发幼儿的好奇心、科学兴趣和对周围世界的积极态度;帮助幼儿丰富并积累相关的科学知识和经验;发展幼儿的科学技能及相关的科研方法;培养幼儿的主动性、积极性、独立性、创造性、自信心等良好个性品质。

(1) 促进幼儿身体健康发育

大自然是儿童成长的最佳场所,自然中的阳光、空气、水等是促进幼儿身体健康发育不可或缺的重要元素。在丰富多彩的科学教育活动中,借助于多样的科学探究活动,儿童能够亲密地接触自然。如,通过自己的栽种和每天的观察,了解植物的成长过程;通过亲自到田野里采摘丰硕的果实,了解不同植物的不同食用部位等。在这些科学探究活动中,儿童不仅能够学习到相关的科学知识,在感受四季交替变化的同时,也发展了自己的动作技能,起到了锻炼身体、增强体质的作用。从这个角度来看,科学活动有利于幼儿的身体健康发育。

(2) 促进幼儿心理健康发展

科学探索需要个体有敏锐的观察力,旺盛的好奇心和求知欲,且勇于发表不同的意见。勇于发言,敢于探索,这样的品质也正是现代社会对于个体素质的重要要求。学前儿童的科学教育能够促进幼儿这一方面的发展,维护幼儿的心理卫生与健康。例如,了解动物的主题下,在幼儿园或班级中养一些小狗、小猫,易于培养幼儿的爱心与同情心;对于一些内向或羞涩的孩子,在科学教育活动中,鼓励他们接受挑战,发表意见,增加他们的勇气和自信。

 **案例导引 1-3**

> **数星星的孩子**
>
> 晚上,满天的星星像明珠一样闪亮。一个孩子坐在院子里,靠着奶奶,仰起头,对着夜空数星星。一颗,两颗,一直数到了几百颗。
>
> 奶奶笑着说:"傻孩子,又在数星星了。那么多星星,一闪一闪地乱动,眼都看花了,你能数得清吗?"
>
> 孩子说:"奶奶,我能数得清。星星是在动,可不是乱动。您看,这颗星星和那颗星星,总是离那么远。"
>
> 爷爷走过来,说:"孩子,你看得很仔细。天上的星星是在动,可是它们之间的距离是不变的。我们的祖先把它们分成一组一组的,还给它们起了名字。"爷爷停了停,指着北边的天空,说:"你看,那七颗星连起来像一把勺子,叫北斗星。勺口对着的那颗最亮的星,就是北极星。北斗星总是绕着北极星转。"
>
> 爷爷说的话是真的吗?这孩子一夜没睡好,几次起来看星星。他看清楚了,北斗星果然绕着北极星慢慢地转动。
>
> 这个数星星的孩子叫张衡,是东汉人。他长大后刻苦钻研天文,成了著名的天文学家。

例如,在一次活动中,大班孩子尝试怎样使物体移动。他们想出了各种办法:用手推、用脚踢等。平时不怎么发言的阳阳提出了一个与众不同的想法:用水冲。老师及时地对这个独特的想法进行了表扬,并当场做起了实验。实验结果显示物体真的移动了,阳阳是正确的,他非常开心。在这次实验中,阳阳不仅获得了使物体移动的科学经验,更重要的是,他获得了探究的方法、表达交流的自信以及创造的喜悦等。据老师反映,此后,阳阳对于科学活动都十分积极,他还将这种成功的学习体验迁移到了其他科目的学习中,这样的学习经历有利于阳阳形成积极的自我概念。

3. 发展幼儿的科学潜力,为幼儿一生的发展奠基

学前儿童科学教育对于个体发展的意义还体现在它为幼儿一生的发展奠定重要基础。一方面,童年的科学经历会给人的一生留下美好的回忆和深刻的印象。另一方面,早期的科学经验为其将来理解抽象的科学知识提供了具体表象的经验支持,从而成为引导幼儿走向科学殿堂的桥梁。

学前儿童的科学教育满足了幼儿自身发展的需要。在儿童早期,他们就表现出了对于科学的兴趣与好奇。我们可以发现,在日常生活中,幼儿会有许多自发的科学探索行为。如:他们可以长时间地蹲在地上,观察正在搬家的蚂蚁;他们喜欢仰起头,观察天上眨眼睛的星星;热衷于将路上的石子、树上的叶子收到自己的书包里等。幼儿这种对自然界及周边事物的兴趣和探索正是其科学学习的萌芽。

学前儿童的科学教育能够满足幼儿好奇、好问、好探索的天性,从小培养他们基本的科学素养,这为其将来成长为适合时代发展需要的人才奠定坚实的基础。曾经就有一位年迈的诺贝尔奖获得者坦言,他一生中学到东西最多的地方是"幼儿园"。由此可见,幼儿早期的科学学习对其一生都会产生重要的影响。幼儿时期获得的各种经验、好奇心和科学兴趣,激发了他们一生追求科学真理的热情,从而为其今后从事科学研究奠定了坚实的基础。

概言之,学前儿童科学教育作为幼儿园课程的重要组成部分,它不仅反映了社会发展的需要,也满足了幼儿自身发展的需求,对于幼儿一生的发展具有重要的意义。

第四节 国际学前儿童科学教育发展趋势

从掌握科学、运用科学以改造自然的传统科学教育观到当下理解科学,实现科学与自然和谐发展的科学教育新理念的转变,呈现了国际范围内学前儿童科学教育发展的脉络与走向。

近年来,国际社会日益重视科学教育,并在科学教育的目标、内容、实施等方面开始了一些改变与革新。1996年,美国国家科学教育委员会发布了美国历史上第一个关于科学教育的全国性标准《国家科学教育标准》,对从幼儿园到12年级的整个基础教育阶段的科学教育任务做出了具体的指向与说明。2000年,英国政府在其首部《国家科学教育课程标准》的基础上公布了面向新世纪的《国家科学教育课程标准》,明确规定了基础阶段学生应该学习和掌握的科学内容、应该达到的科学素养标准。此外,加拿大、澳大利亚、日本等发达国家都通过修订科学教育大纲等途径陆续对学前教育阶段的科学教育进行改革,以应对新世纪的机遇与挑战。在这些改革中,许多的改革理念和措施已经成为共识,显然这些共识将引导世界科学教育的发展趋势。

一、科学素养是科学教育的首要目标

科学教育的发展大致经历了知识本位、方法本位和人本位三个阶段,科学教育的中心也经历了从科学知识、科学方法到科学素质的转变。自20世纪70年代以来,科学教育开始关注人的因素,以科学素质为出发点,致力于培养完整人格。因而科学素养成为科学教育的重要目标,个体对科学的情感和态度成为科学教育的重要内容,受到越来越多的重视。

根据美国学者克劳普福的解释,作为科学教育的首要目标,科学素养是指"每个人所应具备的对科学的基本理解"。它主要包括以下五方面的内容:了解重要的科

学事实、概念、原则和理论;把相关科学知识应用于日常生活情景中的能力;具有利用科学探究过程的能力;理解科学性质的一般原理和关于科学、技术与社会的相互作用;具有明智的对待科学的态度以及对与科学相关的事物感兴趣。具体到学前儿童阶段,科学素养则会细化为众多不同的方面。其中不仅包括对儿童科学知识的要求,更加强调的是儿童科学态度、科学情感的培养以及对以探究为核心的科学方法的掌握。

可见,当下的学前儿童科学教育正在摆脱以往在"科学主义"支配下,只重视培养儿童获得固定的科学知识、科学概念,而忽视儿童科学精神的养成、科学情趣的培养以及科学方法的引导的弊病。

二、科学探究是科学教育的本质追求

在幼儿科学情感与态度的培养中,对未知领域的好奇心和探究热情是学前儿童科学教育追求的核心价值。在此基础上,进一步强调发展幼儿的探究能力和创新能力。发达国家大都把培养幼儿的探究能力、探究意识以及通过各种探究活动而获得的个人经验,作为培养幼儿完整人格的科学素质要素。概言之,探究是联结幼儿科学素质要素的主线,也是学前儿童科学教育的本质追求。

各国的科学教育标准均不约而同地提及了"科学探究"或"科学探索",且都将其置于首要位置。美国的《国家科学教育标准》强调把科学探究作为获取知识和认识世界的中心环节;英国的《国家科学课程标准》也明确提出了科学调查这一目标,强调发展幼儿的科学探究和调查能力。虽然澳大利亚的《国家科学课程纲要》中没有单独提出科学探索或调查这一目标,但在幼儿的学习过程和技能目标中,也都有关于调查探究的内容。

可以说,科学探究能力是科学教育的本质,在科学教育中占据核心地位。具体而言,科学探究包括:知识经验的准备,计划执行的能力,执行过程中运用工具的能力,对自己的探索研究进行分析和反思的能力,以及与同伴或教师交流分享自己思考和操作成果的能力。各国对科学教育目标的规定,实际上都是围绕着科学探究的基本过程展开的,即要求儿童有基本的科学探究能力。

之所以如此强调发展幼儿的科学探究能力,实际上是因为各国都已经深刻认识到这一能力的重要价值。在进行科学探究时,儿童通过观察和描述周围的事物,发现并提出问题,根据现有科学知识加以解释,并通过实验验证自己的解释,最后将自己得出的观点、形成的想法与他人分享。在整个探究过程中,儿童自己提出假设,通过实验检验假设,在操作过程中形成自己的"科学认识"。这样的科学探究过程可以支持儿童将科学知识与推理判断和科学思维相结合,从而使其能动地获得对科学的理解。

三、以现代社会生活为背景构建教育内容

随着科学技术在社会生活领域的广泛渗透,科学教育内容也随之进一步更新和

扩展,具有鲜明的时代特色:以人为本,以科技和生态为载体,以现代社会生活为背景构建幼儿的探索领域。美、英、日、澳等国在学前儿童科学教育内容的构建上也都体现出以现代社会生活的时代特征为背景的发展趋势。

在美国《国家科学教育标准》中,科学教育内容被整合概括为科学的统一概念和过程、作为探究之科学、物质科学、生命科学、地球与空间科学、科学与技术、从个人和社会视角所见的科学、科学的历史与本质等八个方面的内容,极大地扩展了科学教育的范围。在"科学与技术"中,以设计为特点的技术和以探索为特点的科学相互依存;"科学—个人—社会"更是集中体现了科学在解决和处理人类社会发展进程中所出现的各种问题中的重要作用。科学始终是社会挑战的产物。英国《国家科学教育课程标准》中规定儿童必须学习的基本科学内容有:科学探究、生命进程及生物、物质及其属性和物理过程四个方面。澳大利亚在其1998年颁布的《科学领域学习宣言》中,将科学教育的标准概括为"科学研究"与"科学知识"两部分。两国均是以现代社会生活的特征和要求为基础构建科学教育内容的体系,不仅要求儿童了解环境对人类生存的影响,同时也强调将自己所了解的科学知识、技能应用到生活中。日本则从现代生活的另一个侧面——生态问题突出,对幼儿进行科学教育,从与现代社会生活密切联系的环境教育出发,重视培养幼儿的环保意识,体现出对科学技术是把"双刃剑"的深刻思考。

未来社会是一个高度现代化的社会,科技的快速发展是其主要特征,社会对于个体的创造力、科学探索能力等要求也随之提高。各国在学前儿童科学教育标准中的价值取向在一定程度上指明了时代的主题和学前儿童科学教育改革的趋势。在学前儿童中开展科学教育,培养儿童对科学的兴趣以及主动探究、发现问题并创造性解决问题的意识和能力,将成为未来社会发展的必然要求。我国也应当以培养儿童良好的科学素养为根本目标,强调和重视发展儿童的科学探究能力,为培养具有良好科学素养的优秀公民奠定坚实的基础。

 本章小结

本章围绕着学前儿童科学教育及其基本内涵、特点、价值和国际发展趋势等展开了论述。儿童具有强烈的好奇心和求知欲,受其认知发展水平的限制,学前儿童的科学具有明显的"前科学性"。学前儿童的科学教育就是在教师的支持引导下,儿童与周围的世界相互作用的过程。其特点包括五个方面,分别是:目标的整体性和长远性、内容的生活化和生成性、过程的主动探究性、组织方式的灵活多样性以及结果的经验性。掌握和运用这些特点,是教师设计、组织各类学前儿童科学教育活动的关键。另外,本章还对国际学前儿童科学教育的发展趋势进行了总结:科学素养是科学教育的首要目标;科学探究是科学教育的本质追求;以现代社会生活为背景构建教育内容。

自我评量

1. 学前儿童科学教育的内涵是什么?
2. 为什么要开展学前儿童科学教育?
3. 国际学前儿童科学教育的发展呈现怎样的趋势?
4. 案例分析:

有两所幼儿园,一所幼儿园中班墙上的环境创设,布置的是以蚂蚁为主题的活动,所有的蚂蚁都是四条腿;另一所幼儿园的墙上是教师布置的星座(巨蟹座),还有一面墙上是小朋友画的彩笔画,所有的螃蟹都是六条腿。你是如何看待这样的环境创设的?

第二章 学前儿童科学教育的理论基础

学习目标

1. 理解学前儿童科学教育的理论基础。
2. 掌握并将这些理论灵活运用于学前儿童科学教育的活动实践中。

儿童自出生起,就开始观察、了解周围世界中的各种现象和事物。从我们的了解中可以发现,儿童对于自然世界有着他们独特的观念。尽管这些观念不同于成人对于"科学"的理解,儿童却不会轻易放弃自己所形成的对于自然世界的看法。儿童是如何理解这些自然事物和现象,他们的这些观念又是如何发展成"科学"的观念的?对于这一系列问题的解答,为我们理解儿童的科学,开展学前儿童科学教育提供了理论基础。

最早关注儿童科学认识的心理学家是瑞士心理学家皮亚杰。皮亚杰最早提出了认知结构和认知发展的阶段理论,这一理论在世界范围内产生了深远影响。苏联心理学家维果茨基(Vygotsky)从概念形成的角度,对儿童科学概念的发展做了丰富的研究。当代,建构主义的心理学家们也开始关注儿童的科学学习问题,朴素理论是其中的代表,他们研究的重点是儿童科学概念的形成与转变。在这一章中,我们将重点讨论新的学前儿童科学教育理念背后的理论依据。

第一节 皮亚杰的认知发展理论

皮亚杰被称为发现"儿童的科学"的第一人。作为当代著名的心理学家及教育家,皮亚杰毕生都在从事儿童认知发展的研究,建立了新的儿童认知理论。其中关于知识经验的获得、儿童思维发展阶段理论以及学习与发展关系的看法,为研究学前儿童科学教育提供了有益的理论启示。

基于他的儿童认知发展理论,人们可以了解不同发展阶段儿童认知的一般特点,这对于理解"儿童的科学"及其发展、演变过程具有重要的意义。围绕着"儿童的世界观",皮亚杰运用临床法开展了一系列的创造性研究,并写成了《儿童的世界观》(*The Child's Conception of the World*)。通过与儿童的广泛交谈,深入研究儿童所表现出的对自然界各种"异想天开,千奇百怪"的理解,皮亚杰发现了儿童关于自然的理解,他们的科学认识具有"泛灵论"和"人为论"的特点。同时,他从心理逻辑学的角

度,对儿童的逻辑推理、因果概念进行了研究,发现了儿童的"前因果"现象。

皮亚杰把儿童比喻为科学家,儿童像科学家一样,通过自身和周围世界的相互作用,自己建构关于客观世界的科学认识。他关注儿童科学认识发展的自发性,描述了儿童的科学认识随着认知发展阶段的演进而改变,同时,也提倡让儿童通过主动的探究活动进行自主式的学习。

一、儿童认知发展阶段理论

在大量实验的基础上,皮亚杰将儿童的认知发展划分为四个既相互连接,又具有质的差异的四个阶段:感知运动阶段(0—2岁)、前运算阶段(2—7岁)、具体运算阶段(7—11岁)和形式运算阶段(11、12—17、18岁)。他认为,认知发展各阶段出现的年龄,因个体智慧程度、动机、练习、教育影响以及社会环境不同而存在差异,可提前或推后,但阶段的先后次序保持不变。

"运算"是皮亚杰理论中的一个重要概念,其含义是指一种"内化的、可逆的动作"。幼儿阶段时,其认知发展正好处于前运算阶段,此时他们还不具备运用逻辑思考的能力。前运算阶段时,儿童的主要行为特征是能够使用语言表达概念,能进行形象思维,能用符号代表实物,能思维但不合逻辑,存在自我中心倾向,考虑问题不全面。此时的儿童还不能进行可逆运算,也不具有守恒的概念。

皮亚杰向儿童演示了两块方糖在水中溶解的现象,并问儿童以下几个问题:有没有什么东西保存在水里?水的重量有没有改变?水面会不会上升?不同年龄儿童的典型回答详见表2-1。

表2-1 不同年龄儿童对糖水实验的典型回答

儿童的年龄	对实验的反应
7岁以下	糖不见了,也不会再回来了。甚至糖的味道到水里面之后也会消失,就像气味那样。水的重量和水的味道都不会发生改变。
7岁	糖还在,但变成液态或糖浆,但这不会改变水的重量或水面的高度。
8—9岁	糖变成细小的东西,它越来越小,直到我们看不见为止。但是它们仍然在水里,我们虽然看不见这些微小颗粒,但是能够尝到它。这些微粒不会增加水的重量,也不会占据空间。所以当所有的糖都变成小微粒的时候,水面还会下降。
10岁	糖的微粒有重量,如果单独称量玻璃杯、水和糖的重量,他们的总重量和糖溶解后水杯的总重量应该是一样的。
10岁以上	既然每个微粒都要占据空间,那么这些空间加起来应该等于糖加水的空间,所以水面应该上升然后保持不变。

从表2-1中我们可以发现,处在不同认知发展阶段的儿童对于同一现象的理解具有巨大的差异。7岁之前处于前运算阶段的幼儿,受限于逻辑思维发展,他们还不能在头脑中将动作内化,即他们无法理解:糖 + 水 = 糖水,以及相应的逆运算:糖水 − 糖 = 水。在他们的认识里,糖到了水里,就再也不会回来了。而水的重量和水

面也不会因为糖的加入而发生任何的改变。[①]

基于皮亚杰的认知发展阶段论,我们可以发现,儿童的科学认识和认知结构的发展是平行的,儿童科学认知的发展取决于他们的认知发展阶段。

二、科学概念的发展——"泛灵论"

儿童的认识来源于主体与客体之间的相互作用,但由于在发展早期,儿童很难区分主客体之间的差别,因此他们的认识常表现出"泛灵论"的特点。所谓"泛灵论",具体是指将主体的思想和意愿附着在客体身上,从而导致"万物有灵"的思想。

随着生活经验的积累,儿童会不断地将新的经验整合到已有的认知结构中,并促成原有认识的改变,这是通过同化和顺应的过程实现的。同化是指将新经验纳入到已有的认知结构中,而顺应则是改变已有的认知结构以适应新的经验。我们可以通过儿童对月亮的认识发展来理解这一过程(见表2-2)。

表2-2 不同认知发展阶段的儿童对月亮的认识变化

前运算阶段	儿童已有的认识:	月亮跟着我走。 月亮有一张脸。
	对新经验的同化:	月亮也跟着我的朋友走。 月亮是非常远的。 远处的树看上去也会跟我走,可树是不能动的。 月亮不是活的。
	对新经验的顺应:	如果月亮看上去跟随每一个人,那它又怎么跟随我呢? 远处的树确实是不会动的。 月亮如果不是活的,它就不会有脸。
具体运算阶段		月亮从很远的地方升起来,从地球上看就像它有一张脸。 有的人认为月亮会跟着他走,其实它只是看上去那样。

以"生命"概念为例,皮亚杰利用临床法对于儿童的"生命"概念进行了研究。他向不同年龄的孩子问问"什么是活的?",得到了各种有趣的答案。皮亚杰据此发现了儿童"生命"概念发展的不同阶段。

第一阶段:6岁以下,此时的儿童认为"凡是活动着的物体就是有生命的";

第二阶段:6—8岁,他们坚持"凡是运动的物体都是有生命的";

第三阶段:8、9岁—11、12岁,他们认为"生命是一种发生在动植物身上的自发性的运动"。

学前儿童时期,儿童对于生命的认识尚处于第一阶段,他们根据"活动"来界定生命的概念,更为有趣的是儿童始终把活动是否对人类有作用作为判断的根据。以下是皮亚杰与威尔的一段对话。

---

① 张俊.幼儿园科学教育[M].北京:人民教育出版社,2004:23.

案例导引 2-1

"太阳是活的吗?"
"是的。"
"为什么?"
"因为它会发光。"
"蜡烛是不是活的?"
"不是。"
"为什么呢?"
"噢,是的。因为它会发光。它发光的时候就活着,不发光的时候就死了。"
"自行车是活的吗?"
"不是。它骑的时候是活的,不骑的时候就死掉了。"
"山是不是活的呢?"
"不是。"
"为什么?"
"因为它什么也没有做。"
"树是不是活的?"
"不是,它结果子的时候是活的,树上什么也没有的时候就死了。"
"手表是活的吗?"
"是的。"
"为什么呢?"
"因为它在走。"
"那板凳呢?"
"不是。"
"为什么呢?"
"它只是给人坐的。"
"炉子是活的吗?"
"是的。它会烧茶、做饭。"
"铃铛是活的吗?"
"是的,因为它会响。"

威尔甚至说毒药也是活的,因为它能够杀死我们。
可见,"活的"对于这一阶段的儿童而言,就是意味着会做某件事情或者会移动,同时它也包括物体不改变位置而引起的变化,比如燃烧的蜡烛,正在做饭的炉子等。此外，儿童对于生命的判断还基于该物体是否具有某种力量，比如毒药的例子。

从上面的对话可以看出，儿童早期的"生命"的概念远超于成人的范围，他们将主体的思想和意愿附着在这些客体身上，从而导致了很多"泛灵论"的思想。经常把太阳、月亮、风、云等自然事物看成是有生命的，和人一样有思想、有喜怒哀乐。

皮亚杰总结了儿童"泛灵论"思想的三个发展阶段。

第一阶段延续到4—5岁为止，儿童认为任何事物的活动都是有目的的、有意识的。在这个阶段中，主体和客体完全混淆，相互渗透。现实常常被想象为魔幻般的活动。

第二阶段从4—6岁开始到8—9岁。主客体开始区分，但是主观意向仍附着于客体之上。儿童认为主体可以采取某些方式渗透于客体之中（如语言、形象、姿势等）。魔幻和泛灵论依然是构成该阶段的基本成分。

第三阶段从8—9岁到11—12岁。主客体开始分离，儿童开始认识到主体不必追随于客体，魔幻和泛灵论的成分趋于消失。

三、儿童因果关系的发展

皮亚杰在其早年的著作《儿童的物质因果关系》一书中，归纳总结了17种类型的因果解释，并在此基础上揭示了儿童因果概念发展的三个阶段。

第一阶段：儿童对世界的解释归于心理的、魔幻的、现象学及决定论的因素。例如，儿童会告诉你鹅卵石沉到湖底是因为它的颜色是白色的；月亮挂在天空是因为它有一圈黄色的光托着。

第二阶段：儿童对世界的解释转向人为论，即把大自然看做是人类创造的产物。魔幻的解释逐渐消失。例如，在这一阶段，儿童认为太阳会慢慢长大，云彩在漂浮是因为它是活的。

第三阶段：前两个阶段的解释类型进一步消失而代之以更为理智的解释。同样是天上的云彩，此时的儿童意识到云的浮动是由空气流动造成的，已经能够将物体的变化与其所处的环境相联系。

皮亚杰将第一、第二阶段所表现出来的特征称之为"前因果概念"时期，儿童真正获得逻辑的因果认识则是要到具体运算阶段以后。他特别指出，儿童自然观念的发展，取决于他们的认知发展阶段，尽管这些具体认识都受到其生活经验的影响，但是那些并不是根本原因。所以，在学前阶段，即使成人向儿童灌输了一些科学概念，但那也丝毫不能改变儿童心目中的泛灵论观点。比如案例导引2-2中的例子。

案例导引 2-2

在幼儿园的大班讨论有关太阳的知识。在刚刚进行过的教育活动中,孩子们对于太阳已经有了很多的了解,包括"太阳是个熊熊燃烧的大火球"等。但是,当我们换一个情景问:"如果今天是下雨天,太阳还在烧吗?"此时,孩子们的意见就不统一了。有的说:"不烧了,因为雨水把火浇灭了。"也有的说:"会烧的,它会在不下雨的地方烧。"当我们问道:"晚上太阳还烧吗?"孩子们一致认为:"不烧了,太阳回家睡觉了。"

由此可见,成人的教导常常并不能改变幼儿有关自然界现象的那些泛灵论观点。

四、儿童是主动学习的个体

关于学习能促进儿童认知发展的问题,皮亚杰认为,其关键在于儿童是在成人的指导下被动地学习,还是在其生活情境中自行探索主动学习知识。教育的真正目的是设置充满智慧与挑战的环境,让儿童在其中自行探索,主动学到知识。

皮亚杰反对传统的"把知识归结为外部现实的被动反映"的学习理论,他认为儿童是主动学习的学习者,这种学习是由学习者自身发起的学习,而不是由教师传递的学习。主动学习是学习者创造性的学习。同时皮亚杰还认为,过早地交给儿童一些他们日后能够发现的知识,会使他们变得无法创造,不能真正理解事物。学习过程是儿童与周围环境相互作用的过程。当他们操作材料、进行实验、探索发现事物并谈论它们是如何出现时,他们就是在进行学习。探索性强调以问题的形式作为学习的开始,重视学前儿童的学习兴趣和参与活动的主动性,重视知识的获得。学前教育应该为儿童提供实物和环境,保证儿童能够自己动手操作,通过看、摸、闻等多种方式了解事物的属性。

案例导引 2-3

喜欢小猫的指针

某中班的幼儿在科学发现室探索一个简易的"指南针"装置:这实际上是一枚可以自由转动的缝衣针(已被磁化为指南针),教师在它的底座的四个方向分别贴上了四个小动物的图画,以吸引儿童的兴趣。一名幼儿走到这个材料面前,便玩了起来。当他第一次轻轻转动这根针时,发现针尖指向小猫时,对自己说:"我抓到小猫咪,我就装作小猫咪。"(这是他为自己设定的一个游戏规则)然后扮了一个鬼脸,模仿猫的动作。可是,当他一次次的重复转动,发现针尖总是指向小猫,便自言自语道:"怎么又是小猫!"有一次他试图让指针指向别的小动物,就用手按住针尖想让它停在别的地方。可是当他放开手后,针尖仍然转向小猫。于是他开始尝试各种不同的方法。一会儿轻轻地转,一会儿重复转,一会儿把针取下来,将针尖对着桌子刮,一会儿又翻开底座看看下面有什么东西,但都没有找到答案。事后老师问他有什么发现时,他说:"我发现它转不到别的东西,只能转到小猫,它喜欢小猫。"

探究性是学前儿童进行科学活动的主要特点,探究性学习体现了将学前儿童看成是学习与发展的主体,把学前儿童看成是主动的学习者。实施这一原则,必将使学前儿童在教育的过程中体验到探索的乐趣,并由此养成探究精神和动手实践能力。

显然,案例导引2-3中的儿童经历了一次有趣的科学探究活动。教师设计的材料引发了儿童的学习兴趣,而儿童在摆弄的过程中有了新的发现:针尖每次都指向小猫,能不能让它指向别的动物呢?这个问题引导他不断去重复操作,在不断重复的过程中,"为什么针尖每次都指向小猫"的问题出现在孩子的脑海。为了解决这一问题,儿童开始努力运用不同的方法进行试验,看会不会得出不同的结果。直到最后,他心中的疑问还是没有得到满意的答案,他把它解释为"它喜欢小猫"。这就是儿童的科学。他们对于事物表现出好奇,提出问题,进行探究,寻求解释,虽然最后没有得出成人眼中"正确"的结论,但这种探究的过程对于培养孩子的动手操作能力、独立思考与解决问题的能力大有裨益。

五、皮亚杰观点的启示

皮亚杰在他的认知发展理论中,通过一些经典的概念,描述了儿童发展的整个过程,不仅揭示了个体心理发展的某些规律,同时也证实了儿童心智发展的内发性和主动性。[1]

首先,皮亚杰的研究发现,在儿童的精神世界中具有对"科学"的独特的解释,它不同于成人的科学认识。这个发现把教师的注意力从成人的科学转向了有趣生动的儿童的科学。教师应当理解、接受乃至欣赏儿童对周围世界的科学认识。即从儿童的角度,用发展的眼光看待儿童的科学认识,这对于今天的学前儿童科学教育仍具有十分重要的参考价值。

其次,皮亚杰将儿童比喻为科学家,他们像科学家一样,通过自身和周围环境的

---

[1] 李槐青,彭琦凡. 幼儿科学教育·科学[M]. 北京:北京师范大学出版社,2013:26.

相互作用,建构关于客观世界的科学认识。他关注儿童科学认知发展的自发性,提倡让儿童通过主动的探究活动进行自主式学习。从这点来看,皮亚杰的观点突破了传统的"灌输式"的科学教育方法,并且为当代建构主义的教学理论奠定了基础。

当然,联系当今的科学教育理论发展需求和教育实践现状来看,皮亚杰的认知发展理论中也有一些值得我们进一步思考和批判的地方。

首先,皮亚杰理论中更多地强调认知发展阶段对儿童科学认识的影响,而相对忽视了儿童具体的生活经验对于建构自己的科学认识的重要性。皮亚杰早期的研究是以瑞士山区的儿童为研究对象的,受地域、文化以及时代的限制,这些研究对象相比于当代处于高度发达的科技文明包围之中的儿童来说,是一个相对封闭的群体,社会生活环境对当时儿童科学认识的影响远不如今天来的显著。

其次,在皮亚杰的理论中,他更多地关注儿童认识发展的自发性,相对忽视了教育对促进儿童发展的重要作用。他曾经说过:"你教给儿童的越多,儿童自己发现的机会就越少。"由此可见,皮亚杰立场鲜明,主张儿童自主自发的发展,不提倡成人的帮助与干预。

第二节 维果茨基有关儿童科学概念发展的研究

作为"心理学领域的莫扎特",苏联心理学家维果茨基对本国心理学的发展乃至西方认知心理学的研究都产生了重要影响。作为与皮亚杰同时代的心理学家,维果茨基在辩证唯物主义观念的指引下,也对儿童科学观念的发展进行了相关研究,不同的是,维果茨基强调教学对于儿童发展的促进作用。

一、"最近发展区"理论

维果茨基注重社会文化对于个体发展的影响。在他看来,个体的学习是在一定的历史文化背景下进行的,是在与他人的相互交往中建构和发展自己的,社会为个体的学习发展提供了重要的支持,起到了促进作用。

维果茨基还提出了"最近发展区"的理论,儿童的发展具有两种水平:一种是儿童独立活动时现有的发展水平,另一种是在成人指导下将要达到的水平,两种水平之间的差异就是最近发展区。维果茨基认为,教育教学应该建立在儿童的最近发展区之间,促进儿童的发展。他还高度肯定了游戏的价值,认为游戏创造了儿童的最近发展区,游戏是学龄前儿童发展的最重要源泉。他还强调教师必须在认知活动中与儿童合作,且这些活动是经过认真挑选的,适合儿童潜在发展水平,这样才能唤醒儿童处于最近发展区的成长潜力。在此过程中,教师扮演着"促进者"和"帮助者"的角色,引导儿童掌握、建构、内化那些能使其从事更高认知活动的技能。

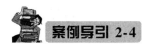 **案例导引 2-4**

> 他把橡皮泥揉成球放在水里,沉下去;他把橡皮泥压成薄薄的饼,又沉下去了;他把橡皮泥搓成细条状,还是沉下去了;他停下来,开始思考……这次他把橡皮泥扯成一粒一粒的,结果还是沉下去了。他茫然环顾四周,老师注意到这一切,以同伴的身份加入到他的活动当中。老师用的不是橡皮泥,而是一张纸折成小船放在水里,小船浮在了水面上。幼儿摆弄了一会儿水里的纸船,突然说:"有办法了。"他把橡皮泥做成碗状,结果,橡皮泥浮起来了,他高兴得跳起来。从中,他悟出了"中间空"能浮起来的道理。①

在学前儿童科学教育中,如何创造一个有利于儿童与同伴交往、合作学习的环境,充分发挥同伴交往和师幼互动对于儿童认知发展的作用,是我们应该考虑的问题。教师在选择学前儿童科学教育的内容及指导时提出的要求应该略高于儿童现有的水平,这样,科学教育活动才能唤起儿童的求知欲望,刺激他们积极思索、克服困难,并最终获得成功。

二、关于儿童科学概念发展的观点

维果茨基认为,在学前教育发展阶段,儿童的思维尚处于复合思维阶段,还没有形成概念思维。即儿童是根据组成复合体的各成分之间的具体的和实际的联系,而不是抽象的和逻辑的联系来认识事物。由复合思维而形成的复合体属于具体—实际思维层次,它反映的是直接经验所揭示的广泛多样的、实际而非本质的联系。例如,幼小儿童的思维中常常会出现一些任意性的联系,而形成所谓的"联想型"的复合体。在较大幼儿的身上,也表现为用直观的联系来解释事物的现象。如将物体的大小作为解释物体在水中沉浮的原因。

维果茨基将儿童自发产生的概念(或日常生活概念)归因于他们的复合思维。他承认儿童对世界会有许多自发的认识,这些自发概念不同于经由教学过程获得的科学概念,儿童自发的日常概念与科学概念具有不同的特点。日常概念来源于与物体的直接接触,吸取了丰富的生活经验内容,但使用错误明显;科学概念高度抽象化,能普及运用,但语言空洞。自发概念的发展是由下而上的,从简单的和低级的特性到高级的特性,而科学概念的发展则是由上而下的,从较复杂和高级的特性到比较简单和低级的特性。可见二者是相互联系、相互补充,又相互区别的。

"科学概念的发展要求自我概念的水平达到一定的高度,这时才能在最近发展区出现认识性和随意性……科学概念改造了自发概念并且将它们提高到高级水平,

---

① 贾洪亮.学前儿童科学教育[M].上海:复旦大学出版社,2012:18.

实现它们的最近发展区。"科学概念是从儿童的自发概念在发展中尚未达到的水平开始自己的生命的。而教学则是促成发展的关键因素。[①]

三、维果茨基观点的启示

维果茨基鼓励儿童在解决问题中学习。他认为,学习应当融入对日常生活不断产生的矛盾冲突的解决中,鼓励儿童在解决问题中探索,激发他们的好奇心,引发他们对于问题的深层次理解,通过解决问题建构对知识的理解,成为解决问题的主人。所以,在学前教育活动中,教师应该给儿童提供丰富多彩、充满刺激的教育环境,从而激发他们探索的欲望,这有利于他们发现问题、搜集资料、提出假设、实验验证,从而成为科学知识的主动探索者。

在长期的教育实践中,对维果茨基的观点也形成了一些片面的理解。一方面,很多人把维果茨基强调教学的作用理解为向儿童灌输科学知识,而这其实正是维果茨基所批判的。另一方面就是如何平衡教师的教与儿童的自发性学习之间的关系。对于一些幼小的儿童,当他们的自发性概念还没有发展到一定的水平,还没有做好充分的学习准备时,是否需要教授给孩子准确的科学概念呢?对于这一点,维果茨基强调,幼儿园的科学大纲,应该是"做好接受学科教学的准备"。也就是说,它应该具有一定的过渡性质,要将以下两个方面结合起来:一是儿童"自己的大纲"(指的是要符合儿童的兴趣及其思维特点);二是"教师的大纲"(指学科体系)。维果茨基非常强调"将传授知识与使这个大纲变成儿童自己的大纲结合起来"。可惜的是,在实践中教育者往往过多地考虑传授知识,而不是怎样将其变成儿童"自己的大纲"。

儿童认知发展的途径包含了思维上质的变化。皮亚杰认为这种变化是发展阶段的转换,而维果茨基则认为是由于成人的教导以及语言的运用所导致的思维上的转换。他们二者都看到了儿童作为一个生命有机体的存在,都认识到了儿童独特的思维方式。但是,皮亚杰更关注的是儿童的自发发展,而维果茨基则更加强调教育对儿童发展的促进作用。

第三节 布鲁纳的"发现学习法"

布鲁纳(J. S. Bruner)是美国著名的心理学家,结构主义教育理论的代表人物。他提出了有关加强科学教育,使得学生尽快接近科学前沿的科学教育理论,这对20世纪60年代世界各国的教育改革均有重要影响。他的"发现学习法"在教育,尤其是科学教育领域,有着非常重要的影响与贡献。

[①] 张俊.幼儿园科学教育[M].北京:人民教育出版社,2004:35.

一、概念发展的阶段论

布鲁纳的学习理论受到皮亚杰思想的影响,他认为,在发展的每个阶段,儿童都有自己观察世界、解释周围事物的独特方式。人类的概念理解和思想表征有三种不同的方式,分别是动作表征水平、图像表征水平和符号表征水平。这三种表征方式代表了三个发展层次:动作表征是指个体学习时涉及了操作活动和直接经验,即通过直接的操作行动来理解事物,或表达对事物的看法,基本不需要语言的帮助,动作表征模式适用于儿童;图像表征是指个体通过视觉媒体的作用,即通过平面形象(如图片、图表等)来理解事物;符号表征是指个体运用语言、文字等抽象符号去表达对事物的看法。

案例导引 2-5

> 以比较小玩具车在不同斜面上的速度为例,动作表征层面的儿童必须通过实际的操作,即真正地把小玩具车放到不同斜面上加以比较,他才能知道,并且他会用自己的肢体动作来表达车的速度是快还是慢。到图像表征水平时,儿童能够直接通过看图片上的影像(图片上有许多不同斜度的面和玩具汽车)就能理解和表达车快车慢。符号表征层次的儿童不必通过具体操作,也不必观看图片,当你对他提出问题时,他能够通过自己在脑海中的思考,并能以口头语言或文字符号的方式表达他的理解。

布鲁纳运用认知发展表征的系统论来说明概念的发展。他认为,概念的发展始终是与环境直接互动的。儿童必须先通过操作具体事物发展概念,进而逐渐发展到以抽象符号表达概念的层次。教学过程中,应当按照儿童个体所适合的观察事物的方式去表现那门学科的知识。

二、发现学习法

"发现学习"是指学习者在教师的指导下,通过自己的探究与学习,主动发现事物变化的起因和内部联系,从中找出规律,在这个过程中体验发现知识的智慧感和完成任务的胜利感。[①] 在《发现的行为》一文中,布鲁纳提到"发现不限于那些寻求人类尚未知晓事物的行为,确切而言,发现包括用自己的头脑亲自获得知识的一切形式"。

(一)学习的过程

布鲁纳认为,学习包括习得、转换、评价三个过程,这三个过程几乎是同时发生

---

① 贾洪亮.学前儿童科学教育[M].上海:复旦大学出版社,2012:28.

的。习得是指获得新知识的过程;转换是运用新知识,使之适合于新事物和新情境的过程;评价则是评价和运用已经获得的知识的过程。

从学习的过程可以发现,学习者不是被动的知识接受者,相反,他们是知识的主动学习者、积极的信息加工者。因此,在教学过程中,教师的作用在于创建能够让儿童自己学习的情境,而不是提供预先准备齐全的知识,应当注意发挥儿童的学习主动性。因此,在教育领域,布鲁纳十分提倡"发现学习法",在教学过程中,要让儿童主动地发现知识,而不是被动地接受知识。

(二)"发现学习"的价值

布鲁纳认为,"发现学习"的优点主要体现在以下四个方面。

其一,有利于激发智慧潜力。个人的智力发展取决于其是否能不断使用智力。发现法为儿童提供了便于解决问题的背景信息,帮助儿童学习探索,增进儿童在新环境中探究和解决问题的能力,从而获得智力的发展。

其二,有利于培养内在动机。儿童成功地解决问题,回答自己的疑惑时,会获得很大的成就感和满足感。这是一种内在的激励作用,它会增进儿童对学习活动的乐趣,而儿童的学习活动也不再是因为一些奖励等外部刺激,他们是因为兴趣、价值等内在动机而学习。

其三,有利于学习发现的技巧。发现问题是科学探索的第一步,是解决问题的前提。因而具有发现的能力是解决问题的关键。通过发现学习,给儿童提供锻炼发现能力的机会,在具体的操作实践中,儿童逐渐掌握探究的方法,这个过程同样有助于培养儿童的学习能力,发展他们的创造能力。

其四,有利于记忆的保持。研究表明,与灌输知识的教学方法相比,儿童通过自己的探索发现所获得的知识,保持的时间更为长久。因此,布鲁纳认为,只要时间允许,都应该给予儿童机会,让他们自己去发现概念,允许学习者发现信息与组织信息是学习解决问题的技巧所必需的。

三、发现学习法的启示

布鲁纳发现学习的核心在于让儿童体验科学家从发现过程中所获得的情感,从而激发儿童学习科学的动机,而且儿童可以通过发现的过程了解科学的性质,从而形成科学的认识。"发现学习法"引发了人们对学习过程的思考,人们开始重新审视掌握科学的性质和科学知识的过程,但这种方法也存在一些不足之处。例如,在发现学习的过程中,一些现实的、实证的方法受到青睐,但却缺少对话等言语工具的使用;发现的方法更多关注的是事物的存在,而忽视事物与事物之间的联系等。

第四节 建构主义理论

建构主义,也称结构主义,是认知理论的一个重要分支。建构主义者认为,世界是客观的,但是对于世界的理解和赋予意义却是由每个人自己决定的。个人是以自己的经验为基础来建构现实。当代认知心理学家多持建构主义的知识观,他们从儿童是一个"信息加工者"的前提出发,相信儿童从很早开始,就具有一种获取并加工外界信息的能力,并认为儿童是基于自己的经验建构知识的。当代心理学家关注儿童"能够理解什么",以及成人应该怎样帮助儿童获得这种理解。许多的研究都证实了儿童并不像皮亚杰所说的那样幼稚,他们能表现出很多惊人的能力。

一、儿童朴素理论

朴素理论(Native Theory)是与科学理论、成熟正规的理论相对而言的,也可称为天真理论、直觉理论、前理论、似理论等。

(一)朴素理论的内涵

作为朴素理论的代表人物,韦尔曼(Wellman)和格尔曼(Gelman)(1998)认为,朴素理论是指人们对某一组信息、事物、现象等的日常理解。[①] 例如,一般人对于天文现象所持有的观点就是一种朴素理论,是朴素天文学。也有人认为,朴素理论是指相互关联的概念体系,且该体系能对某一特定领域的经验产生预测和解释。

幼儿是通过自己的经验来建构知识的。当代认知心理学认为,儿童具有理解世界的一种强烈的、天生的愿望,即使是特别小的儿童也会组织来自外部的各种信息。在他们自身经验的基础上,结合个人的经历、气质、个性以及文化,每个儿童都会形成自己独特而持久的关于世界及其变化的理论。然而,儿童的认识常常不符合事实或科学的理解,因而他们的这种理论被称为朴素理论,他们所形成的概念被称为"迷思概念"。它区别于正规的成熟理论。

例如,一个学前儿童可能会注意到很多的生物,如人、狗、猫和鸟等都有行动能力。在这个基础上,他可能会猜想生物就是有行动能力的东西。这种想法只能说部分正确,因为他忽视了生物世界的另一半——植物。而对于这个儿童来说,这个理论是在他自己的经历的基础上建立起来的,而且已经足够让他解释现实了,于是他就形成了自己对于生物的朴素理论。

(二)儿童朴素理论的形成与发展

从朴素理论的概念理解出发,可以发现朴素理论存在于每一个人身上。一方面是因为大多数人都不是科学家,他们对周围世界的理解也都是"朴素"的。即使是科学家,对其研究领域之外的其他事物也是朴素地理解。另一方面,从历史发展的角

[①] 鄢超云.儿童的朴素理论及其学前教育意义[J].上海教育科研,2003(4):15-17.

度看,科学理论本身是在发展变化的。因此,此时的科学理论经过一段时间之后,可能就不是成熟的、正确的了,成为了当时人们的朴素理论。

1. 形成条件

儿童也有着自己对世界的理解,这是儿童的理论。这些理论与严格意义上的科学理论、成人的理论有着较大区别,因而仅仅是一种朴素理论。儿童的认知发展变化,实质上是儿童朴素理论的发展变化。然而需要注意的是,儿童的朴素理论并不是自然而然的诞生的,它的产生需要一定的条件。

第一,能够在这个领域和那个领域之间做出本体论的区分。儿童应该认识到两个领域是不可比的,如儿童知道"善良、聪明"等品质与"苹果、香蕉"等水果在品质优劣上是不可比的。

第二,概念具有内聚性、连贯性。即某一理论需要一组概念,而这些概念是相互关联地被使用的。

第三,一套因果解释机制。即"为什么"的问题,涉及理论的预测、解释和说明等功能。

2. 发展过程

儿童的朴素理论的发展并不是一蹴而就的,它需要时间。在这一发展变化的过程中,"反例"起着十分重要的作用。当儿童面对反例时,他们并不能很快地改变自己原有的理论,以便适应新的事实或情境,往往会经历一个"忽视反例"的阶段。

当儿童面对反例之处以及随后一段时间,儿童往往会忽视这些反例,并把这些反例当成噪音,认为不值得关注。当反例出现时,儿童常常是在理论之外寻找解释,而不是质疑理论本身的正确性。这种特性具有两面性,其优势在于加强了理论的稳固性,保证了理论的功能与作用,善变的理论不具有指导意义;另一方面,它会阻碍理论的修正发展,使得理论的发展过程变得缓慢。

案例导引 2-6

在实验中,要求4—9岁儿童在一个狭窄的金属支撑物上平衡一系列不同的积木:一些积木的重量是均匀地分布的,并在它们的几何中心得到平衡;另一些在一端用铅填充,虽然它们看起来与第一组完全相同,但实际上是在中心以外得到平衡;第三组积木有一个重物可见地粘在表面的一端,它也在中心以外得到平衡。

4岁和5岁儿童很容易地完成这个任务,他们只是捡起各个积木,沿着支持物移动积木直至他们感到是向哪个方向不平衡,通过有关下落方向的本体感受反馈纠正积木的位置,直至积木平衡。相反,6—7岁儿童把每块积木放在几何中心,除重量均匀分布的积木外,似乎不能平衡任何物体。8—9岁儿童和最年幼组一样,在平衡所有种类的积木中都取得成功。①

从案例导引2-6中可以清楚地看到,6—7岁的儿童仅能够平衡那些重心在几何中心的积木,因为他们拥有的"几何中心平衡理论"导致他们"将积木的中间放到支持物上,积木就会平衡"的预测。这种理论在一定范围内是适用的。但在实验中,出现了"反例",而儿童并没有因为有反例就立即改变自己的"几何中心平衡理论"。相反,他们毫不怀疑他们的理论,而是在理论以外去寻找"反例"的原因。比如,他们在他们的行动中去寻找原因、在支持物上寻找原因,但就是不在理论自身上寻找原因。当仍然找不到原因时,他们就把这些积木当做是意外,不予考虑。由此可见,儿童朴素理论的发展变化需要一个相对漫长的过程,不可能一蹴而就。

(三)儿童朴素理论的基本特征

1. 儿童的朴素理论是一种框架性理论

强调儿童的朴素理论是一种框架性理论,更多地是为了阐明儿童的朴素理论与科学家理论之间固然存在着一定的区别,但儿童的朴素理论是具有理论的特性的。虽然在具体的理论内容与细节上,儿童的朴素理论与成人的成熟理论之间不一定具有在文化认同上的科学性,但是在所采用的认知结构上、在理论的总体构成等诸多方面,它们却是相似的。儿童的朴素理论具有理论发展的特点,他们在运用自己的朴素理论解释世界时,会不自觉地排除"反例",并通过自己的经验验证自己理论的正确性。

2. 儿童的朴素理论强调概念间的相互关系

对儿童朴素理论的研究,主要集中于朴素物理学、朴素心理学和朴素生物学三大核心领域。例如,在朴素心理学领域中,研究内容主要涉及儿童对信念、愿望与行为关系的认识。儿童在2岁时,其理论属于"愿望心理学",即人的认为受到愿望的影响;3岁时,儿童的理论属于"愿望—信念心理学",认为人的行为不仅受到愿望的影响,还会受到其他因素的影响;4岁及4岁以上的儿童则认为人的行为受到其信念的影响,特别是可能根据其错误的信念行动,而并不是根据客观实际行动,此时他们的理论属于"信念—愿望心理学"。

3. 儿童的朴素理论具有预测、解释的功能

预测功能是指儿童能根据自己的朴素理论预测将要发生的事情,这种预测可能是正确的,也可能是不正确的;解释功能则是指儿童根据朴素理论解释某一现象为什么会发生。朴素理论的解释和预测功能,使得儿童能够以他们自己的方式去认识周围的世界。这样,对于儿童个体而言,整个世界不再杂乱无章,而是井然有序了。

---

① 鄢超云.儿童的朴素理论及其学前教育意义[J].上海教育科研,2003(4):16-17.

儿童朴素理论的功能可以较为明显地反映到儿童的行为上。如果儿童对某一现象的判断处于随机水平，表明儿童对这一现象尚未建立理论，如果儿童总是做出某一方面的判断、预测或解释，则表明儿童具有了这一方面的解释。因为他是根据理论进行预测、解释的，具有一致性。需要注意的是，拥有不同理论的儿童对同一现象的解释、预测也是不一样的。

（四）儿童朴素理论的教育意义

儿童具有自己的朴素理论，其意义在于当儿童走进教室时，他们并不是一块任由教育工作者随意涂抹的"白板"，他们对周围的世界有自己的见解。他们的这种朴素理论也并不都是等待着老师的纠正。相反，儿童运用这些朴素理论有效地解释和预测着他们自己所面对的现实世界。通过这些理论，儿童能解释和预测一些日常生活中的现象。这对儿童的教育，尤其是科学教育具有重要的意义。

在早期教育的过程中，儿童朴素理论的合法性地位一直没有得到确立。尽管我们常讲"要了解儿童"，备课要注意"备学生"，但仔细分析会发现，教师了解的是儿童掌握了多少成人文化，而不是儿童自己的理论，我们所了解的儿童，是根据我们自己的头脑里的儿童观建构出来的儿童。因此，首先我们需要承认儿童朴素理论的存在。这不仅是对儿童的尊重，对儿童发展规律的尊重，也是对人类认知过程的尊重。

承认朴素理论的存在，需要我们认识到他们的理论是朴素的。具体是指这是一种发展中的理论，是不完善的理论，是适用范围有限的理论。首先，教师要成为理论的学习者、运用者以及质疑者，帮助促进儿童朴素理论的发展。其次，将儿童看做是理论的"建构者"，认真严肃地对待，注重科学教育中儿童主动性的激发。最后，给予儿童表达和交流理论的机会，让儿童交流和表达自己的理论。在科学教育过程中，教育内容应基于经验并挑战经验，充分给予儿童发挥、表达的机会。

二、概念转换理论

有关儿童科学概念形成的理论一直是科学教育的重要依据，基于建构主义的概念转换理论在该领域极具代表性。朴素理论表明，儿童具有"发明理论"的能力。他们用自己的理论去解释现实世界中遇到的事情。即使不适用的情境，他们仍然会坚持自己的观点，而拒绝其他的解释，坚持原有的"迷思概念"。儿童迷思概念的产生有多方面的原因，既与儿童的认知发展水平相关，也受到成人的错误引导以及教师过多采用讲述式教学法的影响。

基于儿童自主建构知识的学习理论，当代认知心理学家认为，儿童在科学学习方面的迷思概念是可以转变的。美国学者波斯纳(Posner)认为，要想使得儿童的概念发生转变，要具备以下四个条件：其一，儿童不满足于自己已有的概念；其二，儿童对于新概念必须要有初步的了解；其三，新概念必须是有点合理的；其四，新概念必须是解释得通而且有预测力的。①

因此,教师不能一味地向儿童灌输正确的概念,这样反而会导致儿童对于科学概念的不理解。正确的做法应当是,教师要关注儿童的迷思概念,并为儿童提供一种"以研究为基础的、以探究为中心的经验",以建构他们的经验基础,帮助儿童通过自己的经历、通过新旧经验之间的相互作用,更正原本的错误概念,从而实现概念的转变。

科学知识不可能简单地传递到儿童的头脑中,儿童科学知识的建构是一个复杂的过程。这已经成为当代研究者的共识。拉塞尔(Russell)在其"选择性概念"理论中,提出了一个科学知识的表征框架。他强调知识建构的过程是在更为广泛的背景(社会学、人类学、心理学)中进行的。

他提出,在通常情况下,我们的经验来自于两方面因素的相互作用,即直接经验和日常文化渗透。而在教学条件下,知识表征的框架更为复杂,它来自于直接经验、日常文化渗透和正式教学三个来源之间的相互作用。②

如图2-1所示,不同的区域表示了我们的不同认识。以关于月亮的知识为例:

(a) 我们看见月亮的形状、位置变化;

(b) 某种文化认为月亮是捕鱼的先兆;

(c) 把月亮比喻成女性,寓意神秘和诗意;

(d) 正式的教学鼓励儿童重新解释直接感知的经验;

(e) 对潮汐、捕鱼结果的表征,以及文化的、经验的和教学关于月亮引力的表征模式一致;

(f) 天狗吃月亮;

(g) 专门化的术语。

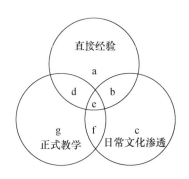

图2-1 关于月亮知识的三元结构图

拉塞尔的理论启示我们,科学教学要分析知识表征的各个不同的来源,也就是个人经验的不同来源。教学应该为儿童提供一种理解知识表征的空间,同时也是为儿童提供一种选择知识表征的机会。这样才能使儿童获得真正的科学知识,而不是

---

① 张俊.幼儿园科学教育[M].北京:人民教育出版社,2004:38.
② 张俊.幼儿园科学教育[M].北京:人民教育出版社,2004:39.

表面上追求教学和儿童直接经验、社会文化之间的联系与结合。

三、建构主义理论的教育启示

当代认知心理学的研究从信息加工的理论框架出发,从分析儿童科学学习中的具体问题入手,较好地整合了皮亚杰和维果茨基的理论观点:它既关注儿童认知能力和学习经验的不足以及由此产生的迷思概念,同时更关注教学在促进儿童概念转变方面的作用。

基于当代认知心理学发展中建构主义的观点,在科学教育中,教师要承认、理解和接受儿童已有的经验和认识,并以此作为教学的起点;教师不仅要了解儿童已有的日常经验,也要在教学中着眼于丰富儿童的经验,将科学教学的内容和儿童的生活经验结合起来,让儿童在真实的解决问题情境中获取知识。

(一) 基于问题的学习

建构主义的学习观强调通过学习者的思维活动实现学习,学习者要不断思考,对各种信息观念进行加工转换,形成新的假设,并通过一定的方式对其加以验证。在问题中学习,教师针对学前儿童所要学习的科学内容设计出具有思考价值的、有意义的问题,让学前儿童去思考、去尝试解决问题。儿童通过综合运用原有的知识经验,查阅相关资料,独立思考,形成对问题的解决。

(二) 在沟通、交流、合作中学习

建构主义认为,每个学习者都有属于自己的经验世界,不同学习者的原有经验以及对问题的理解都不相同。因此,一方面,创设的学习环境要有利于沟通、交流、合作,这有助于儿童之间学会表达自己的见解,学会聆听并理解他人的看法,进而学会接纳、分享。另一方面,教师也要从传统的权威者转变为学习的支持者、合作者,儿童意义建构的促进者。

(三) 在自我调节中学习

21世纪的教育改革提倡培养善于学习的终身学习者。因而,在学前儿童的科学教育中,教师不仅要为儿童设计活动任务,还要引导儿童对自己的学习进行评价、反思,让儿童逐渐学会自主管理自己的学习,对自己的探索活动负责,从而成长为一个能够自主监控的学习者。教师要相信幼儿自己最了解自己的需要,允许幼儿用自己的方式和材料去探索问题,成为学习的主人。

不过,需要注意的是,认知心理学的研究关注的只是怎样让儿童改变自己的认识,教给他们正确的科学知识。但知识的学习只是科学教育的一部分,它还关系到一个价值观的问题,即儿童能够学习的科学知识,是不是就是他们一定需要学习的知识?特别是对于年幼的儿童来说,当我们想尽办法将科学知识传授给他们的同时,我们更要考虑,这些知识对于他们来说是否真的重要、是否值得学习?这些知识是否将引导他们以更适当的方式看待他们的生活、周围的世界?

 **本章小结**

本章主旨在于探寻学前儿童科学教育的理论基础，皮亚杰、维果茨基、布鲁纳、韦尔曼等人对于学前儿童科学教育的发展具有重大贡献。认知发展理论、建构主义的学习理论以及脑科学的发展都极大地推动了科学教育，尤其是学前儿童科学教育的进步。

皮亚杰理论中关于知识经验的获得、儿童思维发展阶段理论以及学习与发展关系的看法，为研究学前儿童科学教育提供了有益的理论启示。作为与皮亚杰同时代的心理学家，维果茨基在辩证唯物主义观念的指引下，也对儿童科学观念的发展进行了相关研究，并认为教师应该以同伴的身份支持儿童实现最近发展区内的"飞跃"。建构主义者从儿童是一个"信息加工者"的前提出发，相信儿童从很早开始，就具有一种获取并加工外界信息的能力，并认为儿童是基于自己的经验建构知识的，儿童具有属于自己的"朴素理论"，并运用于对周围世界的解释预测，这种理论会形成"迷思概念"，教师有效的指导策略可以促进儿童概念的转换。

 自我评量

1. 皮亚杰的认知发展理论对于学前儿童科学教育有哪些启示？
2. 朴素理论中儿童对周围世界的认识是如何发展的？
3. 在学前儿童科学教育中，如何体现布鲁纳的"发现学习法"？

第二部分

如何教幼儿学科学

在科学教育的重要性一再被肯定的基础上,如何将这一重要领域的教学恰当、有效地实施就成为诸多幼教工作者需要进一步思考的问题。而作为幼儿全面发展的一个重要组成部分,学前儿童科学教育的目标及方式方法的确立,不仅要考虑社会对幼儿的要求,也要考虑儿童发展的一般规律,同时还需要体现出自然科学的学科特点,是一项相对复杂的工作。

《幼儿园教育指导纲要(试行)》(以下简称《纲要》)中科学领域的指导要点向我们指明了科学领域知识的主要特点、教与学的主要特点及要特别注意的问题。它们分别为:(1) 幼儿的科学教育是科学启蒙教育,重在激发幼儿的认识兴趣和探究欲望;(2) 让儿童亲历和感受科学探究的过程和方法,体验发现的乐趣;(3) 科学教育生活化,学习身边的科学。《3—6岁儿童学习与发展指南》(以下简称《指南》)则进一步指出幼儿的科学学习是什么、其核心是什么,对应的幼儿思维特点和适宜的学习方式有哪些,重点关注幼儿的科学学习与发展。它们分别是:(1) 幼儿的科学学习是在探究具体事物和解决实际问题中,尝试发现事物间的异同和联系的过程。(2) 幼儿科学学习的核心是激发探究兴趣,体验探究过程,发展初步的探究能力。(3) 幼儿的思维特点以具体形象思维为主,应注重引导幼儿通过直接感知、亲身体验和实际操作进行科学学习。由此可见:一方面,新《纲要》和《指南》中一再强调学前儿童科学教育的首要任务是精心呵护与培养幼儿对周围事物和现象及其相互关系的好奇心、认识兴趣和探究欲望;另一方面,它强调了"科学教育应密切联系幼儿的实际生活进行,利用身边的事物与现象作为科学探索的对象"的重要教育途径。对于幼儿来说,科学就是他们每天所做的事。科学内容的生活化,能使幼儿感受和体验到所探究和学习的内容对自己和同伴的意义,这些内容是他们当前想要知道的东西和想要解决的问题,幼儿才能积极主动地投入活动。利用身边的事物和现象作为科学探究的对象,会使他们发现和感受到周围世界的神奇,体验和领悟到科学就在身边,这为幼儿认识周围世界提供了获得直接经验的前提和可能;为幼儿理解科学对人们生活的实际意义提供了直接经验和实际背景。[①]

然而,如何将先进的教育理念切实可行地落实到对幼儿进行科学教育的实践过程之中则成为诸多幼儿园园长与教师纷纷思考的问题。

首先,我们必须了解儿童如何学习科学?要想弄明白这个问题,我们需要知道适合幼儿学习的方式是什么,什么是探究式学习,为什么探究式学习是幼儿学习科学的有效方式,幼儿科学探究的本质又是什么,等等。当我们对幼儿科学探究是怎么回事有了大概了解的时候,我们需要知道幼儿的探究和科学家的探究有什么相同和不同,幼儿科学探究的特点有哪些。为进一步了解幼儿科学探究的特点,我们需要知道幼儿科学探究的年龄特征,即纵向来看随着幼儿年龄的发展,幼儿科学探究的年龄特征会发生怎样的变化,并根据这些年龄特征提出可供参考的教育建议。当这些问题都得到明确的解决时,我们便对儿童如何学习科学有了清晰的了解。

然后,我们需要按照学前儿童科学教育的基本要求和幼儿科学探究的过程与特点设计和实施幼儿园科学探究活动,以使"重视幼儿科学学习"和"重视幼儿科学探究"从理念变为现实,为了确保这一目标的达成,还需要采取科学的评价方法对幼儿园探究活动本身和幼儿的发展情况进行相应的评价,同时结合幼儿园、家庭和社区等多方面的资源促进幼儿园科学探究活动的发展与完善。

因此,本书第二部分将从学前儿童科学教育的基本要求、幼儿科学探究的过程与特点、教学设计与实施、教育评价以及教育资源的开发和利用这五个方面对"如何教幼儿学科学"的问题进行解答。

---

① 教育部基础教育司组织编写.《幼儿园教育指导纲要(试行)》解读[M].南京:江苏教育出版社,2002:170-172.

第三章　学前儿童科学教育的基本要求

1. 了解我国学前儿童科学教育的历史。
2. 理解和掌握《纲要》对科学领域的基本要求。
3. 理解和掌握《指南》对科学领域的基本要求。

纵观中国历史,学前儿童科学教育古已有之,但主要融合在识字教育之中。改革开放以来,随着《幼儿园教育指导纲要(试行)》《3—6岁儿童学习与发展指南》的陆续颁布,我国对学前儿童科学教育的重视程度日益提高。《纲要》指出,"幼儿的科学教育是科学启蒙教育,重在激发幼儿的认识兴趣和探究欲望"。《指南》则突出了幼儿科学学习的重要性,"幼儿科学学习的核心是激发探究兴趣,体验探究过程,发展初步的探究能力"。它们是我国当今最权威的两种有关学前科学教育的指导性文件,在对科学教育的基本要求上有异曲同工之妙,又各具特色。

第一节　我国学前儿童科学教育的发展沿革

儿童的科学教育并不是现代社会发展的产物,我国早在古代时期就已经出现了早期的科学启蒙教育,一直发展到今天,几经变化,在发展的每一阶段都有其自身的特点。

一、蒙学读本中的科学启蒙教育

作为四大文明古国之一,我国古代的科技成就在世界科技发展史上有目共睹。这些成就的取得有赖于古代的科学教育,仔细翻阅古代的各种蒙学教材可以发现,里面的许多内容都包含了对儿童周围的事物、各种自然现象的描述、解释。

西汉的《急就篇》是蒙童的教科书,所涉及的知识面广,包含了当时社会生活中最必需的基础性知识,其中,"稻黍秋稷粟麻粳,饼饵麦饭甘豆羹",就是帮助儿童认识五谷。宋代王应麟的《三字经》,与《百家姓》《千字文》并称三大国学启蒙读物,内容短小精悍,朗朗上口,里面就有关于数、日、四时、五行、六谷等基本自然常识的介绍。如:"稻粱菽,麦黍稷,此六谷,人所食。马牛羊,鸡犬豕,此六畜,人所饲。"明清流传广泛的杂言书《百花门》是向儿童普及花卉方面的相关知识。清末,人们对世界认识范围的扩大,这也影响了儿童的科学启蒙学习。张士瀛在《地球韵言》中有:"大地椭圆,旋转如球;东半西半,分五大洲……摄引全球,专赖引力;绕日而行,八星之一。"①

综合这些蒙学内容可见,我国古代儿童的科学教育最大的特点在于通过蒙学读本结合识字教育进行,主要局限于解释一些常见的、粗浅的科学现象、概念和农作物知识。这种科学教育与识字教育相结合的现象表明:当时并没有形成纯粹的科学教育,科学教育在学校教育中是不被重视的。

二、近代儿童科学教育的萌芽

我国真正意义上通过专门设置自然科学课程进行儿童科学教育始于清代同治年间。1903年,我国建立了蒙养院。同文馆中设置了"格致"一科,其内容包括动植物、矿物、理化、卫生等。这是我国设置自然科学课程的开始。

我国著名的幼儿教育专家陈鹤琴先生在《现今幼稚教育之弊病》一文中曾指出:"幼稚园与环境的接触太少,游戏的时间太多。""儿童的环境,无外乎两种:一种是自然环境,一种是社会环境……这两种环境都是儿童天天要接触的,所以我们应当利用这两种环境作为幼稚园课程的中心"。据此,陈鹤琴先生的幼稚园暂行课程之中包纳了自然,从此,"自然"就作为幼儿科学教育的课程出现在我国幼儿园课程体系之中。幼儿科学教育开始受到重视。

1932年,当时的教育部颁布《幼稚园课程标准》,正式将常识课程列入课程标准,明确了常识教育的教育目标与内容。"常识教育"登上了儿童科学教育发展的历史舞台。

第一本供教师使用的有关幼儿科学教育理论的书籍《幼稚园的自然》,于1935年由商务印书馆发行。该书全面阐述了向幼儿介绍自然的目的、教材内容、教学原则、方法和设备等,并且强调户外教学的重要意义。1936年,教育部公布新修订后的课程标准:《小学课程标准总纲》和《小学常识科课程标准》,其中明确规定在初级小学(低、中年级)开设"常识科",包括社会、自然和卫生的知识部分,正式将"社会和自然"更名为"常识"。这是我国历史上,政府教育部门明确设立"常识课程"的开始。1937年,《幼稚园常识160课》出版发行,这本书是根据教育部颁布的《幼稚园课程标准》编辑的,是一本专供幼稚园教师参考的常识教材教法书籍。

总体而言,在近代,我国逐渐形成了包括课程设置、课程标准、教材教法等比较完整的幼儿科学教育体系。②

---

① 周京峰.学前儿童科学教育新体系[M].济南:山东人民出版社,2012:23.
② 王冬兰.学前儿童科学教育[M].上海:华东师范大学出版社,2010:24.

三、现当代儿童科学教育的发展

(一) 新中国成立 50 年以来学前儿童科学教育的曲折发展

中华人民共和国成立初期,我国教育发展的整体态势是模仿苏联,学前教育也不例外,主要都是沿袭苏联的做法。幼儿科学教育的任务、内容、方法等都是在全面学习苏联学前教育经验的基础上制定的。重视系统的、由浅入深的知识传授,以动植物和季节变化为主线进行认识自然的教育。方法上则以教师灌输为主,伴有儿童的观察、种植和饲养。

"文化大革命"时期,我国的学前教育事业发展受到重创,幼儿科学教育从课程到内容全部取消,这一领域的发展停滞不前。20 世纪 70 年代到 80 年代中期,幼儿园常识教育仍然采用 20 世纪 50 年代的教材教法,但实际上,内容、方法等都已经过于陈旧,无法适应社会发展的需要和满足幼儿身心发展的需求。

20 世纪 80 年代后期到 90 年代初期,随着教育改革的深化,除引进早期儿童教育理论外,幼儿教育工作者还积极借鉴了国外现代儿童科学教育的有益经验。在自然常识教育的基础上,以"科学教育"取代了原先的常识教育,对幼儿科学教育进行了科学研究和较为全面的改革。

(二) 21 世纪学前儿童科学教育的新进程

历史走进 21 世纪,我国的学前儿童科学教育迎来了新的发展。

1.《幼儿园教育指导纲要(试行)》

2001 年 7 月,为推动幼儿园全面实施素质教育,切实提高教育质量,教育部颁布了《幼儿园教育指导纲要(试行)》(以下简称《纲要》)。它全面反映了我国几十年来幼儿园教育改革的理论与实践的探索成果,同时也努力吸收了世界范围内有关学前儿童教育的科学研究成果,提出了许多先进的教育观念:"以游戏为基本活动""尊重儿童的身心发展规律和学习特点"等。

《纲要》提出了许多新思想、新观念,对幼儿园课程的改革与发展起到了积极的推动作用,更为当时我国学前儿童教育的发展注入了新生力量。一方面,在整个《纲要》中都体现着主体性思想,即强调让幼儿成为真正的学习主体,让幼儿成为教育过程中的主动学习者,课程要关注现实的学习生活主体。《纲要》指出,"幼儿园的教育活动,是教师以多种形式有目的、有计划地引导幼儿生动、活泼、主动活动的教育过程"。另一方面,生活与经验也是关键概念,课程要回归生活,回归经验。《纲要》是世界上目前可见的同类文件中出现"生活"一词频率最高的文件。[①]

在科学教育领域,《纲要》首先明确了幼儿科学教育的内涵。幼儿科学教育是指幼儿在教师的指导下(包括直接指导和间接影响),通过自身活动,对周围物质世界

---

① 虞永平. 深入学习 努力实践 发展内涵 提升质量——纪念《幼儿园教育指导纲要(试行)》颁布 10 周年[J]. 幼儿教育, 2011(25): 7-9.

进行感知、操作、发现问题、寻求答案的探索过程;是幼儿获取广泛的科学技术经验和具体事实,主动建构表象水平上的初级科学概念、学习科学方法和技能、发展智力的过程;是发展幼儿好奇心,使幼儿感受到自己的能力并得到愉快的心理体验,产生学习科学的兴趣以及对自然界关注和爱护的过程。从教育目标到教育内容、教育要求,各方面都体现出了对儿童主体性的尊重,强调让儿童成为学习的主人。

在《纲要》中,经验与生活是两个重要概念。围绕着生活这一概念,在学前儿童科学教育课程实践中,科学课程的生活化、游戏化特征逐步得到落实,科学教育内容越来越多地关注儿童自己的生活,越来越多地关注儿童的生活场景和生活体验。老师们开始蹲下来,与孩子平等对话,开始尝试了解儿童,不断领悟孩子们生活化过程的本真。

2.《3—6岁儿童学习与发展指南》

为在幼儿教育阶段深入地推动素质教育的实施,促进每一个幼儿获得全面、基本的发展,2012年,教育部颁布了《3—6岁儿童学习与发展指南》(以下简称《指南》),提出了3—6岁各年龄阶段儿童学习与发展目标和相应的教育建议,帮助幼儿园教师和家长了解各个阶段幼儿学习与发展的基本规律和特点,建立对幼儿发展的合理期望,实施科学的保育教育,让幼儿度过快乐而有意义的童年。

《指南》指出,"幼儿的科学学习是在探究具体事物和解决实际问题中,尝试发现事物间的异同和联系的过程""科学学习的核心是激发探究兴趣,体验探究过程,发展初步探究的能力""幼儿的思维特点是以具体形象思维为主,应注重引导幼儿通过直接感知、亲身体验和实际操作进行科学学习,不应为追求知识和技能的掌握,对幼儿进行灌输和强化训练"。同时,《指南》还从价值情感、方法能力和知识经验三个维度对不同年龄阶段幼儿的科学探究水平分别进行了分析。可见,21世纪的学前儿童科学教育突出强调探究的重要性。探究既是科学学习的重要目标,又是科学学习的关键方法。知识经验是在探究、解决问题的过程中形成的。

充分体现《纲要》和《指南》精神的科学教育活动是以幼儿为主体的,让幼儿在动手、动脑的探究活动中进一步形成积极的科学态度,提升科学探究的能力,获得丰富的科学知识,积累多方面的科学经验。要实现这样的目的,教师要真正成为幼儿探究过程的引领者、支持者和帮助者。科学教育活动要力图实现"幼儿积极主动地学,教师积极有效地教"这样一种互动与同构的教学过程。[1]

一言概之,这一时期学前儿童的科学教育是在变革中摸索前进。改革现状是明确了幼儿科学教育的目标和任务;在原有基础上扩展更新了科学教育的内容;改进科学教育的方法与手段,重视幼儿的主体性和探索性。

---

[1] 李季湄,冯晓霞.《3—6岁儿童学习与发展指南》解读[M].北京:人民教育出版社,2013:121.

第二节 《纲要》中科学领域的基本要求

2001年7月,教育部正式颁发《幼儿园教育指导纲要(试行)》(以下简称《纲要》),它是指导广大幼儿教师在遵循《幼儿园工作规程》和《幼儿园管理条例》的基础上,将科学的学前教育思想和观念转化为教育行为的指导性文件。本节将按照《纲要》对于科学领域基本要求的规定,按照目标、内容与要求、指导要点这三个方面展开分析。

一、《纲要》中科学领域的目标

为了指导幼儿园深入推进科学素质教育,《纲要》对科学领域制定了促进幼儿情感、态度、能力、知识、技能等方面发展的目标。《纲要》中的目标不是特指某一具体或者固定的内容,而是在"以幼儿发展为本"的理念框架统领下给予幼儿园充分的教育自主权,即既奠定了学前儿童科学教育的基本方向,同时又坚持了实事求是、因地制宜的原则。《纲要》中科学领域的目标和其他领域的目标一样都是多领域的有机整合。因此,在给科学领域目标定位时更应从联系的视角出发,把握各目标之间既相互独立又互相融合的过程。[①]

(一)对周围的事物、现象感兴趣,有好奇心和求知欲

学前儿童科学教育针对的是学龄前的儿童,理当考虑到该年龄段幼儿的年龄特征。一方面,学龄前儿童的思维比较直观、具体、形象,另一方面,学前儿童的活动范围和已有生活经验还非常有限,这使他们比较容易对身边熟悉的事物或现象感兴趣。幼儿天生就具备好奇心和求知欲,这一点常常通过他们的行动和提问表现出来。学前儿童科学教育的首要目标就是要结合学前儿童的自身特点保持和发展他们的天性。好奇心和求知欲是直接驱动学前儿童积极参与探索的动因,他们追求的是在探索过程中满足自己的兴趣需要,而并不重视之后演变出什么样的结果。所以,在引导幼儿积极探索时,一定要注意在探索过程中呵护幼儿的好奇心,尊重而不否认他们的问题,引导他们一同去探索寻找问题的答案,无论是否能找到准确的答案,这个过程本身就能满足他们对未知的渴求。这样一来,根据不同年龄段创设问题情境、引发他们的认知冲突、参与到幼儿的探索中去,能很好地激发他们的好奇心和求知欲。

---

① 虞永平. 幼儿教育整体观[M]// 教育部基础教育司.《幼儿园教育指导纲要(试行)》解读[M]. 南京:江苏教育出版社,2002:89.

 **案例导引 3-1**

激发幼儿的好奇心[①]

我们可以从一个实例中发现这一事实:6 岁的阿曼达正在和全班同学一起参观蝴蝶园。当她成功地将一只漂亮的淡蓝色大闪蝶引到自己的手背上时,脸上浮现出兴奋、敬畏而又满足的神情。她仔细地观察这只漂亮的生物,突然间惊讶地张开了嘴巴,然后小声地问一位向导:"蝴蝶会撒尿吗?"向导则进一步回问她:"你发现了什么?"

阿曼达仔细地观察手上那颗小小的黄色液体,脸上的表情不断在变化:惊讶,瞬间的失望,最后是肯定。"原来是这样,它和我们是一样的!"她坐下来,专注地观察这只安详、宁静的蓝色大闪蝶,直到参观时间结束。最后,她轻轻地把大闪蝶放在附近的一片叶子上,依依不舍地离开了。我们可以推断,阿曼达对这件事情的记忆会让她保持对于蝴蝶的好奇心,并且对自己和一种其他生物间的联系也牢记在心。

点评:

在儿童的学习过程中,当他们体验到周围环境中那些令人敬畏、喜悦或舒适的现象时,他们会产生持续的愉悦感,而这种愉悦感则会进一步促进他们的情感认知和发展。对于儿童来说,一个新奇发现所带来的积极情感,能够进一步激发他们的好奇心,促使他们持续地进行探索。

(二)能运用各种感官,动手动脑,探究问题

好奇和求知依靠实际的探究活动,充分调动幼儿的各类感官能有效锻炼其探索发现的能力。精力充沛的学前儿童本能地需要"行动",坐在课堂里简单地听和看教师的演示和说明,并不能满足他们对探索的需要。为了改变这一现状,《纲要》规定了对幼儿多感官的运用,这正如平民教育家陶行知所言:"让学生走上创造之路,手脑并用,劳力上劳心,这需要六大解放:一解放眼睛,二解放双手,三解放头脑,四解放嘴,五解放空间,六解放时间。"这样一来,幼儿才能真正地用头脑思考、用双手操作、用眼睛观察、用嘴巴提问、拥抱自然和充分的探究问题、用时间去消化和反思。

---

① 〔美〕吉恩·D.哈兰,玛丽·S.瑞维金. 儿童早期的科学活动——一种认知与情感相整合的学习模式[M]. 许倩倩,译. 南京:江苏教育出版社,2012:7.

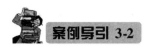 **案例导引 3-2**

能干的小嘴巴(小班)①

设计思路

本次活动的重点是让孩子们通过说一说、尝一尝、看一看、猜一猜等多种方式,对我们的嘴巴有更多的了解。

活动目标

1. 让幼儿乐意参与探索活动,善于品尝各种味道。
2. 学会用甜甜的、酸酸的、苦苦的、辣辣的、咸咸的等词汇,描述所品尝到的味道。
3. 让幼儿萌发保护身体器官的意识。

活动准备

1. 幼儿游戏《捏拢放开》。
2. 五种味道的水:酸、甜、苦、辣、咸各几组。
3. 吸管人手一根,小盘三个。

活动过程

一、组织教学:《捏拢放开》

教师边说边做:捏拢放开,捏拢放开,小手拍两下;放开捏拢,放开捏拢,小手爬呀爬。(幼儿与教师同步游戏)

二、游戏导入

复习:认识五官

师:我们来做一个认识五官的小游戏。律动:亮眼睛亮眼睛刷刷刷,小耳朵小耳朵梆梆梆,巧嘴巴巧嘴巴……(做出很香的样子,教师说哪儿指哪儿,帮助小朋友认识器官。)

三、分析嘴巴的结构

师:嘴巴可是我们的老朋友啦。它呀,包括上嘴唇、下嘴唇,里面还有牙齿和舌头呢。我们来认识一下。请小朋友们伸出右手食指来,老师说哪儿,你就指哪儿,看看谁最能干。(教师说哪儿指哪儿,帮助孩子认识嘴巴的结构。幼儿很感兴趣。)

四、了解嘴巴的作用

师:我们的小嘴巴作用可大了。小朋友,你知道它有哪些作用吗?

---

① 胡箭.幼儿园教育活动案例点评[M].武汉:武汉理工大学出版社,2012:29.

幼儿1:可以用来吃米饭、吃菜。

幼儿2:可以唱歌。

师:是啊,小嘴巴的作用可真大。可以说话,可以唱歌,可以吃东西、喝水,还可以品尝各种各样的味道呢!

五、体验游戏:"看看表情猜猜味道"

1. 教师尝,幼儿猜

师:老师这儿有一些水,我先尝尝是什么味道。(用吸管一次蘸上一点,分别滴到口中,一边滴,一边尝,做出很夸张的表情,让幼儿猜老师尝的是什么味道。)

幼:(根据经验回答)甜甜的、酸酸的。

(教师还可以请幼儿检查一下幼儿说的味道对不对。)

师:(根据幼儿的回答作出适当的评价,并教幼儿学习使用甜甜的、酸酸的等词汇。)

2. 幼儿尝,教师猜

师:小朋友想尝尝各种味道吗?(想)

师:那老师先点几个小朋友上来尝尝。让老师猜一猜你们尝到了什么味道。

(两个幼儿分别上来品尝各种味道,能用甜甜的、酸酸的、咸咸的、辣辣的等词汇表达所尝的味道。其中有一个小朋友尝到了酸味咧了咧嘴,尝到辣味吐了吐舌头;另一个小朋友尝到了苦味皱了皱眉头,令人忍俊不禁。)

3. 幼儿组合进行尝与猜

师:下面请小朋友分组品尝各种水的味道并做出表情,并让另一个小朋友猜猜你尝的是什么味道。(孩子们尝的很欢。其中个别特别怕辣的小朋友沾上了一点辣水就哭了,教师赶紧安慰他;个别小朋友将一杯糖水端到自己面前来,不让其他小朋友品尝,教师引导他,说小朋友之间要学会分享,不然会没有朋友的,孩子才将糖水拿出来。)

六、小结

我们的小嘴巴真能干,不仅会吃东西、会唱歌,还会品尝各种味道。我们可要保护好我们的小嘴巴呦!要勤刷牙,多喝水……

七、延伸

播放律动《刷牙歌》。

活动反思

在整个教学过程中,孩子们兴趣盎然,积极性高,都能通过说一说、尝一尝、学一学、猜一猜的方式,对嘴巴的作用有了进一步的了解。在开始环节,孩子们开心地和老师一起做游戏,孩子们能开动脑筋说出嘴里有舌头、牙齿;在幼儿尝味道这一环节中,每个孩子都能动手操作品尝味道;在请幼儿说出各种味道时的引导还不够,可以请孩子们互相说说,然后再集体或者个别地说;在游戏——"看看表情猜猜味道"这一环节中,如果在课前做适当的准备,让孩子学做尝这几种味道的表情,则效果更佳。

(三)能用适当的方式表达、交流探索的过程和结果

成人在教育幼儿的时候常常会犯包办的毛病。传统的学前儿童科学教育的课堂上,幼儿可能应教师的要求一板一眼地去做事先准备好的实验,做实验的目的是为了得到教师预期的结果,最后再由教师总结实验的过程、结果和对幼儿的启示。整个探究过程幼儿所承担的角色和实验工具相差无几,完全没有自由发表言论的机会。殊不知,正是通过探究过程中的提问、探究过后的讨论与经验分享,幼儿才有机会去梳理、反思、充实和调和新旧经验。同时,探究后留有充足的时间让幼儿描述自己的探究过程(包括所使用的探究方法、中途遇到的问题,以及如何尝试解决的过程)和探究结果(结果和假设是否一致,产生该结果的原因)等,也可以帮助教师整体而全面地了解幼儿的探究思路、探究成果和所遇到的问题,幼儿之间可以相互补充、比较、评论和建议。之后,教师再予以总结,并用比较准确规范的话语进行转述和补充,这样一来,幼儿会参照自己、同伴和教师三者之间的观点对自身经验进行整合,既理清了思路、整合了经验,也发展了语言表达和沟通能力。

案例导引 3-3

修洞的故事①

冬日,下了一场大雪。玩雪后,幼儿纷纷跑到教师跟前好奇地问:"冬天时小动物都跑到哪里去了?"于是,教师决定以小动物过冬为主题,采用故事表演的方式开展系列活动。

续编故事

教师提议编一个有关小动物过冬的故事,并由教师先编一个开头,幼儿来续编。幼儿积极响应,开始往下续编……

故事编完了,有的幼儿提出给故事起名字。经过激烈的讨论,最终决定把

---

① 张澜. 园本课程的实践研究——北京师范大学实验幼儿园发展课程初探[M]. 北京:北京师范大学出版社,2006:261-263.

故事的名字叫做《挖洞的故事》,并把这个故事画下来讲给其他小朋友听……

制作故事壁报

第二天,幼儿开始画故事的活动。有的幼儿提出画连环画、制作小书,最后大家决定一起制作一幅连环画式的壁报。幼儿分别画出各种动物,再剪下来贴在相应的位置。教师制作了一只小"鼹鼠",幼儿可以拿在手中在壁报上边演示边讲故事。

做好壁报之后,幼儿开心地给哥哥姐姐、弟弟妹妹们讲述。可是,幼儿觉得演的不过瘾,师生讨论:怎么办呢?幼儿提出可以做头饰戴在头上表演。

初次表演

活动开始的时候,师生讨论:先做什么?后做什么?幼儿提出先做头饰再表演,并提议:谁演出什么就制作什么头饰……

表演结束后,教师又提出:"怎样才能使别人一下就知道小动物是在地下冬眠,小鼹鼠是在地洞里爬?"有幼儿提出做"洞",大家同意这个意见,准备下次开始做"洞"。

用单一材料制作道具表演

根据上次的讨论,师生共同准备了废弃印纸、剪刀、胶水、胶带等材料。开始制作时,幼儿茫然四顾,无从下手。教师提醒幼儿想一想:"怎样用这些纸做'洞'呢?"有幼儿说:"小鼹鼠洞是长长的,上面还有土。""我演小鼹鼠,我给它做一个长长的洞。""我演小老鼠,我给它做的洞应该是这样的……""我演小蚂蚁,我给它设计一个最好的洞。"于是,幼儿运用单一材料——复印纸设计了各具特色的"洞"……

用多种材料制作道具再次表演

在师生的共同努力下,我们搜集到了丰富的材料,有纸箱、皱纹纸、电光纸、吹塑纸……

幼儿一下子就被颜色鲜艳的皱纹纸和电光纸吸引了,纷纷选择了这两种材料,但制作方法基本上是沿用上次的方法。他们还提出了合作的要求,并自发地组成了两人一对的小组……

新年联欢会上表演

各个小组的幼儿纷纷为大家表演了《挖洞的故事》。在表演中,他们的声音洪亮、动作逼真、语言形象生动。这样的活动得到了其他组幼儿的诸多评价,大大提高了表演组幼儿的诸多能力。在新年联欢会上,幼儿为家长和全园的小朋友进行了精彩的表演,得到了热烈的掌声。

(四) 能从生活和游戏中感受事物的数量关系并体验到数学的重要性和趣味性

数学是一切科学之母。按照《纲要》的提法，它把学前数学教育和学前儿童科学教育是融合在一起的，这是因为《纲要》所提内容是比较提纲挈领的，没有必要进行这么细致具体的划分。这里的数学教育，我们姑且可以看做学前儿童科学教育中重要的一支，它同样呈现出了生活化、游戏化的趋势。幼儿的认知水平依然决定了其对于自己所处环境中的新鲜而又不太陌生的事物倍感好奇，所以在幼儿生活中进行随机教育，引导他们通过具体的行动和观察去感受事物的数量关系是十分有益的。此外，为幼儿提供相应的游戏环境，也能激发他们对数量关系的兴趣，这比单纯的讲授又有趣得多，也更能保持幼儿的注意力。只有在符合幼儿天性的前提下选择幼儿喜闻乐见的形式渗透数量关系的教育，才能使他们在内驱力的驱使下逐步深入，逐渐意识到数学的重要和有趣。

案例导引 3-4

蔬　菜　汤[①]

活动目标

1. 点数 6 以内的物体的数量，能按数取物，会认读数字 6。
2. 学习比较 6 以内物体数量的多少，并按照从多到少和从少到多的顺序排序。
3. 能按菜单要求模拟为妈妈制作蔬菜汤，萌发爱妈妈的情感。

活动准备

PPT 课件，胶棒，菜单操作纸，蔬菜卡片若干。

活动过程

1. 故事导入，巩固幼儿对常见蔬菜的认识

创设情境，导入活动：兔妈妈身体有点不舒服，小兔想要为妈妈做一锅蔬菜汤，可小兔家只有胡萝卜，怎么办呢？小兔决定拿着自己家的胡萝卜出门去与别的小动物交换蔬菜。它用 1 根胡萝卜换了小松鼠的 1 棵卷心菜，用 5 根胡萝卜换了小鼹鼠的 4 个土豆和 3 个西红柿，用 6 根胡萝卜换了羊爷爷的 5 个菜花和 2 个茄子。

2. 认识菜单，帮小兔子为妈妈制作蔬菜汤

（1）出示兔妈妈的美味蔬菜汤单，引导孩子看懂菜单。

师：这是一份什么样的菜单？你能看懂菜单吗？菜单上说需要哪些蔬菜？

[①] 董旭花. 幼儿园优秀科学活动设计 88 例[M]. 北京：中国轻工业出版社，2013：175.

每种蔬菜需要多少个？哪一种蔬菜最多？哪一种最少？

（2）了解做汤的秘诀：要先放完一种蔬菜再放另一种，而且要按照从多到少的顺序放。

（3）教师先按菜单依次放两种蔬菜，再请幼儿帮助小兔子继续往锅里放蔬菜。

3. 请幼儿为自己的妈妈制作蔬菜汤

（1）提出任务：你们想不想为自己的妈妈做一锅美味的蔬菜汤，让她也健康美丽？

（2）出示美味菜单，请幼儿先读懂菜单。

（3）了解菜单秘诀：往锅里放菜的时候，要先放数量最多的一种蔬菜，再放少的，要给每种蔬菜排好队再往锅里放。

（4）幼儿自己制作"蔬菜汤"，教师巡回指导。

4. 分享展示蔬菜汤

请做好的小朋友说说自己的蔬菜汤是用什么蔬菜做的，都用了多少蔬菜。

结束语：小朋友可真棒！相信妈妈看到你们为她们做的美味蔬菜汤一定很高兴。请大家把这份蔬菜汤带回家送给妈妈吧。

活动点评

这是一个充满爱心、暖意融融的活动。教师精心创设了为兔妈妈制作蔬菜汤的情境，让孩子们在帮助小兔子的过程中体验浓浓的亲情，复习巩固6以内数的认识，并按照从少到多和从多到少的顺序排序。对中班上学期的幼儿来说，活动是适宜且有效的。

（五）爱护动植物，关心周围环境，亲近大自然，珍惜自然资源，有初步的环保意识

环保意识的培养涉及价值观、道德情感的培养，这对幼儿来说是很抽象的。因此，《纲要》的提法是循序渐进的。《纲要》先从幼儿平日里最常接触的动植物入手，这对幼儿来说是具体形象、甚至是可触碰的。然后到周围的环境，这对幼儿来说是安全可控的范围，也是可以理解的环境。接着到大自然，虽然这个概念对他们来说是比较大的，但是和成人、同伴一起出游的经历多少能帮助他们对属于大自然的事物进行简单的归类，依此他们可以从保护他们所熟悉的事物着手，以达到爱护环境的效果。此外，他人无论是正式还是非正式的有关环保教育的言论，以及他们所观察到的环保行为，都会在潜移默化中影响到幼儿对自然和环保的认识和行动，这也为他们初步认识和维护人与自然的关系提供了可能。

 **案例导引 3-5**

幼儿教师教学反思：大班环保教案《消灭白色污染》案例与反思[①]

活动设计背景

　　当今社会,随着快餐业、包装业和超市的发展,极大地方便了人们的生活,然而由于现代生活行为方式的不当,人们在享受物质生活方便的同时,给环境带来了严重的破坏,导致过量的"白色污染"成为继大气污染、水污染之后的第三大社会公害,是现代人们生活的一大难题。目前全国上下纷纷掀起了消灭"白色污染"的活动,我们幼儿园也开展了"保护环境,救救地球,争做环保小主人"的环保教育活动。"白色污染"是孩子们日常生活中接触最多且用得最多的一次性垃圾,如何引导幼儿收集生活中无毒无害的一次性垃圾——"白色污染",如各种方便袋、一次性碗、盘、盒,各种塑料瓶、瓶盖等,结合环保教育,开展系列活动呢？因此我们在帮助幼儿认识"白色污染",并对"白色污染"进行分类的基础上,再引导幼儿进行"白色污染"处理(再创作)等实践活动,使幼儿懂得：只有减少垃圾,变废为宝,才能美化生活、净化环境,从而逐步养成良好的生活卫生习惯,激发幼儿争做环保小主人的强烈欲望。

活动目标

　　1. 初步了解废弃的塑料袋、泡沫用品等属于"白色污染",知道"白色污染"对环境造成的危害。
　　2. 了解解决"白色污染"问题的基本方法。
　　3. 培养幼儿对活动的兴趣,发展想象力、创造力。
　　4. 增强幼儿的环保意识。

教学重点、难点

　　1. 教学重点：让幼儿明白什么叫"白色污染"以及造成"白色污染"的原因。
　　2. 教学难点：认识"白色污染"对人类的危害性。引起学生对白色污染现状的关注,养成自觉的环保行为。

活动准备

　　1. 塑料袋、泡沫饭盒、纸盒、纸袋、布袋若干。
　　2. 无处不在的白色垃圾图片。
　　3. 教学挂图。
　　4. 幼儿用书。

[①] 中国幼儿教师网. 幼儿教师教学反思：大班环保教案《消灭白色污染》案例与反思[EB/OL]. (2014-03-05). http://www.yejs.com.cn/Jswa/article/id/47268.htm.

活动过程

1. 生活经验谈话,引发活动

(1) 出示塑料袋、泡沫饭盒,教师问小朋友:"你们认识这些东西吗?人们在什么时候会使用它们呢?"

(2) 教师:"人们为什么都喜欢用这些物品?"

2. 认识塑料袋、泡沫用品难以分解、处理的特性

(1) 引导幼儿思考将布袋、纸袋、塑料袋丢弃到自然环境中,对环境的影响。教师:它们给人们生活带来方便的同时,对环境有什么影响?

(2) 小结:纸袋和布袋埋在土壤中会被分解掉,不会产生对环境有害的物质,而现实生活中普遍使用的塑料袋、泡沫用品却不容易分解,又很难处理,随意丢弃会污染环境。

3. 观看教学挂图,认识白色污染的危害

(1) 幼儿观看教学挂图,了解塑料袋和泡沫用品到底会产生哪些危害。

(2) 幼儿结合生活经验,交流自己的阅读发现。这些东西,如果埋在地下,会破坏土壤,影响植物生长,如果被动物不小心吃掉的话,可能会因消化不好而导致死亡,人们如果长期使用一次性发泡餐具,会影响人体健康,如果焚烧这些垃圾,会污染空气。

(3) 小结:废旧塑料包装会产生很大的危害,由于这些塑料袋、泡沫用品大部分是白色的,因此人们把它们造成的污染称为"白色污染"。

4. 寻找减少"白色污染"的方法

(1) 幼儿讨论在日常生活中怎么样减少"白色污染",鼓励幼儿开动脑筋,交流自己想出的解决方法,如购物时自带纸袋,制造出能分解的塑料袋等。

(2) 小结:为了减少"白色污染",科学家们开发了对环境污染少的可降解塑料制品,商家也开始减少这些物品的使用量。小朋友们也应该从现在做起,不乱扔塑料袋、泡沫用品,减少"白色污染",人人都做一个保护环境的小卫士。

(3) 一起制作纸袋。

教学反思

1. 在请幼儿说"白色污染"的危害性和减少"白色污染"措施时,幼儿很有想象力和创造力,设计出了许多有创意的机器来消灭"白色污染",教师在此要加强引导,鼓励学生大胆说、大胆想象,培养他们的创新意识。

2. 在上课前一天就跟幼儿交流一下,看看幼儿知道不知道什么是"白色污染","白色污染"有什么危害,为课堂学习做好铺垫。课一开始,就可以让小朋友介绍自家使用塑料袋的情况。让全班幼儿都能积极参与,从而加深了对"白色污染"的感性认识,进一步了解"白色污染"的危害性。

二、《纲要》中科学领域的内容与要求

《纲要》在"内容与要求"部分，通过提出应该做什么和如何做的要求，将科学领域的教育内容有机渗透于教育环境、教师任务、儿童的活动、儿童的发展之中，浑然一体化。《纲要》强调幼儿的主动学习和重视幼儿的活动，所以它并没有给出具体的学前儿童科学教育内容范围，而是从活动的角度提出了全新的知识观和教育观。新《纲要》较之旧《纲要》，体现了从注重表征性知识到注重行动性知识的转变，从注重"掌握"知识到注重"构建"知识的重大变革。[①]

（一）引导幼儿对周围事物感兴趣和想探究

按照幼儿已有的经验，幼儿身边的事物和现象（如动植物的生长、材料物化性质的改变、季节和天气的变化等）对其来说既熟悉又陌生，熟悉的是很多都司空见惯，陌生的是他们还并未深入了解那些事物和现象。即使已经有了对事物和现象规律的初步掌握，也还是存在不少特例等着他们去探索，这样熟悉又陌生的环境才最能引发他们的探索欲。《纲要》中提到了"常见事物和现象的特点、变化规律"，它们具体指什么，不同的人会有不同的想法。参照中国科学技术协会提出的《全民科学素质行动计划》即"2049 计划"，择取其中适合幼儿学习的内容，主要包括物质（非生命体）的特点和变化规律、生命的特点及其变化规律（单列"人"）、宇宙的特点及其变化规律、科学技术的特点及变化规律（包括科技发展史）。这些内容大部分都是可以通过提供相应的材料支持和引发幼儿操作的，而需要直接依靠或单纯依靠教师讲授的内容则比较少，比较符合学前儿童的接受能力和学习特点。

进一步聚焦科学领域的学习内容，可以把科学教育的内容初步划分为人体与健康、物质与材料、动物与植物、自然科学现象、科技与制作等五个方面，现归纳如下（见表 3-1）。

表 3-1　学前儿童科学教育内容范围列表[②][③]

一级内容	二级内容	三级内容
人体与健康	（1）人体的结构及其功能	
	（2）人的生理活动和心理活动	
	（3）个体的生长和衰老	
	（4）保护身体及身体健康	
物质与材料	（1）探究物质与材料的特点与用途的材料	
	（2）探究能量的材料	① 冷、热和温度　② 电　③ 磁　④ 光
	（3）探究物体的位置和运动的材料	
	（4）科技活动材料	

---

① 冯晓霞. 新《纲要》的知识观与幼儿园课程内容[M]// 教育部基础教育司.《幼儿园教育指导纲要（试行）》解读. 南京：江苏教育出版社，2002：98.
② 李槐青，彭琦凡. 幼儿科学教育·科学[M]. 北京：北京师范大学出版社，2013：50-55.
③ 姚伟. 幼儿认识自然和社会[M]. 长春：东北师范大学出版社，1999：35.

(续表)

一级内容	二级内容	三级内容
动物与植物	(1) 常见动植物的生活及特征、多样性	
	(2) 动植物的生长变化及其与环境的关系	
	(3) 动植物之间及其与人类的关系	
自然科学现象	(1) 气候和季节现象	① 四季　② 各种天气现象
	(2) 天文现象	
	(3) 理化现象	① 光和颜色　② 声音　③ 力　④ 化学现象
	(4) 常见的无生命物质	
科技与制作	(1) 常见科技产品及其作用	
	(2) 科技产品的发展	
	(3) 简单的科技制作	
	(4) 科学家的故事	

1. 人体与健康

人类是大自然最得意的作品之一，幼儿对自己的身体一定充满好奇。幼儿最先关注的应该是自己的体貌特征，包括面部的眼睛、鼻子、嘴巴、耳朵，再到整个头部、四肢和躯干等，此外，幼儿在日常生活中对使用这些器官已经有了一定的经验，但主要还是集中在身体的外部结构和功能上。如果想要幼儿深入了解人体结构和功能，教师就有必要给予适当的引导，从外部特征逐渐过渡到对人体内部结构和功能的关注，如人的五脏六腑和人体各大系统。同时，在此基础之上，还需要逐渐建立彼此之间的联系，引发幼儿对人体器官如何维持人体正常运作的思考。此外，还可以给幼儿播放与生命孕育和死亡有关的视频，让幼儿感知和了解个体生长和衰老的过程，初步培养珍惜和关爱生命的情感。为了更好地生存与发展，幼儿有必要掌握最基本的自理和自保技能，建立起人体各部位结构与功能正常和人体健康之间的联系，懂得平时要多注意锻炼身体、按时吃饭并注意营养均衡，以维持健康的体魄。同时还要关注心理健康，教师需要引导幼儿学习情绪管理。

2. 物质与材料

幼儿生活中所接触到的物质和材料远比他们能说得出名字的要多得多。如幼儿拿着杯子喝水，但是他们可能说不出他手中的杯子是由什么材料制作而成的。当然，他们很有可能说出单独由某种物质组成的杯子是什么，如玻璃杯。但是玻璃又是由什么构成的，玻璃是否可以被压扁、被弄弯、被拧坏，或者是通过其他一些过程使其变形，玻璃是否能与其他物质混合转变成另一种物质，幼儿就不一定能说得出来了。因为那些问题与物体和材料的基本性质（包括物理性质和化学性质）、事物内和事物间的简单联系相关。如果想要让幼儿能够理解那些最基本的物质特性及其与其他物质的简单关系，那么就需要为幼儿创设相应的探究环境、提供所需的探究材料，让他们在观察、操作摆弄、实验、手工制作等过程中亲身体验事物的构成转化与相互作用，由此得到的经验，不如称之为建构的知识，才显得更加贴近幼儿的学习和发展。

3. 动物与植物

动植物是幼儿平常最喜欢观察的对象,对动植物的喜爱是幼儿亲近自然的重要表现。幼儿喜欢饲养小动物、喜欢看和闻美丽的花朵,但是他们对动植物的了解并不足以应对生活中的种种情况,也远不能满足他们的好奇心和求知欲。想象一下一名幼儿正隔着玻璃看一条一动不动的蛇,他以为它死了,而实际上它只是在冬眠;回顾一下你小时候是否想过每天吃的豆芽是从哪里来的,当大人们告诉你那是黄豆或是绿豆变的,你信还是不信,也许你会说:"明明黄豆和豆芽的形状就不一样,怎么会是一种东西呢?豆芽的尾巴难道藏在黄豆的肚子里吗?"如果幼儿再问你那些问题时,重要的不是告诉他们那是什么,而是让他们实际体验发生了什么。固有的生活经验在左右着幼儿的判断,同时也是他们进一步学习的基础。因此,在学习动植物的过程中,引导幼儿长期观察和记录动植物的生长过程是十分必要的,包括植物的根、茎、叶、花、果,动物的骨骼、四肢、皮毛、感官和繁殖等,还有影响动植物生长的外在环境条件(如土质、阳光、水分、温度),以及综合探究环境条件对于动植物生长变化情况及其规律的影响。由此,大自然真正成为了幼儿科学探究的"活教材"。此外,通过接触和了解动植物,从认知和情感上,幼儿对环境和资源的看法会发生微妙的变化,教师需要及时施教和随机施教,抓住每个机会让幼儿发起保护环境的行动并感受从中获得的快乐,这将是比纯粹的科学知识概念更重要的科学教育内容。

 案例导引 3-6

> **豆芽把纸冲破了?**[①]
>
> T:这种情况经常会有的,小班的时候,我们班级植物角发豆芽,在豆芽上面放了一张纸,结果过了两天,豆芽上面的纸烂了,小朋友们就说,老师你怎么买了这么烂的纸?
>
> 我就说,那是豆芽在生长,就像小朋友往上长一样,豆芽有力量就把纸冲破了。
>
> I:那他们相信吗?
>
> T:当然不相信啊。为了让他们明白,我们后来专门又做了几次试验,他们回到家里也问了家长,但是仍然不相信。
>
> I:还是不相信吗?
>
> T:是的,他们说,我没有看到它钻出来的那一下,没看到,所以还是不相信。就连给他们看了科教片,他们都说是骗人的。

---

① 鄢超云. 朴素物理理论与儿童科学教育[M]. 南京:江苏教育出版社,2007:251.

4. 自然科学现象

物质和材料的特性及变化规律实际上和自然科学现象是一脉相承的,如物体的沉浮、小车滑坡实验等,这些和物理中力的概念密切相关。日常生活中,幼儿经常能体验到不同材料的特性,如一名幼儿喜欢在光滑的大理石表面"溜冰",而不会选择在粗糙的木质地板或者鹅卵石上玩类似的游戏。当你问他为什么会这么做时,他也许认为因为地面滑所以才好"溜冰",但是他并没有建立起物体表面光滑或粗糙程度与摩擦力之间的关系。除了生活中"力"的体验,幼儿感受最多的可能就是气象和季节的变化。春天是小草从冬眠中睡醒的季节,秋天是叶子离开树妈妈的季节,那些很可能是幼儿观察并加上拟人化的想象的认识。夏天太热要穿短袖,冬天太冷要穿棉袄,这些是幼儿通过实际的经历而总结出的经验。虽然幼儿还不能正确解释自然科学现象,但是他们能够通过自己的体验和探索去了解它们。他们可能在探索后仍然不能把握现象的本质,甚至会歪曲其原来的面貌,不过这并不影响他们逐渐建立科学的联系,关键是教师的引导和耐心。此外,在科学探究过程中,幼儿也需要依靠科学工具的辅助,尤其是在室内模拟一些自然科学现象时,可能会用到温度计、镊子、滴管、放大镜、漏斗等,对那些工具用法和操作过程的掌握也是科学探究需要摸索和学习的内容。有时,教师可以不去限制幼儿必须用固定的方法使用某种工具,这样可以给幼儿更多自主探究的选择性。

5. 科技与制作

随着时代的变迁和科技的发展,越来越多的科技产品走进千家万户。越来越多的幼儿使用科技产品的能力也越来越强,有的甚至可以媲美"专家",但是,也不得不谨防家电保姆对幼儿身心带来的不良影响。为此,学前科学教育应该包含对科技的了解和学习相关产品的使用,以及进行一些科技小制作。如果教师在课堂上介绍电视机怎么用,那么幼儿有可能比教师还擅长。于是,在介绍科技产品的时候,教师最先考虑的应该是和幼儿生活贴近同时又是幼儿不太了解、没怎么用过的或见到过的东西。如幼儿每天身上穿的衣服是从哪里来的?教师可以设计一个关于制作衣服的技术演变史的活动,从早期的梭子、纺车,到缝纫机,再到工厂生产线的流水生产,教师可以带幼儿参观博物馆的相关展区、裁缝店和制衣厂,感受和观察衣服是怎么从原材料神奇地"变成"衣服的(这里主要关注的是纺织的过程)。当然,教师还可以带幼儿做些科技小制作,一开始幼儿很可能需要模仿教师的操作过程,随着经验的积累和创造力的发挥,很有可能做出一些"非同凡响"的作品。

学前儿童科学教育具体内容的划分标准只是相对的,仅具有参考价值,而《纲要》所强调的是引导幼儿对此产生兴趣和探索的欲望。实际上,无论有多么详尽的学前科学内容描述,都无非是引导幼儿进行科学探究的对象。对于以上教育内容,针对不同地区和民族的情况可能会有所取舍,关键还是从幼儿周围的事物和现象着手,就地取材是个既经济又可取的做法。我们应从幼儿的视角出发去考虑什么对他们来说是值得探索和发现的,而不是用统一的标准要求幼儿。这也是《纲要》之所以不规定具体内容的原因之一。

(二)创造探究环境和机会,鼓励提问、发表意见和尊重他人观点

学前儿童科学教育的关键不在于了解和掌握了多少科学知识和科学概念,而是学会如何进行科学探究。可以说,科学探究是学前儿童科学教育的重要内容之一。为了让幼儿能在幼儿园的科学课堂和课下学习和运用科学的探究方法,我们所要做的是为他们提供相应的支持。所谓支持,首先,必须为幼儿提供一个安全、宽松的环境,而这个环境中还需要尚待发现的事物、现象和尚未解决的问题,并且这些事物、现象和问题是幼儿有能力去发现、探索和解决的,至少要处于幼儿的最近发展区之内。创设好了问题情境后,幼儿自然会想要去探索,这时需要做的是放手让孩子去做,并给予幼儿犯错的权力。这里并非放任自由,而是在你给出的大方向下给予幼儿充分的选择自由,既遵循了目标,又尊重了幼儿的选择。幼儿是探索者,教师则是把握方向的引导者和支持者。探究过程不可能一帆风顺,鼓励幼儿大胆发问,不仅能了解幼儿存在的疑惑,还能依此判断幼儿发展水平和实际操作的进展阶段。除了提问,幼儿还可以发表与他人、甚至权威不同的观点,这是幼儿最基本的权利,也是学前儿童科学教育想要达到的目的——学会质疑。虽然幼儿的观点可能存在幼稚甚至偏颇之处,但是却有利于进一步促成幼儿朴素理论的发展,有利于幼儿的概念转变。同时,教师还应引导幼儿学会尊重他人的观点、经验和探究成果,以培养幼儿从他人的角度看问题并形成初步的科学态度。而这需要教师以身作则,从行为和态度上都能悦纳他人的不同观点、想法和做法。

案例导引 3-7

> **通过"验证式追问"的方式帮助幼儿充分自主发现**[①]
>
> 进入镜子迷宫后,孩子兴奋地将自己的发现告诉老师:"我往前走往后走,走到这里(镜子里的)脑袋就看不见了。""老师,站在这里,能看到很多个我在排队!"教师:"哦,真有趣!"在肯定孩子的发现时提出验证式追问——"每次都会出现这样的情况吗?你的朋友有没有同样的发现?"于是,孩子又回到镜子面前,再次观察和尝试,还拉来朋友一起在镜子前反复地前进、后退观察现象。

---

① 沈颖洁.与孩子共成长:《幼儿园教育指导纲要》的实践性解读[M].杭州:浙江大学出版社,2013:100.

（三）丰富操作材料，支持幼儿运用多感官、多形式进行探索

巧妇难为无米之炊，再好奇的孩子也不可能在没有探究对象的情况下进行探究。一种情况是教室里的材料种类单一且数量不足，这根本无法满足幼儿基本的科学探究需求；另一种情况是教室里的材料令人眼花缭乱，但大多数都是成品，限制了幼儿的操作或者不具有操作性，这甚至比没有探究材料还要糟糕。

材料的丰富性是以足够的材料为前提的，但足够的材料并不是一定需要和班级人数相同，只需要使每个幼儿都能有"足够的、在探究物体的相互作用和关系中起关键作用的材料"[①]就算符合要求了。如探究磁铁的吸引力，教师可以让幼儿共用可能被吸引的材料，而磁铁则需要人手一份，幼儿可以吸引教师所提供的材料之外的其他材料——教室内外的任何事物都可以作为尝试的对象，同时幼儿之间还可以将磁铁组合起来去吸引某一物体，教师还可以引导幼儿与材料和同伴进行更多的互动。

探究材料的丰富性应根据年龄段、易得性、可操作程度（可拓展性或可持续性）和安全性来准备。如按照年龄段选择材料，小班的幼儿最好人手配备一个，以方便他们独立探索；中大班的材料可以适当减少，多提供些需要组合或者几个人一起使用的探究工具，以促成年龄较大幼儿之间合作行为的产生。如考虑易得性时，最好选取当地特有的资源和安全的可循环利用的废品，这样，既可以提供操作材料，又可以培养幼儿的节约意识和激发幼儿的创造力。当涉及可操作度时，结构化程度低（开放性程度高）的材料往往能发挥出更多的功能，具备更多组合的可能性。此外，幼儿操作的探究材料还能"使幼儿通过操作明显地看到事物间的关系，从自然结果中得到反馈"[②]。

当然，提供丰富材料的根本目的是能够调动幼儿的多种感官，鼓励他们用多种方式实施探究。多感官，顾名思义，即视觉、听觉、味觉、触觉、嗅觉等感觉的共同参与。针对不同感觉优势的学习者，可以因势利导，多向幼儿提供某一方面的刺激，这样既可以全面发展又有所侧重。多形式则是专门针对探究的方法和材料。幼儿在探究时使用的方法一方面与其自身经验有关，另一方面也与外在环境的影响密不可分，其中幼儿所获得的材料是其中重要的一环，如橡皮泥既可以用来做沉浮实验，又可以用来做重力实验，其用途广泛且功能灵活可变，这就给幼儿的操作提供了多种可能。一般来说，选取自然物、半成品和一些简易的科学测量工具作为幼儿探索的工具和材料会比较得当。此外，我们还可以带着幼儿一起制作探究的材料，逐渐培养幼儿学会用已有材料替代和组合所需工具的意识和能力，这也有利于幼儿多形式地进行探究。

[①] 刘占兰. 新《纲要》中的幼儿科学教育[M]// 教育部基础教育司.《幼儿园教育指导纲要（试行）》解读. 南京：江苏教育出版社，2002：164.

[②] 刘占兰. 新《纲要》中的幼儿科学教育[M]// 教育部基础教育司.《幼儿园教育指导纲要（试行）》解读. 南京：江苏教育出版社，2002：165.

案例导引 3-8

活动的材料一定是由教师提供的吗？①

案例描述：在大班科学活动《哪些东西能运水》的园本研讨中，教师根据活动内容，制定了活动目标：(1) 通过实验发现哪些东西是可以运水的。(2) 通过多次自主性探索找出更适合运水的工具。(3) 能记录实验的结果并大胆地在集体面前表述，体验探索活动的乐趣。接着，教师根据活动目标提出了活动准备：(1) 一般材料：碗、盆、可乐瓶、小水桶、塑料袋、碟子、杯子。(2) 特殊材料：漏斗、塑料篮子、漏勺、粗吸管、肥皂盒、勺子、瓶盖（大小不一）、毛巾、针筒、叉子、网兜、海绵、棉花。(3) 新探索材料：纸信封。(4) 活动记录表格人手一张。在活动实施后的研讨中，教师提出了困惑：在投放活动材料时，教师该不该投放毛巾、海绵等材料？为什么？教师们各抒己见，大致分为两种意见：一种是"可以投放"，认为毛巾、海绵都是可以吸水的，所以也可以运水。另一种是"没有必要投放"，认为毛巾和海绵是一些有争议的材料，容易把幼儿朝一个错误的实验方向引导，所以建议不要投放。

案例分析：从上述研讨中，我们可以看到，一是教师已经对材料准备的重要性有了一定认识；二是材料的选择贴近幼儿的生活，提供的材料都是幼儿生活中常见和熟悉的；三是教师开始对提供材料的科学性问题加以关注并积极思考。应该说，教师在幼儿科学探究活动中对如何为幼儿提供科学有效的探究材料有了积极的探索。但是，在笔者看来，教师在材料选择中，只是关注了材料本身的问题，即材料提供的重要性、有效性和科学性等问题，而忽视了材料选择主体的问题——由谁来选择材料？这是一个理念的问题，如果材料完全由教师一手包办提供，在某种程度上就减少了幼儿对实验（解决问题）所需材料的猜测和思考的机会，也就是说减少了幼儿自主探究的机会。因为，在科学探究活动中，幼儿的自主探究不仅仅是对实验材料的操作而已。

应对策略：给幼儿材料的选择权。给幼儿材料的选择权，并不意味着削弱教师的作用，而是要求教师为幼儿对材料的选择创造必要的条件。首先，探索活动中所需的材料必须是幼儿生活中常见的也是比较熟悉的，这是幼儿对材料自主选择的前提。第二，教师要为幼儿提供丰富而充足的材料库，它可以使幼儿按自己的想法和经验来选择并作用于各种材料，与材料发生互动。例如，上述《哪些东西能运水》的案例中，因为对于使用某些东西来运水，幼儿是有一定的生活经验的，所以在这个活动中，教师可以不事先提供好实验材料，而

---

① 戈柔. 科学探究活动中, 如何引导幼儿自主探究——基于教研活动案例的思考［EB/OL］．(2010-02-22). http://www.yejs.com.cn/Yjll/article/id/29985.htm.

> 是在提出问题"哪些东西能运水"后,让幼儿根据自己的生活经验去猜想实验工具和材料,并鼓励幼儿把认为可以运水的工具画下来,然后根据自己的猜想去寻找工具,进行实验验证。在活动中,教师只要事先准备好一个"材料超市"即可,在幼儿充分发表想法和假设后再出示"材料超市"给幼儿选择。第三,教师要给予幼儿一起参与材料准备的机会,让幼儿能操作自己喜欢并适合自己的材料。这样才有可能最大限度地调动每个孩子探究、操作的积极性,让每个孩子的科学能力在原有水平上获得有效发展。正如美国心理学家布鲁纳所言:"最好的学习动机是学生对所学材料有内在兴趣。"
>
> 由此可见,真正的探究活动的材料不应在提出问题前就出现,而应在问题提出及幼儿预测猜想后,让他们带着问题和需要去选择和寻找材料,而不是由教师来包办。

(四) 培养幼儿合作意识、能力和用多种方式表现、交流与分享

合作并非朝夕之间即可养成。对于幼儿来说,在活动中体验合作及其带来的益处比简单的说教会更有效,这也是《纲要》强调在小组讨论和探索中积极引导幼儿培养合作学习的意识和能力的原因之一。在小组讨论和实际的探索中,幼儿都起着主体作用,教师则帮助引出幼儿的讨论话题,通过更准确、更规范的方式转述和澄清幼儿的观点,以问题的形式引导幼儿在遭遇困难时循序渐进地尝试解决问题,提供探索环境和材料促成幼儿之间的合作。

除了成人的引导,探究活动的性质、难度和相应配备的材料不仅会影响幼儿是否会合作,还会影响幼儿之间合作的质量。在探究结束后,应留出时间给孩子们分享探究的过程与结果。对于发展水平不同的孩子可以鼓励他们用不同的方式进行表现和交流,最基本的是通过语言表达,此外,还可以用简单的动作、绘图、符号、表演等多种形式展示和分享。在这个过程中,幼儿不但能回顾并帮助他人理解自己探究的过程,还能在同伴和成人的描述中补充和反思自己的探究方法。

由此可以看出,合作意识和能力的培养是渗透在学前儿童科学教育的全过程中的,包括探究前小组或集体对探究计划的制订与讨论,探究过程中幼儿之间的合作、师幼之间的互动,以及探究后小组或集体的活动回顾环节。同时,我们应该注意引导幼儿更高质量的合作与交流分享,如提供适宜的材料、抛出开放性的问题、用更完整和规范的用语转述幼儿的话、根据实际的观察补充幼儿的描述等。

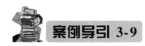 **案例导引 3-9**

引导幼儿积极参加小组讨论——交通工具①

活动目标

1. 了解儿童已有的关于交通工具方面的经验,帮助儿童梳理"交通工具"的概念。

2. 根据儿童列举的有关交通工具实例,学习分类(水、陆、空)。

活动准备

笔、纸、水粉颜料。

活动过程

1. 提问:我从很远的地方来,你们猜猜我是怎么来的?(坐汽车来的)什么汽车?(大客车、中巴车……)除了坐汽车,还可以坐什么来?(飞机、轮船、摩托车、自行车……)

教师小结:可以坐人,可以带物行走的工具,都是交通工具。

2. 提问:

——刚才小朋友说的,哪些是交通工具呢?(大卡车、飞机、轮船、摩托车、自行车……)还有哪些可以替代交通工具?(马、小毛驴……)

——我今天到底是坐什么交通工具来的呢?(教师紧接着用水粉笔当场画了一辆公共汽车,边画边说,叙述其外形特征)车在什么地方行走?(车在路上行走)在路上行走的交通工具都叫"陆地交通工具"。刚刚我们所谈到的哪些是陆地交通工具?(摩托车、汽车……)

——在水上行走的叫什么?水上交通工具有哪些?(教师结合儿童的回答选一样为例子,画在纸上,并与儿童一起叙述其外形特征。)

——谢谢大家讲了这么多交通工具。我们把图画留下,请大家有空画画你喜欢的交通工具,我们把它剪下来,再将相同类别的交通工具贴在一起。好,大家试试吧!

点评

这是典型的在儿童对交通工具进行一段时间的探究以后进行的总结性谈话交流,儿童在实际解答教师提出的系列问题的过程中,建构着关于交通工具的科学概念,感受着沟通的乐趣,提高了分类、概括和推理的能力。

---

① 王春燕,赵一仑. 学前儿童科学教育[M]. 北京:高等教育出版社,2012:165-166.

（五）引导幼儿感受科技影响，培养其喜欢科学和崇敬科学家

科技发展对社会的影响巨大，连出生没多久的婴儿都会触屏，刚学会走路的学步儿把玩着手机，上幼儿园的幼儿在电脑上冲浪。不可否认，电子信息产品充溢着人们的生活，大众传媒对儿童产生了喜忧参半的作用。但是，地域之间还是存在巨大的差异，城市和农村的孩子对现代科技的接受量是不能够等量齐观的。因此，在引导幼儿感受科技对他们的生活带来的影响时，《纲要》指出要从生活或媒体中幼儿熟悉的科技成果入手，针对城市家庭的幼儿，他们大都能接受高端的信息科技产品，而对于农村家庭的幼儿就不一定了，所以应在《纲要》的导向下灵活选取所能使用的科技产品，让幼儿说一说他们身边的科技产品有什么用，如果没有它们又会如何，它们是否有不足等，主要从幼儿的实际生活体验中引发他们对科技产品正反两方面的思考。感受到科技对生活所带来的变化只是一个引子，最重要的还是借此培养幼儿对科学的兴趣和对科学家的崇敬之情。科学兴趣和对科学家的崇敬可以通过参观科技馆、实施室内和户外的探究活动、观看画面生动的科学纪录片、讲述科学家的故事、分享自己有关科学对生活的影响的经验等方式培养。除此之外，幼儿还可以在教师的引导下做些简单、安全、易行的科技小制作，从模仿到有所创新。这里的创新是指在幼儿所接触范围内所未有过的新奇想法和做法，而这需要教师事先为幼儿提供足够的经验和材料准备，并鼓励幼儿用多种形式探索和操作材料。

 案例导引 3-10

小班科学活动，我让手电筒亮起来[①]

设计思路

对于小班幼儿来说，他们对生活中很多的物品和工具都不大熟悉，但又很感兴趣，手电筒能发亮的现象很容易引起幼儿的关注，幼儿也会经常拿着发亮的手电筒到处照一照。由此教师生成了"我让手电筒亮起来"的科学教育活动。旨在引导幼儿在摆弄、操作手电筒的过程中发现各种不同手电筒发亮的秘密，激发幼儿对周围环境中各种物品的探究兴趣。

评析

教师将生活中常见的事物、现象或工具，结合幼儿的兴趣生成有效的科学教育课题，符合幼儿科学教育内容来源于生活又服务于生活的理念。

活动目标

1. 在开启手电筒的过程中，激发幼儿对日常生活用品的操作兴趣。

---

① 李槐青，彭琦凡. 幼儿科学教育·科学[M]. 北京：北京师范大学出版社，2013：237.

2. 学习用推、按、拧、拉等不同方法使手电筒发亮。

3. 知道手电筒是各种各样的,不同的手电筒开启发亮的方式不同,感受手电筒能帮助人们照明。

评析

活动目标是从情感态度、认知和能力三方面提出的。综合幼儿的年龄特点以及本次活动的实际,提出最适宜的目标。将培养幼儿对常见工具或用品的操作兴趣放在首位,让幼儿自己动手尝试,掌握几种基本的使用手电筒的方法,在此过程中自然而然获得有关手电筒类型及开启方法的知识。

活动准备

1. 知识经验准备:曾用过手电筒。

2. 材料准备:各种不同形状、大小、不同开启方式的手电筒(数量超过幼儿人数)。

评析

手电筒是幼儿生活中常常能用到的照明工具,教师提供了类型各异、发亮方式不同的各种手电筒,便于幼儿进行操作、比较和发现。

活动过程

1. 幼儿自由观察、摆弄手电筒,感知手电筒可以发亮的用途。

小朋友,你们看看这些是什么?(手电筒)这些手电筒都一样吗?它们哪些不一样呢?你在什么时候使用过手电筒?它有什么用处?现在请你们来玩一玩。

2. 幼儿相互讨论手电筒的用处和开启方式。

刚刚你们都玩了哪些手电筒,它们都能发亮吗?这些手电筒能给我们的生活带来哪些方便,什么时候可以用手电筒来照明?你们都用了哪些方法使这些手电筒发亮的?这些方法一样吗?你们再去换不同方法开启各种各样的手电筒。

3. 幼儿自由探索,尝试用各种不同方法开启各种各样的手电筒。

刚刚你们玩了这么多的手电筒,你们都用了哪些方法使手电筒发亮啦?幼儿自由谈论并表达,师幼共同归纳和总结:我们发现,手电筒是各种各样的,开启的方法也不一样:有的手电筒开的时候要推一下,有的要按一下,有的要转一下,有的要拉一下,等等。你们今天都很能干,是你们使这些手电筒用不同的方法发亮啦,回去以后再找找还有哪些不同的手电筒,又是通过什么办法使它发亮的。

> **评析**
>
> 　　手电筒在幼儿生活中经常使用,也是一种科技产品,对于小班幼儿来说,引导幼儿认识、了解并学习使用常见的工具是很有意思的,也能服务于生活。活动中给幼儿提供了不同类型的手电筒,教师并没有直接去示范和指导,而是引导幼儿通过观察、摆弄、亲身经历探索过程去发现手电筒发亮的秘密,进一步引发幼儿对周围事物及产品和工具的探索欲望和兴趣。

(六) 帮助幼儿了解自然与人类的关系,培养初步的环保意识和行为

《纲要》对内容的要求紧紧围绕着幼儿的生活经验,按照幼儿能够理解的方式提供学前儿童科学教育才能达到事半功倍的效果。对于自然、环境和人类,这些都属于幼儿熟悉的动植物、幼儿园、家庭、社区、亲人、老师、同伴、邻居等具体形象的上位概念。因此,为了能让他们感受到自然、环境与人类生活的关系,就需要从他们最熟悉的那些人、事、物着手,由小见大。

那么,为什么幼儿一定要了解它们之间的关系呢?幼儿作为社会的一员,他的成长不仅是个体化发展的过程,更是社会化的过程,为了能够更好地融入社会和成为良好的社会公民,他们必须了解自然与人类之间的关系,有必要为了自己以及他人更好地生存与发展维护人与自然的和谐关系。这里就需要先从幼儿切身感受的环境问题入手(见表3-2),如一些地区存在雾霾这种现象,而居住在那里的幼儿就会对雾霾有亲身体验。有的幼儿可能会觉得雾霾灰蒙蒙的很吓人,有的幼儿可能会对雾霾是怎样形成的感到好奇,不论幼儿有什么样的体验,雾霾无疑都是他们共同感兴趣的点。为此,教师可以进行科学教育,组织幼儿进行关于雾霾的科学探究。当幼儿更深入的了解雾霾时,他们就有可能加深对保护环境意义的理解。这样一来,教师就可以因势利导,让幼儿从身边的小事入手,以培养他们初步的环保意识和行为。

表3-2　我国的主要环境问题[①]

水土流失严重	地下水位下降,湖泊面积缩小
沙漠化迅速发展	水体污染明显加重
草原退化加剧	大气污染严重
森林资源锐减	废渣存放量过大,垃圾包围城市
生物物种加速灭绝	环境污染向农村蔓延

---

① 刘占兰. 新《纲要》中的幼儿科学教育[M]// 教育部基础教育司.《幼儿园教育指导纲要(试行)》解读. 南京:江苏教育出版社, 2002: 170.

此外,成人和同伴榜样对幼儿是否会将其环保认知转化为环保行为同样起着重要的作用。当幼儿发现身边的人都在做一些有利于环境的事时,幼儿可以很直观地观察他人的行为,他们相信真切发生在眼前的现象,这比单纯的说理更能让幼儿去感受什么是环保、为什么需要环保以及如何环保。如果他人的行为和成人所说的有所出入,或者教导者本身言行不一,就会引发幼儿对此的认知混乱,幼儿就有可能光有环保的认知,而没有对应的环保行为或者是做着与此相反的事,这就有违科学教育的初衷了。

但是,这和科学探究又有什么关系呢？学前儿童科学教育归根结底是要培养幼儿的科学素养,自然本身就是科学探索中重要的一环,幼儿有必要并有可能去认识和了解自己所处的小环境和大环境,这是一种相对于日常探究活动更宏观意义上的科学认知与探索。当然,幼儿生活中处处有自然,教师需要充分运用身边的资源和抓住各种进行环境教育的有利时机。这样一来,看似宏观的东西实际就转化成触手可及的活教材。

案例导引 3-11

幼儿园小班科学主题活动"有趣的糖纸"叙事案例分析①

在"糖果超市"游戏中,幼儿可凭小票买 2 颗糖,老师鼓励他们自己剥开糖纸,看一看,闻一闻,尝一尝,孩子们开始交流起来。"我的是橘子口味的,你的糖是什么口味的？""我的是红色的,草莓味。""我的是绿色的,是苹果味的。""我有巧克力,是咖啡色的……"我插空说:"哦,原来,糖的颜色可以告诉我们糖的味道,是吗？""是的。"正当孩子们齐声响应我的时候,我却不经意地发现了随地乱扔的糖纸。

为了提高幼儿的环保意识,挖掘糖纸中的科学知识,"有趣的糖纸"就是在老师的随意一瞥中应运而生了。在活动中,老师身穿贴满糖纸的围裙,变成了"糖纸姐姐",老师问:"糖纸姐姐漂亮吗,哪里最漂亮？"幼儿兴奋地回答:"漂亮,裙子漂亮,上面有各种颜色的糖纸。"老师问:"你们知道这些糖纸是从哪儿来的吗？"亮亮回答:"糖纸是糖宝宝的衣服,是从糖身上剥下来的。"夏儿说:"妈妈带了很多糖纸来。"黄栎萌说:"昨天,我请全家人吃糖,糖纸收好,交给老师了。"老师神秘地说:"你们都说得对,不过糖纸姐姐身上的糖纸不是你们带来的,是老师昨天在教室的地上捡的。小朋友们昨天开糖果超市时,把这么多好看的糖纸都扔在地上,是不是很可惜啊？""是。"老师继续说:"糖纸乱

---

① 妈咪爱婴网(科学教案栏目)[EB/OL].(2012-05-24). http://www.baby611.com/jiaoan/xb/kx/201205/2485476.html.

扔在地上,教室看上去怎样?""不干净""不卫生""乱七八糟……"幼儿答。老师问:"以后,小朋友有了糖纸后,还会乱扔吗?""不会了。"接着,老师与幼儿一起欣赏收集来的糖纸,孩子们发现糖纸的颜色可真多;孩子们发现糖纸上面有字,有图,它们能告诉我们糖的名字;孩子们还讨论了如果糖外面不穿糖纸,糖就会脏,就会黏手,就不能吃了。终于,孩子们明白了糖纸的作用真大。

根据幼儿的学习情况及兴趣,我们开展了区域延伸活动:"奇妙的糖纸世界"。区域活动分四部分,第一个区域是"糖纸屋",老师利用矿泉水大桶做房屋,房顶分别是红、黄、蓝、绿的颜色,游戏规则是:颜色分类,即什么颜色的糖纸贴在什么颜色的房子上。第二个区域是"包喜糖",游戏规则是:给一对结婚的新人包喜糖,材料是废旧报纸和糖纸,包好糖后,还要装入喜糖袋中。第三个区域是"给空瓶娃娃穿衣服",游戏规则是:利用糖纸来做空瓶娃娃的衣服。第四个区域是"彩色的世界",游戏玩法是:利用透明的彩色糖纸去观察外面的世界,看一看会有什么变化?孩子们开始进入有兴趣的区域中探索。第一个"糖纸屋"的区域中,幼儿开始寻找糖纸,区分颜色,粘贴双面胶……有时也会发生争执,方钰叫了起来:"老师,妙妙贴得不对,她的糖纸是黄色的,不能贴在红房子上。"妙妙也不甘示弱,"我的糖纸上面也有红色。"老师一看,原来糖纸是从黄到红的渐变色,两个孩子都有他们的道理。真没想到,小班的幼儿观察的那么仔细。在"包喜糖"的区域中,幼儿又忙碌,又开心。她们沉浸在模仿成人游戏的喜悦中,不一会儿,她们面前的篮子就已经装满了"糖",仔细一看,却令人发笑,他们粗制滥造的糖可是漏洞百出。老师以客人的口吻说:"这里有一些糖的衣服怎么只穿了一半啊?"成成小朋友不好意思地笑了,他连忙拿了一张糖纸补了上去,蒙蒙见了哈哈笑,老师说:"蒙蒙你的糖包的好,一定有好的方法,你教教他吧。"蒙蒙就像小老师一样教成成,还一边说:"糖要做小一点,糖纸的两头要扭紧……"他们开始认真起来,笑笑还说:"我们要包好一些,这样新郎新娘会很高兴的。"在区域"彩色的世界"中,老师为幼儿准备了一些五彩透明的糖纸,带孩子们爬上楼顶,这里热闹非凡,当他们发现透过糖纸看天空时,天空变色了,红的天,粉的天,绿的天,紫的天……当他们透过糖纸看周围,周围的世界都变色了,小朋友的脸也变色了,他们都情不自禁叫了起来,直呼太好玩了。壮壮还与亲亲交换糖纸进行观察,老师也鼓励同伴之间交换糖纸试一试,心雨边看边问:"我透过蓝色的糖纸怎么看到了绿色的天空?"我发现原来她拿了两张糖纸,一黄一蓝,重叠在一起就变成绿色了,于是老师引导幼儿利用其他颜色的糖纸重叠在一起还会变出新的颜色。这些发现对于小班的孩子们来说很神奇。可是龙龙却在一旁不高兴,还说:"我怎么看不见呢?"老师走过去一看,明白了,原来他的糖纸不是透明的,老师借机请其他的小朋友也用这张糖纸看一看,也看不见彩色的世界了,于是孩子们安静了,好奇地看着老师,老师与幼儿比较了两张不同的糖纸,并告诉他们看得见外面世界的糖纸是因为它是透明的,龙龙的糖纸是不透明的,所以看不见。孩子们终于明白了,他们又了解了一点科学知识。幼儿的科学知识就是这样一点一点积累起来、清晰起来的。

三、《纲要》中科学领域的指导要点

《纲要》的"指导要点"的主要功能在于点明"某一领域的教和学的特点"和"该领域特别应当注意的有普遍性的问题"[①]。针对科学领域,教师的职责更多的是创设环境和提供必要的支持,改变以往"教师中心、课堂中心和教材中心"的教与学的关系。同时突出科学教育的探究性,鼓励幼儿更多地参与到实验操作中,去感受、去观察、去体验,使幼儿能够手脑并用、学会探究、亲近自然,并喜欢科学活动。

(一) 学前儿童科学教育是科学启蒙教育

在实施学前儿童科学教育之前,首先需要明确的就是学前儿童科学教育的性质。就学前儿童科学教育针对的对象来说,它只能是启蒙性质的科学教育。处于学前阶段的儿童,发展日新月异,其发展速度无人能出其右,但在思维发展水平上尚不能与成人相提并论。幼儿的思维往往是直观行动和具体形象的,他们在思考的过程中要借助外在的实物、行动或者头脑里的表象,还不具备抽象逻辑思维,并且受制于仅有的生活经验,不能全面的考虑问题,对陌生和抽象的概念还难以理解,甚至不感兴趣。

虽然幼儿的吸收力惊人,但单纯的科学知识和概念对于他们来说只是无意义的字词或符号,他们记得快忘得也快;对于科学态度和精神,他们尚难把握那种无形的东西,而那些对于成人来说也不是轻易就可内化和吸收的;对于科学方法,只能从最基本的操作着手,让幼儿在主动探究活动中运用简单的探究工具和方法,即通过实践进行技术层面的操练;对于科学原理,不可能依靠简单的操作和练习就能使幼儿理解其中的奥秘,必须在教师的引导下逐渐逼近"真理",即创设问题情境引发认知冲突、大胆假设并制订计划、实际操作和验证假设、分享交流和成果展示。

看起来,那似乎就是几个概括性的步骤,但是要想使幼儿真正掌握科学的原理,那么还得经过教师引导下幼儿不厌其烦地观察、操作、讨论,这一过程中需要不断地推翻已有的想法,才能逐步"建构"出教师预期的科学原理,即你不能以直接告诉幼儿的方式让他明白什么是科学原理,明智的做法是实际地引导他去"做"。不过,这里就出现一个问题,并不是所有的科学原理都能通过实际的操作得出,也并非所有

---

① 李季湄.《幼儿园教育指导纲要(试行)》简析[M]// 教育部基础教育司.《幼儿园教育指导纲要(试行)》解读. 南京:江苏教育出版社,2002:45.

的探究活动都适合幼儿。鉴于这两点,学前儿童科学教育只能起到启蒙的作用,把重心放在激发幼儿的认识和探究兴趣上。因此,如何保持和发展幼儿的好奇心和求知欲则是学前儿童科学教育的根本目的。

(二)学前儿童科学教育以幼儿探究为核心

幼儿是天生的行动派,他们早期的思维就是直接通过行为表现出来的。学前儿童科学教育因其所针对对象的特殊性和学科本身的要求,探究活动无疑是它的核心。蒙台梭利有句名言放在这里很贴切:"我听过了,我就忘了;我看见了,我就记得了;我做过了,我就理解了。"只有通过幼儿实际的观察与操作,他们才能逐步理解什么是科学,更准确的科学探究过程和方法是什么,包括得出的科学结果和其背后的科学原理,以及衍生出来的科学情感和态度。

幼儿探究的事物和现象,对于整个人类来说是已知的,但是对于幼儿来说却是未知的,他们在经历人类所走过的探究历程,而这个过程又是必需的。① 如果幼儿没有实际参加过探究活动,那么他们就不可能仅靠他人的演示和讲解就了解什么是探究,也很难体验到发现的乐趣,更别提培养出更高层次的科学态度、科学情感和科学信仰了。幼儿是主动的学习者,是自身经验的积极建构者,"只有让孩子们感觉到他们有新发现,是自己得到结果和找到答案的,他们才能真正体验到发现的乐趣,成功的快乐"。

以探究为学前儿童科学教育的核心,一方面是考虑到幼儿的接受水平和生活经验,另一方面则是考虑到其今后发展和社会的需要。学前阶段的科学教育是要为其终身科学素质的发展奠基,激发幼儿对科学的兴趣是保持幼儿今后持续关注科学的内驱力,那么选择符合幼儿学习科学的方式将有利于这一目标的达成,而探究就是个不错的选择。此外,对于社会而言,培养创新型科研人才,重要的就是要培养具备科学探究能力和科学探究态度的人才,而这些基本的素质无疑需要从小就开始培养。总之,探究作为学前儿童科学教育的核心是由幼儿主体特征、学科性质以及社会需要所决定的。

 案例导引 3-12

在探究中发现乐趣——风的形成②

在与幼儿的谈话中我了解到,许多幼儿认为风是由树带来的,这是因为平时看有风没风都习惯于看树枝是否摇动。在进行风的活动中,我启发幼儿动

---

① 刘占兰.新《纲要》中的幼儿科学教育[M]// 教育部基础教育司.《幼儿园教育指导纲要(试行)》解读.南京:江苏教育出版社,2002:171.

② 张澜.园本课程的实践研究——北京师范大学实验幼儿园发展课程初探[M].北京:北京师范大学出版社,2006:398.

> 手制作了观察风的工具,幼儿用线扎上皱纹纸条、小气球等挂在树枝上。经过多次观测,幼儿看到了风大、风小、无风等几种不同气象条件下观测物的不同情况。这种具体、形象的方法使幼儿在实际操作中,纠正了以前认为"风是树带来的"的错误认识,并通过自己造风(煽动空气)初步理解了"风是空气流动形成的"……

(三)学前儿童科学教育以幼儿生活经验为基础

幼儿不像柏拉图所言具有前世的知识,也不像洛克所说是可任意涂抹的白板。日常的生活经验对幼儿的影响很大,几乎所有重要的观念都源于他们的直接的生活经验,很少是受成人说教影响而内化形成的。因此,学前儿童科学教育也不例外,对幼儿实施的科学教育应该紧密联系幼儿的实际生活来开展。

首先,科学教育需要生活化,不仅是关注教师授课的需要,实质上更多的是满足幼儿的兴趣和需要。因为幼儿能和自己的生活经验建立联系,同时明显能从其中感受和体验到比教材内容更多的实际意义,幼儿身边的科学问题才是他们想要去了解、去探究、去解决的真问题。如幼儿偶然在土丘里看到蚂蚁筑巢,他可能很想知道是怎么一回事,而拿着树枝小心翼翼地探索蚂蚁的巢穴,他在这一过程中发现和理解的东西可能比上一堂有关蚂蚁的知识课要多得多。幼儿的生活是幼儿探索的领域,他们的地盘他们能够自己做主,如果完全依赖于课堂的讲授,这对于他们来说无疑是枯燥而又痛苦的。

其次,科学教育源于生活,又要融于生活。幼儿在家和在幼儿园的生活有着本质的不同。幼儿园的一日生活都是课程,那么科学教育也应该渗透在幼儿园一日生活的各个环节里。班级外的动植物角是幼儿每天观察和记录自然生长过程的好去处,班内的科学角可以放置些最近探究过的材料以方便幼儿尝试更多其他方式深入探索,教学活动前可以让幼儿轮流分享他自己的探究小故事,教学活动中可以向幼儿征集他们感兴趣的探究主题,教学活动后可以对幼儿进行随机的科学教育,如幼儿在洗手时,问问幼儿为什么洗手液会起泡泡,引发幼儿对生活中常见现象的思考,使他们萌生对生活现象进行探究的兴趣。

再次,生活化的科学教育更有助于概念转化。如果想要改变幼儿固守的观点,那么还得从他们观念的来源上下工夫。首先,要从幼儿最习以为常又最容易产生前科学认识的经验着手,设置问题情境,用"眼见为实"引发认知冲突,由此引发假设和后续的探究活动。这并不意味着一两次的探究就能打破幼儿原有的对某一事物或现象的认识,有时那种观念是根深蒂固的,所以生活与探究的结合是一个持续而渐进的过程。利用幼儿身边的事物与现象作为科学探索的对象,从他们尚未形成的新经验着眼,借助已有正确经验和新刺激建立联系,并不断强化新习得的经验以使其内化。注意这些新经验是经过精心筛选的,是为了帮助幼儿实现概念转化所做的准备。为了改变幼儿已有的前科学概念，那么就得借助已有的和新获得的正确生活经验，使新旧经验相互作用，最理想的是引发认知冲突，这样幼儿才会自发想要改变原有的观念。

此外，生活化的科学教育也使得教师在选取幼儿周围熟悉的事物作为探究对象时获得了方便，因为那些材料通常是就近就可以获得的，既省时又省力，同时教师还不用绞尽脑汁想主题，只需要观察和分析幼儿的行为和了解幼儿的想法，并结合已有的科学课程要求即可，不过，这是个持续积累的过程，需要耐心和细心的甄别与筛选。概言之，善于使用幼儿生活经验作为探究素材可起到事半功倍的效果。

第三节 《指南》中科学领域的基本要求

2012年9月教育部正式印发了《3—6岁儿童学习与发展指南》(以下简称《指南》)，它以为幼儿后继学习和终身发展奠定良好素质基础、推动每名幼儿获得全面和基本的发展为目标，突出强调幼儿的主动学习与各方面的协调发展的重要性。《指南》基于《纲要》并在其基础上更进一步，对于科学领域，《指南》又划分了"科学探究"和"数学认知"这两个子领域(本节仅讨论"科学探究"子领域)，代表了幼儿在科学领域中学习与发展的最重要和最基本的方面。"科学探究"子领域全面、系统地明确了3—6岁各年龄段幼儿在该领域内学习与发展的合理发展期望和目标，并对实现它们的具体方法和途径提出了切实可行的建议。本节将围绕"科学探究"子领域，从目标(包括各年龄段典型表现)和教育建议这两个方面进行阐释。

一、《指南》中科学领域的目标

《指南》把3—6岁幼儿科学探究的目标分为情感态度、方法能力和知识经验三个维度，即分别对3—4岁、4—5岁、5—6岁三个年龄段末期幼儿在科学探究上应该知道什么、能做什么，大致可以达到什么发展水平提出了合理期望，并指明了幼儿科学学习与发展的具体方向——"激发探究和认识兴趣，体验探究和解决问题的过程，发展初步的探究和解决问题的能力，凸显了'探究和解决问题'这一终身受益的核心价值"。[①] 以此帮助幼儿园教师和家长了解3—6岁幼儿科学探究的基本规律和特点，以指引教师和家长更好地促进幼儿科学素质的和谐发展。

(一)《指南》中"科学探究"的目标框架

如表3-3所示，《指南》中的幼儿科学的目标包括情感态度、方法能力和知识经验这三个维度，"亲近自然，喜欢探究"是情感态度方面的目标，"具有初步的探究能力"是方法能力方面的目标，"在探究中认识周围事物和现象"是知识经验方面的目标。这三个目标彼此独立又相互依存，缺一不可。从目标体系来看，3—6岁幼儿科学探

---

① 刘占兰.《3—6岁儿童学习与发展指南》解读——科学领域[M]// 李季湄，冯晓霞.《3—6岁儿童学习与发展指南》解读. 北京：人民教育出版社，2013：111.

究的学习与发展要求是全面的;从目标的排序上来看,幼儿科学探究的情感态度是最重要的,其次是方法能力,最后才是知识经验,这表明了对科学知识的掌握并不是幼儿需要达到的主要目标,而科学态度、科学精神和科学价值观才是幼儿科学探究的首要和前提性目标,也是最终目标。每个目标都有相应的年龄要求,"3—4 岁""4—5 岁""5—6 岁"幼儿的科学探究目标深度和广度会随着年龄的增长而递增,呈现出按年龄划分的目标分层结构。

表 3-3　科学探究的目标①

目标表述		目标的性质与特点
目标 1	亲近自然,喜欢探究	首要目标/前提性目标
目标 2	具有初步的探究能力	重要目标/关键性目标
目标 3	在探究中认识周围事物和现象	载体目标/产物性目标

(二)《指南》中"科学探究"的目标解读

1. 亲近自然,喜欢探究

幼儿有着天生的好奇心和求知欲,好奇、好问、好探究是幼儿的年龄特点,所以探究是幼儿进行科学活动最主要的方式。这一目标能够满足幼儿的这些心理需求,且能培养幼儿热爱自然、亲近自然的情感态度。

(1) 好奇

有学者对幼儿的好奇心结构进行了探索性因素的分析,"结果表明,幼儿好奇心主要由敏感、观察、兴趣、探索、提问、解决问题、幻想、专注等 8 个因素构成"②。所以,幼儿的好奇心内涵丰富,好奇心内部不同的构成要素影响着幼儿好奇心的指向和程度。幼儿喜欢并乐意接触大自然和新鲜事物,如路边不知名的野花、雨后刚翻出泥土的蚯蚓等都能吸引幼儿的注意力,他们很有可能会上前看一看、闻一闻、摸一摸,他们的小手会因此而变脏、衣服上可能会沾上各种污渍,但是他们却很快乐。我们可能会认为幼儿捡地上的东西、四处跑钻爬跳不仅危险还很不卫生,殊不知我们"好心"的"提醒"已经成为破坏幼儿好奇心的"杀手"。大部分情况下外界环境远没有我们想得那么不安全,而幼儿也没有我们想得那般脆弱。为了保持幼儿的好奇心,我们所能做的就是打消顾虑、经常带幼儿到自然环境中去感受和体验,相比把幼儿放在由电视"保姆"照看的家中,无疑,亲近自然能更好地发展幼儿的好奇心。

(2) 好问

当幼儿感兴趣的事物或现象超过认知时,好奇会引发幼儿的好问行为。科学探究活动中,幼儿的直接感知、亲身体验和实际操作等都是寻求答案的过程,所以科学探究始于幼儿的好奇好问,一个有价值、适合幼儿探究的科学问题十分重要,具有引领作用,且贯穿科学探究的始终。教师应重视和关注幼儿在日常生活和科学探究活

---

① 刘占兰.《指南》各领域要点解读——科学领域[M]//李季湄,冯晓霞.《3—6 岁儿童学习与发展指南》解读.北京:人民教育出版社,2013:114.

② 刘云艳,张大均.幼儿好奇心结构的探索性因素分析[J].心理科学,2004,27(1):127-129.

动中提出的有价值的问题,倾听幼儿的想法、困惑或假设,必要的时候可以记录下来,并设计科学探究情境引导幼儿寻求解决方案。"刨根问底"是幼儿积极主动对未知进行探索的表现,尤其是5—6岁的幼儿,他们比较明显或较多地表现出这一倾向。我们更多的是需要保护幼儿喜欢问问题的品质,鼓励幼儿大胆的提问。当幼儿向我们发起问题时,无论是否知道问题的答案,我们都应该耐心地倾听幼儿对问题的描述,并与幼儿一同分析问题;对于我们不知道的情况,需要诚实地告知幼儿,并与其一起想办法解决问题;对于我们清楚的问题,也不要急于告诉幼儿答案,而应循循善诱,引导幼儿自己解决问题。这样一来,好问的孩子也会懂得知与不知都须诚实,遇到问题向他人求助的同时也不忘自己需要继续努力寻找解决问题之道。

(3) 好探究

幼儿好奇好动的特点造就了幼儿的好探究。他们满怀着强烈的探究欲望,而热衷摆弄、操作物体则成为他们满足好奇心、寻求问题答案的必然选择。探究的出现是幼儿真正从事科学活动的开端。以幼儿探究学习为核心的科学教育活动已经成为大家的共识,是学前儿童科学教育的基本理念,其内涵是"幼儿是科学学习的主体""科学学习以探究为核心,让幼儿充分感受与体验并有所发现""关注幼儿科学概念的理解与形成"[①]。探究既是目标,也是方法。首先,需要在日常生活中充分给予他们探究的机会并为他们提供必要的支持。对于幼儿来说,真实呈现的实物和亲身参与的活动是印象最为深刻的、也是幼儿最容易内化的经验。其次,探究的实施是围绕有意义的探究问题,而探究问题并不都需要幼儿提出(幼儿不一定有能力也不一定一直能提出好的探究问题),那么教师所设置的问题情境恰好可以引导幼儿去思考有意义的问题,当然,这个"有意义"需要构筑在教师对幼儿生活和兴趣的关注,对幼儿问题的集中、筛选和优化上。再次,要为幼儿交流探究提供开放式的沟通平台以鼓励幼儿积极地表达。

综上所述,幼儿的好奇、好问和好探究是依存的、联动的,它们共同构成"亲近自然,喜欢探究"的首要目标。发现幼儿兴趣、尊重幼儿兴趣、培养幼儿兴趣,以兴趣牵动和推动幼儿进行科学探究,能够达到事半功倍的效果。幼儿科学探究的资源和材料十分丰富,自然的、身边的、日常生活中的、微不足道的事物都可能成为幼儿的兴趣源,因此,要善于发现周围的可探究资源,积极引导幼儿观察周围的世界,为幼儿的科学探究提供丰富的探究材料,使得幼儿的科学探究贴近生活实际,丰富科学常识和生活经验,甚至可以灵活运用科学知识和科学技能。

2. 具有初步的探究能力

幼儿科学探究的第二个目标是具有初步的探究能力,包括经历探究过程和获得探究能力两个方面,两者相辅相成、相互交织。幼儿的科学探究过程大体包括观察事物或现象、发现问题(提出问题)、提出假设(预测结果)、调查验证(观测、实验

---

① 王春燕.以幼儿探究学习为核心的科学教育活动基本理念[J].幼儿教育:教育科学版,2008(5):20-21.

等)、得出结论和分享交流等六个环节。搜集信息和记录信息则贯穿幼儿探究的全过程。不同年龄段的幼儿在科学探究活动中并非都需要经过这些探究环节,再加上不同年龄段幼儿的科学探究能力存在差异,所以在探究过程的深度和广度上均有所不同,这充分尊重了幼儿的年龄特征。幼儿的科学探究能力是在探究过程中逐渐形成的,与探究的各个环节密切相关。如观察能力是幼儿在观察事物或现象的过程中形成的,比较、分类、测量和实验能力是在具体的操作过程中形成的,表达和交流能力则是在展示成果和互相分享观点中形成的。以上能力主要是在不同的探究环节中孕育的,但是每种能力又不限于只在某个环节中出现,实际上每个环节都有多种能力交织出现,只是每种能力所占的重要程度、比例有所不同。加之,受制于幼儿的年龄特征、认知特征、所持经验的特征及其身心发展规律,幼儿所需掌握的只是初步的探究能力。

幼儿的探究能力是其在探究解决问题的过程中综合运用各种方法的能力的综合表现。幼儿正是运用不同的探究方法,在经历了发现问题、分析问题和解决问题的过程中获得探究能力的。如对5—6岁幼儿提出的观察与分析、验证猜测、调查、记录、合作与交流等五个方面的典型表现都不是孤立的、割裂的,幼儿综合运用不同的方法解决了问题,找到了答案,也就表明了幼儿具有了初步的探究能力。①

对幼儿科学探究的过程的具体阐述在前面的章节已经详细阐述,这里不再赘述,需要强调的是幼儿科学探究的过程特征:自主探究性、动态发展性、情境生发性、互动合作性、生成延展性。② 幼儿在科学探究过程中生成和掌握各种探究能力。

案例导引 3-13 ③

幼儿科学探究过程的自主探究性

教师为幼儿提供了各种各样的实验材料——木块、石子、玻璃瓶等,供幼儿探究沉浮的现象。在活动中,幼儿用这些材料分别做实验,探究它们在水里的情况,结果发现了很多有趣的现象。有的幼儿发现木块是漂在水上的,他一次又一次地尝试把它按下去,但只要手一松,木块就会漂上来。还有的幼儿发现玻璃瓶放进水里后,先是漂着的,过一会儿灌进了水,就慢慢地沉下去了;如果把玻璃瓶的盖子盖好,它就不会沉下去了……在整个活动过程中,每个幼儿都有自己的发现,对活动的兴趣也很浓。教师还组织他们把自己的发现讲给大家听,并且进一步验证这些发现。最后,教师和幼儿一起总结了今天的收获:"我们今天玩得真开心,而且发现了很多秘密。这些东西有的是浮在水上

---

① 刘占兰.《指南》各领域要点解读——科学领域[M]//李季湄,冯晓霞.《3—6岁儿童学习与发展指南》解读. 北京:人民教育出版社,2013:116.
② 陈晓芳. 幼儿科学活动设计与指导[M]. 北京:北京师范大学出版社,2013:8-13.
③ 同上.

的,有的是沉到水里的。以后我们还可以把别的东西放到水里,看看它们会怎样。"

幼儿科学探究过程的互动合作性——蜗牛的壳还能长出来吗?

一天,几个孩子发现饲养角里"一只蜗牛的壳少了一块""都露出肉了,多疼啊!"[孩子们发现了问题,这些问题是在观察中发现的,儿童经由自己的经验背景和生活经验生成的。]"这只蜗牛的壳还能长出来吗?"[教师帮助孩子们提出了问题,实质是教师利用孩子们的想法,生成了一个认为可以帮他们提高认识的问题。]"壳少了,还能长出来吗?"——师生互动,孩子们通过网上搜集资料,从理论上知道了蜗牛能长出新壳——幼儿与材料的互动,教师接着又提问:"怎么证明幼儿长了新壳呢?怎么把新长出来的壳与原来的壳区分开呢?"[看似进一步生成的这两个问题,其实是老师精心设计和筛选的,以引导孩子们深入探究和持续观察。]有的孩子提出"用彩笔在掉壳的地方画一个记号"。通过讨论,一致认为这个方法最好,既能发现新壳的生长,又能区别旧壳与新壳。[同样,通过讨论与抉择,生成了如何探究的良好方案——师生合作、生生合作在这里起到了非常关键的作用。]观察开始了,一天、两天……孩子们不但观察到了新壳缓慢生长的过程,而且通过细致的观察,发现了"新长的壳有点发白,就像熟鸡蛋的壳与清之间的那层白膜。渐渐的,它又变成了一层一层的,像画卷一样,颜色浅浅的"。三个月以后,随着蜗牛的新壳已盖住了伤口,孩子们在为小蜗牛高兴的同时,不仅从理论上明确认识了"再生"这个科学概念,而且在实践中深刻体验了这个概念。[这一新概念的建构也是在儿童与环境材料(饲养角、蜗牛)的交互作用中,在老师精心设计的提问和指导中引发而来!]

综上所述,具有初步的探究能力是幼儿科学探究的重要目标,也是关键性目标。授之以鱼不如授之以渔,幼儿达到了此目标,则幼儿就有能力进行自主的科学探究活动,在探究未知、寻求答案和获取知识的过程中培养优秀的科学素养。

3. 在探究中认识周围事物和现象

幼儿对周围事物和现象的认识包括六个方面的主要内容:常见的动植物、常见的物体、常见物理现象、天气与季节变化、科技产品和环境及其与人们生活的关系。[①]具体见表3-4。

---

① 刘占兰.《指南》各领域要点解读——科学领域[M]//李季湄,冯晓霞.《3—6岁儿童学习与发展指南》解读.北京:人民教育出版社,2013:118.

表 3-4　在探究中认识周围事物和现象

周围事物和现象	具体要求
常见的动植物	动植物的多样性
	动植物生存和生长变化的基本条件
	动植物对环境的适应性
	动植物的生长周期与繁殖等
常见的物体	认识物体和材料的颜色、硬度、光滑度、纹理、质地等特性
	认识物体和材料溶解、传热等性质以及不同材料的用途
	认识常见物体的结构与功能之间的关系等
常见物理现象	物体和材料的形态或位置及其变化条件,如斜面与物体的运动
	沉浮、磁力、光和影子等常见物理现象及其产生的条件或影响因素等
天气与季节变化	感知、体会和认识常见的天气特点及其对人们生活、动植物生长变化的影响
	感知、体验和发现不同季节的特点和周期性变化,以及这些特点和变化对动植物和人的影响
科技产品与人们生活的关系	感知和了解常用科技产品与自己生活的关系,知道科技产品有利也有弊
环境与人们生活的关系	感受、体会和了解人类对动植物的依存关系和动植物对人类的贡献
	感知、体会和了解人们的生活与自然环境的密切关系
	懂得尊重和珍惜生命,保护自然环境

由表 3-4 可知,我们可以看到幼儿在科学探究中应该认识的主要事物和现象,以及应该达到的具体认知和要求。对于常见的动植物,幼儿园应充分利用好当地资源,选择当地有代表性的动植物,作为幼儿科学探究的对象;对于常见的物体,包括自然的和人造的,如泥土、沙石、金属、纸、水、木等,幼儿可以根据这些物体材料的性质、用途等进行分类,锻炼幼儿分类的能力;对于常见物理现象,幼儿应多做简单的小实验了解物体的物理变化和物理属性;对于天气与季节变化,教师应引导幼儿利用各种天然的天气现象和四季变化,去感知、体验和发现天气和季节对人们生活带来的影响;对于科技产品与人们生活的关系,幼儿可以感知各种家用电器、通讯工具、电子产品和交通工具等给人们的生活带来的便利和消极影响;对于环境与人们生活的关系,幼儿应融入各种自然环境和生活环境中,在科学探究活动中进行环境教育,培养幼儿良好的环境意识和环保意识,为爱护环境和生命做力所能及之事。

综上所述,在探究中认识周围的事物和现象是幼儿科学探究的载体目标,也是产物性目标。幼儿应该在科学探究的过程中培养科学态度、科学能力,然后才是科学知识,这在一定程度上强调了幼儿科学知识的发现和掌握并不是通过死记硬背的机械式学习获得的。

幼儿科学探究的这三个目标是相互联系、相互促进的整体,缺一不可。教师应引导幼儿在这三个方面都有良好的长足发展,即幼儿逐步地亲近自然,喜欢探究,具有初步的探究能力,并在探究中认识周围的事物和现象。

(三)《指南》目标中各年龄段的典型表现

1. 小班幼儿的典型表现

在"亲近自然,喜欢探究"的科学情感上,刚上幼儿园的孩子一般只是单纯的对周围事物充满好奇。教师所要做的是激发和保持幼儿最初的好奇心,尽量多地带幼儿走出教室、贴近自然,让他们萌生对接触自然环境的喜爱之情,同时借助幼儿已有的生活经验,引导他们对周围的事物和现象予以关注。当幼儿对遇到的事物和现象感到好奇时,教师需要鼓励幼儿提出各种各样的问题;当他们想要观察物体时,教师应允许幼儿自由地摆弄物体。

在摆弄自己感兴趣的物体的过程中,幼儿也许会顺便观察下物体的外形,但是很有可能只注意到了物体的某一明显特征或仅是一处细节,如瓶子上的一条裂缝、盖子上的一个小点。这时,教师需要做的是引导幼儿去发现一些显著的特征,培养幼儿一种仔细观察的意识、习惯和能力,那么,下次观察时幼儿很有可能会注意到教师之前提到的特征。为了能够更好地观察和操作,教师需要创设一个幼儿能利用多种感官参与其中的探究情境,如投放一个玻璃杯,旁边放置一把小布锤,幼儿不仅可以看,可以摸,还可以敲击听声音。当然不只是单纯地为了多感官操作而操作,教师应该引导幼儿去关注自己在探索中的行为到底对操作材料产生了什么影响、导致了什么结果。

在科学认知上,小班的幼儿更多的是关注生活中的常见事物和现象,如动植物、天气的变化。教师需要帮助幼儿认识他们身边常见的各种植物和动物,创设动植物角是一个不错的主意。但是需要注意的是动植物角不能仅作为班级的点缀,教师需要为幼儿提供观察和种植或饲养植物和动物的机会,如安排小小值日生给植物浇水、给动物喂食等,让幼儿在做的过程中加深对动植物的情感。此外,经常带幼儿去户外或者动植物园参观,让幼儿感受身边的动植物是多种多样的,并引导幼儿去发现和体验动植物和人们生活的关系。除了动植物,幼儿每天一出门最直接的感受就是今天的天气如何。教师可以在班内墙壁上贴个天气表,每天幼儿都可以选择相应的天气贴画贴到表格里;教师可以在上课前让幼儿简单说说当天的天气和自己的感觉(比如,觉得冷或热、湿或干等);教师还可以将天气与幼儿园的活动联系在一起,如某天下雨,户外活动取消了,教师可以向幼儿提问:"为什么今天不能在户外活动了呢?"幼儿可能会回答是因为下雨,这时教师可以继续问:"为什么下雨天我们不能出去活动呢?"幼儿可能会说那样会把衣服弄湿,由此,问题慢慢递进,帮助幼儿建立起天气与自己生活和活动之间的联系。除了动植物和天气,教师还可以在区域内投放不同软硬程度、光滑程度和粗糙程度的物体和材料,以帮助幼儿能够感知和区分这些最基本的物质特性,从而为中班幼儿的科学探究打基础。

2. 中班幼儿的典型表现

等到进入中班,幼儿对周围事物的喜爱可能更倾向于接触新鲜事物而不再是对什么都要一探究竟了。这说明幼儿已经有了与熟悉事物和现象有关的经验,他们需要发现更多有意义的事情。那么,教师应该鼓励他们对其发现的新事物进行思考,最好的做法是允许并支持幼儿提问一些与新事物有关的问题。从中,教师可以获得幼儿对新事物的看法以及可能存在的问题。幼儿天生就是小小探索家,中班的幼儿对材料的摆弄不再仅限于为了更好地观察外形和结构,而更多地带有操作和探索的意味,在此过程中他们更多地加入了自己的想法,如何发展这些想法并创设相应的条件让幼儿乐在其中将是教师的职责所在。

中班幼儿的探索能力应不仅限于能观察物体的明显特征和关注行为对物体产生的影响。教师可以投放不同大小的同类物体,如大小不一的杯子等,让幼儿对同类不同材质的物体进行观察比较,逐渐发现它们的相同点与不同点,初步发展比较分析的能力。在此基础上,鼓励幼儿能在观察结果的基础上提出问题,如为什么这个塑料杯子比较轻?同时引导幼儿对自己的问题答案进行大胆的猜测,如幼儿对第一个问题的回答可能是因为这个塑料杯子比较小,所以它比较轻。不管幼儿的答案是什么,教师都不要对其进行评论,而是鼓励幼儿通过简单的操作搜集证据以验证自己的假设,如把两个不同大小的塑料杯子放在天平上,看哪边比较重,或者用不同的砝码称出不同大小塑料杯子的重量。在这个过程中,教师需要引导幼儿做好简单的探究记录,鼓励幼儿通过画图或者做其他记号的形式记录探究得到的结果。

在小班时初步地感受和区分了物体基本属性之后,中班的幼儿对材料的认识会更加深入,他们可能会了解更多有关常见材料的性质或用途,如铁比木头更能传热,肥皂在热水中比在冷水中溶解得快等。同时幼儿可能对物体的形态或位置变化等简单的物理现象有了比较清晰的认识,教师需要提供各种机会强化幼儿正确的经验,如当幼儿知道磁铁可以吸引金属时,教师需要提供各种不同的金属让幼儿尝试,借此让幼儿发现哪种金属或者哪几种混合金属能被磁铁吸住。此外,中班幼儿还需要继续亲近自然,只是相比小班更进一步。在动植物方面,幼儿不仅需要关注动植物的外形和特点,还需要观察动植物的生长变化过程以及影响它们生长的外在基本条件,如阳光、温度等;在天气方面,教师需要引导幼儿关注气候的连续变化,如感知不同季节的典型气候特征、不同季节对人们的影响等。进入中班后,幼儿很可能已经是"电视通""手机通"和"电脑通",但是幼儿很可能仅关注科技对自己生活带来的便利,却不能很清楚地把握常用科技产品的弊端。这时,教师比较适宜的做法是邀请幼儿与家长共同查阅科技产品利弊两方面资料,并通过展示相关材料、带领幼儿参观科技馆等方式让幼儿参与并感受科技产品的利弊。

3. 大班幼儿的典型表现

大班幼儿的思维是学前阶段最为成熟的,他们有自己的喜好,会选择自己感兴趣的问题刨根问底,而并非所有新事物都能成为他们问题的"宠儿"。可以看出,教师需要引导幼儿对不同的事物有自己的主见并予以取舍,只对自己真正感兴趣和需要的事物才深入探索。同时,教师应该认真和耐心地对待幼儿所提出的问题,注意自己的言行可能会对幼儿所产生的影响。随着年龄的增长,幼儿自我意识的完善,他们主动探索的行为表现得日益明显,尤其是他们会自己动手动脑去尝试解决问题,而不是消极地等待现成的答案,而且他们在探究的过程中不再仅关注"是什么"的问题,而是想要知道"为什么"和"怎么做"。教师在此过程中应该充分尊重幼儿探究的积极性,为他们提供相应的支持,使幼儿能在探索中获得更多的成就感和满足感。

对于大班幼儿来说,其对事物的观察不能仅停留在比较分析同类物体的相同点与不同点上,教师需要为他们增加难度,投放不同种类的物体给幼儿观察和操作,如不同材质大小相同的杯子,还可以引导幼儿观察某一事物在某条件的影响下的变化情况,如把绿叶放在酒精溶液中,让幼儿观察放入前、放入后和放入一段时间后绿叶的变化。当幼儿观察到泡叶子的酒精变绿了,幼儿可能会猜测是叶子的"颜色"跑到酒精里了。这时,教师应该鼓励幼儿尝试验证自己的猜测。在执行操作前,教师可以辅助幼儿列个简单的调查计划,这不仅可以培养幼儿的计划意识而且还能理清幼儿操作的思路。在实际操作过程中,幼儿不一定会按照计划进行,但是教师需要尊重幼儿的选择并鼓励他继续完成探究。在记录操作结果时,大班的幼儿应该能掌握除了图画以外的多种记录方式,如用数字、图表,甚至文字。但是,教师不需要强求每个幼儿都能使用多种记录方式,幼儿可以根据自己的能力或者喜好进行记录,教师可以帮助幼儿发展出更多记录方式但并不强制。随着探究的深入,幼儿很可能需要与他人合作,教师在提供材料和机会时应尽量促成小组合作,在幼儿与材料和他人的相互作用中,他对探究材料和过程的理解也会更加深入。同时,鼓励幼儿间、师幼间彼此分享探究经验,能激发出更多的探究灵感和促进幼儿之间的相互学习。

进入大班后,幼儿对人与自然关系的认识进一步加深。相应地,教师应引导幼儿关注动植物与外部环境之间的关系——动植物在进化过程中通过改变外形特征、习性等,逐渐适应生存环境。由此可以迁移到人的进化与环境适应,可以通过带领幼儿参观有关进化主题的博物馆,帮助幼儿初步了解生物与自然环境之间的依存关系,并由此培养初步的环保意识。同时通过动植物角的观察与值日,引导幼儿对生命的尊重和珍惜。对自然的了解还包括对气象和季节的关注,教师需要引导幼儿去了解季节变化有其周期性,春夏秋冬都是按照固定的顺序交替的,这些可以通过季节性的主题活动来强化幼儿对此的认识。除了自然,大班幼儿在中班的基础上对物理现象的理解也不能只停留在外在的形态或位置变化,教师应鼓励幼儿探索并发现那些现象产生的各种条件,与各影响因素建立联系。如教师引导幼儿改变橡皮泥的形状来做沉浮实验、组织幼儿测量不同时间段自己影子的长短等。此外,教师还应引导幼儿发现周围物体结构及其功能之间的关系,如引导幼儿发现海绵上的小孔与其良好的吸水性之间的关系。总之,大班幼儿在科学认知上应更侧重于发现和建立事物之间的联系。

二、《指南》中科学领域的教育建议

与《指南》中科学探究"目标"一脉相承,3—6岁幼儿科学探究的基本内容在此基础上实施。结合《指南》科学探究领域中的教育建议和专家解读,为幼教工作者提供相应的教育建议,让学前儿童科学教育有的放矢,真正地为幼儿科学探究的可操作性提供保障。《指南》分别对科学探究的三个目标提出了具体的、切合实际的、有针对性的教育建议。这些建议关注科学"探究",强调其重要性、渗透性和多样性,尤其是区域活动的自由探究和一日生活中的随机教育。

(一) 了解并尊重幼儿科学探究的年龄特征

年龄适宜性是幼儿科学探究的教育建议非常重要的指标,这在《指南》科学探究"教育建议"部分有很好的体现。例如,在"真诚地接纳、多方面支持和鼓励幼儿的探索行为"的建议下,提到"容忍幼儿因探究而弄脏、弄乱、甚至破坏物品的行为,引导他们活动后做好收拾整理"。又如,在"引导幼儿在探究中思考,尝试进行简单的推理和分析,发现事物之间明显的关联"的建议下,明确指出"引导5岁以上幼儿关注和思考动植物的外部特征、习性与生活环境对动植物生存的意义"。在其他建议中,通过"和幼儿共同""帮助幼儿回顾""和幼儿一起讨论""支持""鼓励"等众多的用词上,也从侧面体现了对幼儿科学探究的年龄特征的尊重。

了解和尊重幼儿科学探究的年龄特征,是学前儿童科学教育首先需要关注和做到的,然后才能对幼儿的科学探究提出更高的学习与发展要求,这有利于教师和家长根据不同年龄段幼儿的特点进行难度适宜的科学探究活动。

(二) 鼓励并引导幼儿的自主探究

在幼儿园各领域教育中,鼓励并引导幼儿的自主学习是无可否认的;而在科学教育中,针对科学教育的核心和幼儿科学学习的主要方式,教师应该鼓励并引导幼儿的自主探究。《指南》在这部分的建议也充分强调了这一点。

以幼儿科学探究的过程及其所需要的初步能力为例,在"支持和鼓励幼儿在探究的过程中积极动手动脑寻找答案或解决问题"中涉及"鼓励幼儿根据观察或发现提出值得继续探究的问题,或成人提出有探究意义且能激发幼儿兴趣的问题""支持和鼓励幼儿大胆联想、猜测问题的答案,并设法验证""支持、引导幼儿学习用适宜的方法探究和解决问题,或为自己的想法收集证据",最终,"鼓励和引导幼儿学习做简单的计划和记录,并与他们交流分享"。这些具体详尽的教育建议贯穿幼儿科学探究的整个过程,即鼓励并引导幼儿的观察、提问、假设、验证、结论和交流,每一个环节都渗透着幼儿的直接感知、亲身体验和实际操作。

(三) 在日常生活中渗透科学教育

《指南》中科学探究"教育建议"还有一大特点,就是在日常生活中渗透科学教育。例如:在"支持幼儿在接触自然、生活事物和现象中积累有益的直接经验和感性认识"的建议中,指出"和幼儿一起通过户外活动、参观考察、种植和饲养活动,感知生物的多样性和独特性,以及生长发育、繁殖和死亡的过程"。还建议"引导幼儿关注和了解自然、科技产品与人们生活的密切关系,逐渐懂得热爱、尊重、保护自然"。

生活中处处有教育,因为生活中有大量幼儿未知和好奇的事物和现象。这就要求教师和家长在日常生活中要注意对幼儿进行科学兴趣的培养,引导幼儿提高观察能力,积累相关的科学经验。而目前幼儿科学教育过分强调计划性,集中教育活动多,随机性少,在生活中的科学教育少,家庭科学教育薄弱,因此,幼儿园在贯彻实施《指南》时要注意加以纠正(见表3-5、表3-6和表3-7)。[①]

表3-5 "亲近自然,喜欢探究"的教育建议

1. 经常带幼儿接触大自然,激发其好奇心与探究欲望。如:
- 为幼儿提供一些有趣的探究工具,用自己的好奇心和探究积极性感染和带动幼儿。
- 和幼儿一起发现并分享周围新奇、有趣的事物或现象,一起寻找问题的答案。
- 通过拍照和画图等方式保留和积累有趣的探索与发现。
2. 真诚地接纳、多方面支持和鼓励幼儿的探索行为。如:
- 认真对待幼儿的问题,引导他们猜一猜、想一想,有条件时和幼儿一起做一些简易的调查或有趣的小实验。
- 容忍幼儿因探究而弄脏、弄乱、甚至破坏物品的行为,引导他们活动后做好收拾整理。
- 多为幼儿选择一些能操作、多变化、多功能的玩具材料或废旧材料,在保证安全的前提下,鼓励幼儿拆装或动手自制玩具。

表3-6 "具有初步的探究能力"的教育建议

1. 有意识地引导幼儿观察周围事物,学习观察的基本方法,培养观察与分类能力。如:
- 支持幼儿自发的观察活动,对其发现表示赞赏。
- 通过提问等方式引导幼儿思考并对事物进行比较观察和连续观察。
- 引导幼儿在观察和探索的基础上,尝试进行简单的分类、概括。如:根据运动方式给动物分类,根据生长环境给植物分类,根据外部特征给物体分类等。
2. 支持和鼓励幼儿在探究的过程中积极动手动脑寻找答案或解决问题。如:
- 鼓励幼儿根据观察或发现提出值得继续探究的问题,或成人提出有探究意义且能激发幼儿兴趣的问题。如:皮球、轮胎、竹筒等物体滚动时都走直线吗?怎样让橡皮泥球浮在水面上?
- 支持和鼓励幼儿大胆联想、猜测问题的答案,并设法验证。如:玩风车时,鼓励幼儿猜测风车转动方向及速度快慢的原因和条件,并实际去验证。
- 支持、引导幼儿学习用适宜的方法探究和解决问题,或为自己的想法搜集证据。如:想知道院子里有多少种植物,可以进行实地调查;想知道球在平地上还是在斜坡上滚得快,可以动手试一试;想证明影子的方向与太阳的位置有关,可以做个小实验进行验证等。
3. 鼓励和引导幼儿学习做简单的计划和记录,并与他人交流分享。如:
- 和幼儿共同制订调查计划,讨论调查对象、步骤和方法等,也可以和幼儿一起设法用图画、箭头等标识呈现计划。
- 鼓励幼儿用绘画、照相、做标本等办法记录观察和探究的过程与结果,注意要让记录有意义,通过记录帮助幼儿丰富观察经验、建立事物之间的联系和分享发现。
- 支持幼儿与同伴合作探究与分享交流,引导他们在交流中尝试整理、概括自己探究的成果,体验合作探究和发现的乐趣。如一起讨论和分享自己的问题与发现,一起想办法搜集资料和验证猜测。
4. 帮助幼儿回顾自己探究过程,讨论自己做了什么,怎么做的,结果与计划目标是否一致,分析一下原因以及下一步怎样做等。

---

① 吴荔红.《3—6岁儿童学习与发展指南》科学教育部分的理解与思考[J]. 福建教育, 2013 (11): 27.

表 3-7 "在探究中认识周围事物和现象"的教育建议

> 1. 支持幼儿在接触自然、生活事物和现象中积累有益的直接经验和感性认识。如：
> - 和幼儿一起通过户外活动、参观考察、种植和饲养活动，感知生物的多样性和独特性，以及生长发育、繁殖和死亡的过程。
> - 给幼儿提供丰富的材料和适宜的工具，支持幼儿在游戏过程中探索并感知常见物质、材料的特性和物体的结构特点。
> 2. 引导幼儿在探究中思考，尝试进行简单的推理和分析，发现事物之间明显的关联。如：
> - 引导 5 岁以上幼儿关注和思考动植物的外部特征、习性与生活环境对动植物生存的意义。如兔子的长耳朵具有自我保护的作用；植物种子的形状有助于其传播等。
> - 引导幼儿根据常见物质、材料的特性和物体的结构特点，推测和证实它们的用途。如：带轮子的物体方便移动；不同用途的车辆有不同的结构；等等。
> 3. 引导幼儿关注和了解自然、科技产品与人们生活的密切关系，逐渐懂得热爱、尊重、保护自然。如：
> - 结合幼儿的生活需要，引导他们体会人与自然、动植物的依赖关系。如：动植物、季节变化与人们生活的关系，常见灾害性天气给人们生产和生活带来的影响等。
> - 和幼儿一起讨论常见科技产品的用途和弊端，如：汽车等交通工具给生活带来的方便和对环境的污染等。

（四）3—6 岁幼儿科学探究需要注意的问题

学者刘占兰指出，支持幼儿科学探究需要注意若干问题：支持性的心理氛围、贴近生活的探究内容、适宜的材料支持、灵活多样的活动、注意并保证安全。[①]

第一，支持性的心理氛围。针对幼儿科学探究的年龄特征，教师应积极创设符合幼儿身心发展特点的、宽松的、安全的支持性心理氛围。为实现这一点，教师首先应如"教育建议"中所说的，容忍并允许幼儿出错。因为幼儿年龄尚小、科学探究经验不足，难免会出现很多错误，如果教师一味批评指责幼儿的错误，会削弱幼儿探究的热情，阻碍进一步的科学探究。教师应耐心对待幼儿，启发性地让幼儿意识到自己的错误并乐意改正。除此之外，教师等成人应积极参与到幼儿的科学探究中去，重视对幼儿的启发提问，并做出示范性榜样作用。

第二，贴近生活的探究内容。幼儿关注的是与他们相关的周围事物和现象，且其思维是直觉行动的、具体形象的，所以幼儿科学探究的材料和内容应该是贴近他们生活实际的、感兴趣的、容易理解和接纳的。这样内容的科学探究对幼儿来说才是可行的、实际的、有意义的。

第三，适宜的材料支持。探究材料和探究工具是幼儿进行探究必不可少的物质条件。对于探究材料，应该是日常生活中可见的，或者是教师投放在区角中的，或者是幼儿在户外活动等一日生活环节中自发发现和选择的。对于探究工具，如容器、放大镜、尺子、铲子等，每一种探究工具都具有它的实用功能，都能够帮助幼儿更顺利地进行科学探究，得到更准确的科学结论。

第四，灵活多样的活动。正如《指南》中科学探究的"教育建议"，教师和家长要

[①] 刘占兰.《指南》各领域要点解读——科学领域[M]//李季湄,冯晓霞.《3—6岁儿童学习与发展指南》解读.北京：人民教育出版社,2013：126-129.

带领幼儿组织开展丰富多彩的、灵活多样的科学探究活动。包括每个科学探究活动中多种多样的探究过程和环节,包括活动区中的探究、日常生活中的探究、外出考察或参观中的探究,包括教师组织的集体探究和小组探究,也包括幼儿自发的探究等。教师可以通过多种形式的活动对幼儿进行科学探究的渗透教育。

第五,注意并保证安全。确保幼儿安全是幼儿园的首要任务。这里的安全包括科学活动中的探究材料和探究工具的安全、幼儿接触动植物的安全、幼儿外出考察和参观的安全、幼儿互动中的安全等。避免接触尖锐的、有毒有害的、过敏的、咬人的等探究对象,也要注意外出时的交通安全、饮食安全等。

 本章小结

本章回顾了国内学前儿童科学教育的发展历史,并在此基础上分析了《纲要》和《指南》对科学教育的基本要求。依据《纲要》的描述,学前儿童科学教育的目标主要可以概括为:对周围的事物、现象感兴趣,有好奇心和求知欲;能运用各种感官,动手动脑,探究问题;能用适当的方式表达、交流探索的过程和结果;能从生活和游戏中感受事物的数量关系并体验到数学的重要和有趣;爱护动植物,关心周围环境,亲近大自然,珍惜自然资源,有初步的环保意识。而《指南》中的科学探究目标分别是:亲近自然,喜欢探究;具有初步的探究能力;在探究中认识周围事物和现象。学前儿童科学教育的内容按照《纲要》的表述可概括为:引导幼儿对周围事物感兴趣和想探究;创造探究环境和机会,鼓励提问、发表意见和尊重他人观点;丰富操作材料,支持幼儿运用多感官、多形式进行探索;培养幼儿合作意识、能力和用多种方式表现、交流与分享;引导幼儿感受科技影响,培养其喜欢科学和崇敬科学家;帮助幼儿了解自然与人类的关系,培养初步的环保意识和行为。《纲要》进一步指出幼儿园教师应该明确学前儿童科学教育的科学启蒙性质,并因地制宜,根据幼儿的实际生活经验因材施教,始终把幼儿探究作为学前儿童科学教育的核心。而《指南》中则指出幼儿园教师应该了解并尊重幼儿科学探究的年龄特征;鼓励并引导幼儿的自主探究;在日常生活中渗透科学教育。最后,3—6岁幼儿科学探究需要注意若干问题:支持性的心理氛围;贴近生活的探究内容;适宜的材料支持;灵活多样的活动;注意并保证安全。

 自我评量

1. 我国学前儿童科学教育的发展经历了哪些阶段?
2. 试比较分析《纲要》和《指南》对科学教育基本要求的异同。
3. 根据《纲要》和《指南》的基本要求,并结合你所在班级幼儿的实际,试拟一份适合所在年龄班的科学教育内容清单。
4. 试比较《纲要》中的指导要点和《指南》中的教育建议。

第四章　幼儿科学探究的过程与特点

1. 理解并掌握幼儿科学探究的本质和内涵。
2. 掌握幼儿科学探究的一般过程。
3. 能够区别幼儿的探究与科学家的探究。
4. 熟悉并掌握各年龄段幼儿科学探究的年龄特征。

幼儿科学探究的本质是幼儿科学探究的精髓和灵魂,幼儿科学探究的内涵是对其本质的拓展和延伸。明确幼儿科学探究发生的主客观原因和主要影响因素,有利于理解、引发和引导幼儿的科学探究行为;明确幼儿科学探究的过程,有利于理顺幼儿科学探究的环节和步骤;理解幼儿科学探究过程的教育取向,有利于教师充分利用科学探究的过程来培养幼儿的科学探究能力、科学态度和科学精神。最后,分析和比较幼儿的探究与科学家的探究,并把握不同年龄段幼儿探究的特点,这有利于幼儿园教师和家长遵循幼儿探究特点开展科学探究活动。

第一节　幼儿科学探究的本质与内涵

探究式学习是幼儿重要而有效的学习方法和途径。对幼儿科学探究的定义和特征的了解,有利于我们理解幼儿科学探究及其本质。通过科学探究,幼儿能够收获什么,是知识经验、方法能力、情感态度,还是三者兼有,各有侧重?接下来让我们一起来探索幼儿科学探究的本质。

一、幼儿科学探究的可能性与必然性

20世纪90年代,以探究为导向的科学教育活动在我国幼儿园轰轰烈烈地展开。通过对科学本质和科学探究本质的认识,确立了以探究为核心的全面的科学观,有利于对幼儿科学和幼儿科学探究的认识,也有利于教师更有效地进行学前儿童科学教育。

1. 幼儿进行科学探究的可能性和必然性

不少人对科学探究存在一定的误解,认为科学探究是相关科学领域的高材生、专家学者和科学家等人才能够进行的高端研究,而不能将科学探究与幼儿之间建立

起联系,完全忽视了两者之间的可能性和必然性联系。从前文提到的"科学探究"的定义,我们不难发现,科学探究既包括科学家高层次的探究,也包括学生在学校借助一定的科学材料、科学设备、科学程序和科学方法等的探究,这里的学生当然也包括幼儿。所以,幼儿毋庸置疑可以成为科学探究的主体。幼儿科学探究既充满着科学的探究精神,又不同于成人理解的科学。因为幼儿天生的好奇心和求知欲促使幼儿去探究、去发现充满秘密的奇妙世界,进而认识并了解周围的世界。例如,幼儿好问的特性会自言自语或追问成人:为什么绿叶会变黄?为什么有四季?为什么月亮有时圆有时弯?为什么星星会眨眼睛?为什么雨后会有彩虹?我从哪里来?什么时候水能结成冰……

幼儿对周围事物充满疑问,幼儿提出的这些问题与科学家的问题在本质上是一致的,都需要进行严谨的探究才能揭示出问题的答案。幼儿既是好奇者、发问者,又是个执行者、探索家。例如,幼儿面对着一个装满水的水箱,爱玩水的天性使得他将身边的小玩具等其他物体扔进水中,这时他会发现有些物体是浮在水面上的,而另一些物体是沉在水箱底部的。面对这样的现象,好奇心自然地驱使他思考:"哪些物体能够浮在水面?哪些物体会沉在水底?为什么会存在能浮或能沉的物体?浮着的物体能不能沉下去呢?沉着的物体能不能浮起来呢……"带着这些困惑和问题,幼儿便会开始一些尝试和探究来解除困惑和问题。类似这样在好奇心驱使之下去了解周围事物、观察其反应、并付诸实际行动的现象与科学家的探究行为相似,因此人们常常称儿童为小小科学家。[①] 就这样,日常生活中处处有科学问题和科学探究的可能,这些都逃不过幼儿敏锐的观察和好奇、好问、好探究的天性。渐渐地,幼儿对周围的世界越来越了解。

2. 幼儿科学探究的界定

幼儿的科学探究是人类科学探究活动的最初形态,因为幼儿在科学探究活动中不自觉地运用了科学的探究方法,展现了锲而不舍的科学态度,更呈现了推理思考的特质。但是由于幼儿身心发展的有限,幼儿的科学探究与成人的科学探究不同,却同样具有价值,这也是学前儿童科学教育存在的理由。

幼儿科学探究是建立在儿童本能的好奇心的基础上自发产生的一种对客观世界的主动的探究行为。幼儿在探究具体事物和解决实际问题中,尝试发现事物间的异同和联系的过程,它具有操作性和具体性的特征,其核心是激发幼儿探究兴趣,体验探究过程,发展初步的探究能力。

二、幼儿科学探究的本质

幼儿科学探究的本质与科学探究的本质如出一辙,都是探索真理。现在让我们来一一剖析其本质。

---

① 王冬兰. 学前儿童科学教育[M]. 上海:华东师范大学出版社,2010:3.

1. 幼儿科学探究是探知客观世界经验层次的科学知识

幼儿的思维特点是以具体形象思维为主,幼儿科学探究多在直接感知、亲身体验和实际操作中进行,所以幼儿对周围客观世界的认识基于生活经验。对于教师或者家长关于科学知识的提问,幼儿一般都是基于已有生活经验和知识来回答的,如为什么有白天和黑夜?幼儿回答道:"因为白天我要去上幼儿园,爸爸妈妈要上班,所以需要太阳光;晚上我和爸爸妈妈都累了,需要睡觉休息,所以这个时候太阳公公也不见了,它也去休息了。"为什么秋天到了,有些树叶会落下来?幼儿回答道:"因为秋天就冷啦,树叶怕大风怕冷,它们受不了就死掉了,落下来了。"诸如此类。

幼儿的认知有其自身的一套逻辑,不同于成人更为抽象的、更有深度的逻辑,但这套逻辑对于幼儿这个年龄段来说,有其存在的合理性和价值,因为他们用自身经历经验来感知周围世界、解释周围世界。经过教师和家长科学合理的引导,幼儿对周围世界的认识将更趋于准确化、科学化。

2. 幼儿科学探究是探索世界、理论建构和获取知识的过程

科学不仅是静态的知识体系,也是动态的探究过程,静态的知识来源于动态的探究过程,因此,科学是静态和动态的统一。幼儿科学探究不仅是探知客观世界经验层次的科学知识,更是一个探索世界、理论建构和获取知识逐层递进的动态过程。从另一个角度来看,科学知识体系是科学探究的结果,科学探究活动是过程,所以幼儿科学探究在注重动静结合的同时,也懂得过程和结果的统一。科学探究的过程本身就是变化发展的。有学者指出:"从动态的观点看,任何社会所生产的科学知识尽管是当时对自然或社会所作的最好解释,但它不是一成不变、完美无缺的'绝对、全面的真理',而只是对客观世界的一定过程、部分或层面的正确反映,是'相对、局部的真理',科学还要随着研究者、研究问题、研究方法等的不断变化而更新与完善。"[1]

幼儿在相对新鲜的世界中不断地接触不同的事物,在亲自摆弄和操作中探索世界,并不断获得关于客观世界的知识。在科学历史上,许多科学家对科学知识的揭示和发明创造也都源于日常生活的常见事物和现象:苹果落地这一再平凡不过的现象引起了牛顿的思考,他从中得到启示而建立了牛顿第一定律;古希腊科学家阿基米德从洗澡中获得了灵感,发现了浮力定律,也称阿基米德定律;我国古代的鲁班被两边长有小细齿的草划破了手指,由此得到启发而发明了锯子等。因此,生活中处处藏有科学的身影,只要幼儿在生活中善于发现、勤于思考、主动探究,就能够成为一名"小小科学家",发现世界的奥秘。

有人认为,将科学学习看做是理论建构的过程,意味着我们需要思考:儿童的学习从哪里开始,理论得以建构的环境是什么以及这两者间复杂的相互影响与作用。[2]

---

[1] 楚江亭. 科学内涵的解读与科学教育创新[J]. 教育研究,2010(3):57-62.
[2] [美]克里斯汀·夏洛,等. 儿童像科学家一样——儿童科学教育的建构主义方法[M]. 高潇怡,等译. 北京:北京师范大学出版社,2006:6-7.

这里所说的理论建构与皮亚杰的认知发展有着密切的联系。皮亚杰认为儿童在面临环境中他们无法理解的新奇刺激时,会产生思维模式和环境间的不平衡,促使他们主动探索、进行心理调适,通过建构等方式来解决这种不平衡。儿童的建构是指能够操控新事物,并以此达到对其本质的理解,皮亚杰认为儿童都是建构者。

 案例导引 4-1 [1]

> 例如,一个4岁女孩正在搭建一个复杂构造,在两块直立的木块上搭建一座桥。首先,她试着将两块木块分别水平放置在直立木块的上面,但两块直立木块间依然存在间隔,没有连接成桥。当她移动木块来连接这个间隔时,所有的木块都倒塌了。她又去拿了两块不一样的、更长一些的木块试了试,木块还是倒了。最后,她去找了一块很长的木块,把它架在两块直立木块的顶端,一座桥就建成了。

由于幼儿经验的欠缺、观察和估算能力的局限、解决问题能力的不足等,幼儿事先不能一下找到适合搭建桥的木板。当发现木板过短之后,幼儿改变了原有认知,选择了长一些的木板,但还是失败,这种情况激化了幼儿的认知冲突,也让其从之前的经验中总结出,即她应该选择更长的、能够确保搭建桥板的木板,最终搭建成功。通过上面的案例,我们可以看出,幼儿在构建积木的活动中不断试误,并在试误中顿悟,最终找到了解决办法,这便是皮亚杰所说的不平衡状态和同化顺应。

类似这样的例子还有很多,例如:幼儿认为所有物体都是滚动的,但当遇到方形的物体时,则它只能滑动,不能滚动;幼儿认为皮球、轮胎和竹筒等物体滚动时都是走直线的,但实际操作后发现它们大多不走直线;幼儿认为橡皮泥是沉在水底的,但将橡皮泥改变成适当的形状时,橡皮泥也可以浮在水面上;幼儿认为不同质量的物体从相同的高度同时落下,重的物体先着地,但实际操作后发现,它们同时着地;等等。

3. 幼儿科学探究是培养科学态度和科学精神的有效途径

幼儿科学探究的目标除了知识经验、方法能力之外,还包括情感态度。无论是探知静态的科学知识体系,还是探索客观世界、理论建构和获取知识的过程,在这结果与过程中,都涉及幼儿对科学的情感态度、科学精神、世界观和价值观。

以幼儿探究学习为核心的科学教育活动并不是单纯地向幼儿灌输一些粗浅的科学知识,而是将幼儿的科学探究与科学知识的建构有机结合,[2]且更加重要的是从

---

[1] 〔美〕克里斯汀·夏洛,等. 儿童像科学家一样——儿童科学教育的建构主义方法[M]. 高潇怡,等译. 北京:北京师范大学出版社,2006:7.

[2] 王春燕. 以幼儿探究学习为核心的科学教育活动基本理念[J]. 幼儿教育:教育科学版,2008(5):20.

小培养幼儿崇高的科学精神。科学是世界观,也是方法论,能够指引幼儿以后的思维方式,破解疑惑和难题。幼儿在科学探究活动中,发现了事物之间的联系、事物和人类生活之间的联系,明白科学既能造福人类,也能危害人类,破除原先的认知建构,进行正确的认知重组,透过现象看本质,加之严谨的科学探究操作流程,这些都能够培养幼儿的科学态度和科学精神。科学态度是个体对某一对象持有的评价和行为倾向,它由认知、情感和意向三个因素构成。科学态度包括实事求是、忠于真理、勤奋努力、一丝不苟、精益求精、谦虚谨慎、乐于并善于合作、热情自信、乐于参与科学探索活动并从中获得乐趣,有坚强的意志品质,表现为高度的独立性、果断性和坚持性。科学精神是通过科学思想、方法、思维和理智体现出来的严肃认真、尊重事实、客观公正、独立思考、敢于创新等的精神和气质。[①] 还有学者指出:"科学精神的内部功能,主要表现在以下三个方面:第一,确保科学活动的严肃性和科学性;第二,协调科学共同体成员的行为方式和社会关系;第三,科学精神强化了科学的自主性。"[②]幼儿科学探究是培养科学态度和科学精神的有效途径,科学态度和科学精神构成了幼儿看待这个世界的态度和方法。

综上所述,幼儿科学探究是幼儿能够积极主动参与的探究活动,其本质是探知客观世界经验层级的知识体系,是探索客观世界、理论建构和获取知识的过程,更是培养科学态度和科学精神的有效途径。

三、幼儿科学探究的内涵

内涵,是指一个符号、词语或句子的意义或特征,多半是用定义的方式表述;称谓一个词能描述的所有可能的事物的集合。幼儿科学探究是幼儿在成人(教师或家长)的引导下,运用一定的材料和设备,以某种科学方式,观察、感知周围事物和现象,最终获得对其了解的过程。美国国家研究理事会发布的《国家科学教育标准》明确了以探究为核心的科学学习方法,指出:"学科学的中心环节是探究,学习与教学应以人而不是科学本身为出发点",主张"从学生所亲历的事物中产生的一些实际问题进行探究,而不应把探究学习演变成纯粹的学术性活动"[③]。

《3—6岁儿童学习与发展指南》明确指出:"幼儿科学学习的核心是激发探究兴趣,体验探究过程,发展初步的探究能力。"这应该是对幼儿科学探究最好的揭示,是其核心思想。

(一)幼儿科学探究是幼儿探索周围世界的过程

幼儿科学探究的本质已经指出,幼儿科学探究是一个探索世界、理论建构和获取知识的过程。幼儿园教育,不应该功利地强调幼儿学习的结果,而应该重视并丰富活动过程,让幼儿在活动过程中体验学习的快乐和趣味,潜移默化地对幼儿的学习和发展产生深远的影响。对于操作性要求较高、需要"做中学"的幼儿科学探究

---

① 贾洪亮.学前儿童科学教育[M].上海:复旦大学出版社,2012:2.
② 彭炳忠.论科学精神[J].自然辩证法研究,1998(10):27.
③ 美国国家研究理事会.美国国家科学教育标准[M].戢守志,等译.北京:科学技术文献出版社,1999:4.

来说,它更应该是幼儿探索周围世界的过程。这也正如英国学者 C. 辛格(C. Singer)指出的:"……科学经常与'研究'几乎等同起来,意味着一个过程,而不是一堆静态的学说。"

现在的很多幼儿科学探究活动是主题式进行的,即围绕一个科学主题,设定若干个相关联的环节,且下个环节是上个环节延伸的科学探究活动。这种主题式的科学探究的突出特点就是幼儿参与其中的过程性,即在丰富多彩的探究过程中完成科学学习活动。

(二)幼儿科学探究是幼儿探索周围世界的经验

什么是经验?经验是体验或观察事物或事件中所获得的心得并应用于后续作业。幼儿在已有经验的基础上进行科学探究活动,而科学探究活动又进一步地丰富幼儿经验。幼儿的学习和发展,本质上就是经验的增长。在科学探究领域中,这种经验的增长,来自于幼儿动脑提问、亲身体验、直接感知、实际操作和同伴交流等,在探究活动中认识事物,发现事物之间的联系,以此积累和丰富经验(见表4-1)。

表4-1 幼儿可能获得的知识经验列表[①]

物体和材料的性质
(1)能描述常见材料的简单性质
(2)能按照明显的特征将材料归类
(3)知道日常材料的加热或冷却会使它们熔化或凝固,甚至产生永久性变化
(4)能将一些常见材料的用途与它们的简单性质相联系
(5)知道许多材料是天然生成的,而许多材料是由原始材料加工制成的

物体的位置和运动
(1)懂得推和拉可以使物体移动
(2)理解推和拉可以使物体开始、加快、减慢或停止运动
(3)理解力可以影响物体的位置、运动情况及形状

自然力
(1)接近地球的物体如果没有东西支撑会落在地上
(2)磁体可以不接近物体而使物体运动

能量的形式,光、热、电和磁
(1)知道许多家用设备是用电的,但不正确的使用是危险的
(2)知道声和光的简单性质
(3)知道磁铁能吸引某些材料,但不吸引其他材料。磁铁还能相互排斥
(4)懂得冷和热是相对于他们本身体温的概念
(5)知道要使电器工作需要完整的电路
(6)了解家庭中使用的一些燃料
(7)知道光和声音的被反射

地球和宇宙
(1)知道地面上有平地,有山,有河
(2)能从降雨、温度、风力方面了解和记录天气的变化
(3)能描述太阳在空中的运动情况

---

① 刘占兰. 幼儿科学教育[M]. 北京:北京师范大学出版社,2000:83.

(4) 知道地球、太阳、月亮是相隔一定距离的球体,天空中的星星比我们任何一个人所能看到的都多
(5) 知道月亮的外形和太阳的高度作规则的周期性变化
(6) 知道四季的交替和明显的特征

生命与生命过程
(1) 知道生物品种繁多,其中包括人类
(2) 知道人需要水、食物、空气、排泄、温度和适宜的环境
(3) 知道动植物需要一定的条件赖以生存
(4) 能根据一些明显的特征对常见的生物做粗略的归类
(5) 知道不同种类的生物发现于不同的地方
(6) 知道某些废弃的材料会自然腐烂,但要经历不同的时间过程
(7) 知道人类和其他动物所共同的生命过程
(8) 知道环境的生态平衡直接关系到人类的健康和生存,懂得保护环境
(9) 知道人类活动有可能改变环境,从而影响动植物的生存
(10) 知道从环境中进入人体的某些东西会伤害人体,细菌可以引起疾病,预防接种和其他手段可以预防疾病

(三) 幼儿科学探究是幼儿与周围世界的交互活动

幼儿必然要参与到与周围环境和材料的互动中去进行科学探究。当幼儿与周围环境和材料产生相互作用时,科学知识、科学态度和科学情感才能够被激发、被建构、被获得。

摸一摸、试一试、闻一闻、尝一尝等等都是幼儿与周围世界进行互动的探究行为。如下面的幼儿园墙面布置图(见图4-1)所示,幼儿可以通过"摸一摸"来探索不同布料的质地,是光滑的、粗糙的、毛毛的、软软的、硬硬的,还是有凸起的?是线做成的、毛皮做成的,还是人工仿造的?幼儿还可以通过"试一试"来探究墙面提供的不同色块的材料(见图4-2)。这种墙面布置既装饰了墙面、美化了幼儿园班级,又鼓励幼儿主动探索周围的环境和材料,通过触摸进行生活知识的学习和科学探究的尝试。

图4-1 幼儿园墙面布置"摸一摸"

图 4-2 幼儿园墙面布置"试一试"

(四) 幼儿科学探究是幼儿与周围人的人际互动

科学探究重视交流与合作,具有合作性特征,所以幼儿科学探究也是幼儿与周围人的交际互动,即幼儿与周围人的人际交往活动。作为"活动"的科学不仅涵盖了活动发生的过程,而且涵盖了活动取得的结果;不仅涵盖了活动的客体,而且涵盖了活动的主体;不仅涵盖了活动主体的认识因素,而且涵盖了活动主体的非认识因素。[①]

科学的内涵包括科学态度与价值、科学过程与方法、科学知识三个基本要素,其中,科学态度与价值包括提出问题、相信世界可被认知、实事求是、创新性和合作等。所以幼儿科学探究不仅是科学知识的获得,更是科学态度与价值的获得。由于幼儿生活经验和知识经验的不足,幼儿自身的科学探究无法满足其强烈的好奇心和求知欲,因此,幼儿必须借助于周围人,尤其是成人的力量才能将科学探究顺利进行下去。这便涉及幼儿与周围人的人际互动。科学态度与价值的受益离不开幼儿与同伴、教师和家长等的良好交流与沟通,幼儿应该在人际互动中学会如何学习科学、如何对待科学、如何尊重科学。

第二节 幼儿科学探究的过程与特点

过程是幼儿科学探究的动态剖析和展现。通过对多种科学探究过程的对比分析,根据幼儿自身的特点,总结和归纳出幼儿科学探究的一般过程。从幼儿科学探究的过程中,可以明显发现,幼儿科学探究与科学家探究之间具有相似之处,同时又具有其独一无二的特点。

---

① 陈晓芳. 幼儿科学活动设计与指导[M]. 北京:北京师范大学出版社,2013:5.

一、幼儿科学探究的基本过程

幼儿科学探究遵循一切科学探究的一般过程,这个过程是一条不间断的操作链,如图4-3所示。对于科学探究的过程,不同的研究者有不同的观点,其中《美国国家科学教育标准》提出,科学探究的过程主要包括:观察;提出问题;查阅书籍和其他信息资源来寻找已有知识;利用各种工具搜集、分析并解释数据;做出答案、解释或预言;交流结果。根据幼儿的学习方式,为了更清晰地了解幼儿科学探究的过程,我们将其过程分为观察、提问、假设、验证、结论和交流六个环节。

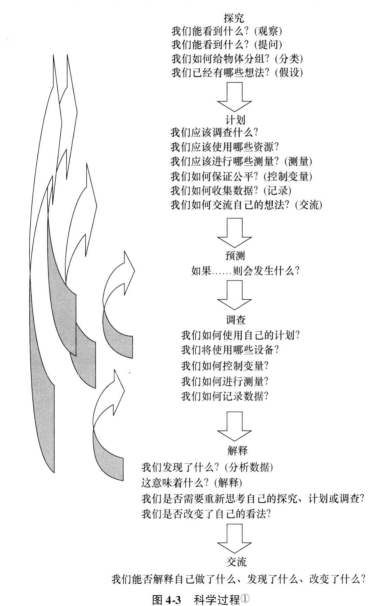

图4-3 科学过程①

---

① [英]简·约翰斯顿. 儿童早期的科学探究[M]. 朱方,朱进宁,译. 上海:上海科技教育出版社,2008:31.

(一) 观察

幼儿对周围世界的认识源于幼儿对各种事物的观察,观察对于幼儿来说是一项非常重要的技能。观察引起幼儿的好奇心,好奇心再引发幼儿更深入的观察,经过观察和思考之后,幼儿才提出问题。所以,幼儿科学探究始于幼儿的观察。英国学者简·约翰斯顿认为,观察不只是看看而已,观察涉及以下几个方面:

- 运用所有的感官;
- 指出事物之间的相似和差异;
- 观察事物和现象中的图样;
- 指出所观察现象及周围世界中的结果和事件;
- 解释观察结果。[①]

所以,观察本身就是一个系统的探究过程,是对接下来的科学探究的预测和预演。幼儿对周围事物的观察不仅仅涉及用眼睛看,还涉及听觉、嗅觉等,如听到虫鸣鸟叫、风声、人声、车鸣等,闻到刚被修剪过的草的味道、雨后泥土的味道、花香、香水味、烟雾废气味等。多种感官的加入可以丰富幼儿观察的内容和质量,提高观察技能,进而有助于幼儿提出有价值的探究问题。

(二) 提问

幼儿对周围事物的观察和探究可以引导幼儿的提问,当幼儿不停地在问为什么、这是怎么回事的时候,他们便有了提问的技能。然后,幼儿的提问慢慢聚焦在具体的科学探究问题上。如同好奇是人的天性一样,提问也是大多数幼儿从小就有的技能。在幼儿科学探究活动中,教师尝试用引导性的问题来推动新探究和进一步的调查,提问贯穿于科学探究活动的始终,所以提问是探究的关键和核心。

幼儿的提问并不是每个问题都是有价值的,提问具有有价值和无价值之分。随着幼儿年龄的增长和经验的丰富,他们渐渐明白什么是有价值的问题,即通过调查和探究可以解决的问题。幼儿便运用他们的观察技能,根据有价值的问题,计划如何探究以解决问题。所以,从这个意义上,我们可以根据幼儿的提问质量和技能进行幼儿发展水平的评估。因为幼儿的提问可以反映幼儿的想法、可能存在的经验缺陷和错误的观念等。

(三) 假设

这里首先需要强调的是,假设和预测是两种不同的探究技能,并不是一个概念。预测是预先推测或测定,是对接下来要发生的事情做出有根据的猜测。幼儿一开始的预测很可能因为没有建立在重要的证据上而导致错误,但是随着幼儿年龄的增长和对周围世界拥有越来越多的经验,他们便逐渐能够发现重要的证据,不断修正之前的错误预测,继而做出较为正确的预测。

假设源于个体所提出的问题,是对于问题的一种简洁的陈述,它试图解释一种

---

① 〔英〕简·约翰斯顿. 儿童早期的科学探究[M]. 朱方,朱进宁,译. 上海:上海科技教育出版社,2008:31-32.

模式或预测一种结果,是个体在已有的知识经验的基础上所提出的关于问题的可能性解释。① 假设涉及对科学事件和现象的解释:接下来会发生什么,为什么事情要这样发生,所以假设也包含有预测的部分。虽然假设并不一定是科学结果,但是它能帮助幼儿澄清思想和说明关系。幼儿一开始的假设也很可能因为缺乏知识和生活经验而做出错误的假设,但是随着幼儿的成长,他们逐渐能够根据虽然有限但日益丰富的日常证据做出较为正确的假设,来解释科学事件和现象。

 案例导引 4-2 ②

假设和预测 1

在玩具车探究活动中,所有儿童都预测到玩具车会滑下斜坡,但他们对其原因的假设各不相同。五岁的卡尔得出了简单的假设——玩具车的形状使它可以快速行进:"玩具车滑下斜坡,是因为它是三角形的。"五岁的凯瑟琳在说到玩具车为什么会滑下斜坡时考虑到了摩擦力:"因为玩具车会滑动。"六岁的加雷斯此前有过一些重力的概念,他在解释玩具车为什么会滑下斜坡时说:"因为斜坡就像一座大山,所以玩具车会掉下来。"

假设和预测 2

处于幼小衔接阶段的安德鲁说:"我必须说出哪些东西会上浮,哪些东西会下沉……我认为所有重的东西将会下沉,而所有轻的东西都会上浮。我有一块 5 克重的贝壳和一个 55 克重的软木塞,我觉得贝壳会上浮,软木塞会下沉。"

他不仅预测了哪些东西会上浮或下沉,而且还提出了关于浮沉的假设:重的东西会下沉,轻的东西会上浮。他继续说:"但是我错了!软木塞浮上来,而贝壳沉下去了,不过我认为我知道这是为什么。"安德鲁不需要太多的鼓励就向我说出了自己新的假设和他的推理过程:

"嗯,我知道冰气球非常重,我几乎举不动它,它漂浮在水桶里;我也知道船非常非常重,我根本举不动。嗯……我觉得,轻的东西会浮上来,重的东西会沉下去,但是如果东西非常非常重,它就又会浮起来。"

安德鲁的假设虽然与科学理论不相符,但也是通过探究和调查而发展出来的。他需要进一步的实践经验来尝试提出关于浮沉的新假设,向假设提出

---

① 陈琴,庞丽娟. 科学探究:本质、特征与过程的思考[J]. 教育科学,2005(1):4-5.
② [英]简·约翰斯顿. 儿童早期的科学探究[M]. 朱方,朱进宁,译. 上海:上海科技教育出版社,2008:106-112.

> 挑战。重要的是记住,假设不一定非正确不可,但是"从可用的证据来看应该是合理的,从科学概念或原理来看应该是可能的"(Harlen,1992)。对安德鲁来说,需要做进一步的探究和调查来弄清他的假设,并尝试改变他的想法。可以通过让一些沉下去的东西浮上来、一些浮起来的东西沉下去,以此向儿童提出挑战。在玩水过程中,我通常会带一些诸如此类的东西:一团橡皮泥(做成球时会下沉,但捏成船的样子会浮起来),一堆弹子(弹子会下沉,但放在橡皮泥船中就会浮起来),一张铝箔(会浮起来,但揉成一团后就会沉下去)。此外还有一个柠檬,它会浮在水中,但剥皮之后就会沉下去。这一点对儿童的浮沉假设提出了特别大的挑战,因为没想到让原本漂浮的东西更小、更轻后,它却沉了下去。因为整个柠檬的密度小于柠檬果肉的密度(外皮中有松软组织),所以就有了上述现象。

(四) 验证

当幼儿对科学事件和现象进行预测和假设之后,便制订探究计划进入验证环节。验证即检验和求证,通过验证,假设可能被证实,也可能被推翻。验证可以让我们明白隐藏在科学事件和现象背后的本质。检验的方式主要有两种:一种是引证式,即根据已选择的方案去搜集支持假设所需要的事实和证据,经分析、概括而得出结论,从而证明假设成立或者不成立;二是实验式,即个体亲自动手实验,通过分析实验和总结实验结果来验证假设的正确性和有效性。如果所提出的假设在实践过程中行不通,那么就需要重新对问题和假设进行分析,再次提出新的假设和验证假设。[①] 验证环节是幼儿科学探究的主体部分,幼儿自主地、尽情地进行科学探究,在活动中不断解答之前的疑问和困惑,满足好奇心和求知欲。教师在此过程中,也应该充分发挥幼儿的主观能动性,以幼儿自主探究为主,教师指导为辅,并时刻关注幼儿探究的每个细节和安全,确保探究活动的顺利进行。

(五) 结论

幼儿对假设进行验证之后,将科学过程和每个结果以表格、画图、文字或数字等形式记录下来,并对记录的结果进行概括、归纳,得出并解释结论,最终形成关于某一个科学事件或现象的科学认识。在搜集证据和记录结果的过程中,幼儿借助于分析、逻辑、推理等技能,将已有知识与发现的新知识之间建立联系,化新知识为自己所有。对科学发现的解释既要符合科学探究中的观察和实验结果,又要符合科学常识和自然规则,实事求是。

(六) 交流

幼儿科学探究的最后一个环节是交流,即将关于某一个科学事件或现象的探究

---

① 陈琴,庞丽娟. 科学探究:本质、特征与过程的思考[J]. 教育科学,2005 (1):5.

过程和结论与同伴和教师进行相互交流沟通。在这种交流中,一方面,个体要准确地向其他人阐明自己所探究的问题、方法、探究过程以及结果,并倾听他人对证据和解释的看法和态度;另一方面,他人也有机会就这些结论、解释提出疑问,指出其中有悖于事实证据的地方,或者就相同的观察提出不同的解释等。① 幼儿通过科学探究的交流,在多种声音和观点的碰撞中,会更加理清对实验证据、已有科学知识和结论解释之间的关系,巩固新发现、新知识。对于科学探究中存在的不足和提出的解决建议,还可以推动下一次的进一步探究,扩大对科学世界的认识。

案例导引 4-3

幼儿科学探究的实例②

(a) 材料:分类和说明

冰气球的外表是什么东西做的?冰气球又是什么东西做的?它摸起来像什么?你能看到什么?它看起来像什么?气球为什么会裂开?气球内部的泡泡是什么?泡泡如何跑到里面去的?为什么气球是圆的?为什么气球有一个扁平的部分?为什么冰气球的表面有水汽?

(b) 能量:融化和凝固

冰为什么会融化?在水里是不是融化得更快?在水里或在空气中融化程度是否相同?为什么在水里融化时形状会变化?为什么在上面撒盐会融化得更快?为什么撒过盐之后会重新结冰?气球的大小和形状是否能让它融化得更快?如果用手摸是否会融化得更快?

(c) 力

(ⅰ) 浮和沉

将冰气球放到水里会发生什么?是浮还是沉?是漂浮在水面上,还是漂浮在水中?将气球按下水后会发生什么?气球是否一直处于同样的漂浮状态?能让它沉下去吗?

(ⅱ) 摩擦力

冰气球为什么可以在桌子上来回滑动?冰气球是否可以在其他表面上来回滑动?为什么纸巾能让它停止滑动?冰气球在滑动的同时还发生了什么?滑动是否会让它融化得更快?

---

① 陈琴,庞丽娟.科学探究:本质、特征与过程的思考[J].教育科学,2005(1):5.
② [英]简·约翰斯顿.儿童早期的科学探究[M].朱方,朱进宁,译.上海:上海科技教育出版社,2008:129.

（ⅲ）碰撞

冰气球掉入水中时会发生什么？冰气球掉在地上会发生什么？掉落的高度是否有影响？

(d) 光

在气球内部可以看到什么？透过气球能看清东西吗？彩色气球是如何制造的？如果在气球对面点亮一支蜡烛会发生什么？为什么透过有些气球可以看清东西，有些却不能？

在冰气球探究活动中，一组学前儿童和一年级儿童刚开始他们的初期观察。

它看起来像个大冰块。

嗯，它看起来像个冰块气球。

它上面有塑料(指橡胶做的气球皮)。

里面看起来好像有很多刺形花纹。

就像冻起来的玻璃。

随着观察越来越系统化，儿童使用了放大镜，开始看到更多的细节：

那里有个孔。

能看到刺形花纹。

就像冻在里面的头发。

接着，我让儿童回答他们认为冰气球将会怎么样。这时涌现了很多观点，我们可以进一步探究它们。

这些气球会裂开。

浇水之后它们会融化。

如果把它们扔到外面的水泥地上就会破裂。

我：为什么认为它们会破裂呢？

因为水泥地比冰硬。

有一名儿童联想到以前的经验，解释说"玻璃掉到地上就会碎"。然后，我们走到外面，小心地把其中一个冰气球扔到操场上，看看究竟发生了什么。结果发现气球确实破裂了，在坚硬的地面上散落着碎片。

后来回到教室中，有一名儿童说：

阳光会让它融化。

我：阳光会让它融化？这里阳光能照到它吗？

不能。

我：它会不会一整天都保持这样？

不会，它会逐渐缩小。

下雨后它就会融化。

它遇到水就会融化。

我:我们来试试看吧。

然后,我们打开了一桶水,把冰气球放在里面。这引发了新一轮的观察和讨论——气球在水里是如何漂浮的。

它浮起来了!

它很重!(将气球推上推下,使它上下浮动)

水是温的。

它在变小。

它是滑的。

现在它变得更小了。

接着,儿童假设水桶里的气球会比桌子上的气球融化得更快。于是,将这个气球仍放在水桶里,同时关注另一个气球。不久他们注意到气球的形状有所变化。

哦,它像一只碗。

这是因为只有顶部是浮着的。

这部分在水里,这部分在外面(边说边指)。

儿童拿出水桶里的冰气球,仔细观察,然后又把它放回到水中。气球翻转过来,这样以前水下的部分(融化较快的那一部分)现在浮在水面上。

它看起来像一只大眼睛。

看!它翻过来了。

儿童似乎知道水下的部分会比水上的部分融化得更快,并且将这一点与对水温的观察联系起来。但是,儿童好像无法解释冰气球为什么会翻转,这成了进一步详细探究的关注点之一。

我让儿童回答向冰气球撒盐会发生什么。他们回答说气球将会融化:

因为它变咸了。

因为有盐进去了。

这时出现了一个有趣的假设。一名儿童说:"在冬天,冰上的海……嗯,冰……冬天。"他被另一名儿童打断,后来又继续说:

嗯,我来告诉你。海边的海,嗯,过去它们是冰。冰里面有盐。然后,冰融化成了水,现在它就是咸水。嗯,这里也会变成水。

这次探究活动让儿童有机会去观察,去提出将来要探究的问题,去预测下一步将要发生什么,以及表述、交流自己的假设。下一步是帮助儿童规划因这些探究而引发的调查活动。他们可以关注冰在不同情况下是如何融化的——

> 在桌子上、在水里、在外面或者在冰箱里放一段时间。儿童可以观察冰在融化期间的温度,可以定性测量、定量测量或者两种方式均采用。他们还可以探究冰在盐水或淡水里会发生什么。

二、幼儿的探究与科学家的探究

关于幼儿的探究与科学家的探究之间的关系,目前有两种观点:一是幼儿的探究与科学家的探究相似,他们之间的科学探究活动有很多类似的地方,因此幼儿被称作"小小科学家";二是幼儿的探究不同于科学家的探究,他们之间的科学探究活动互相独立、各有特色。

(一) 幼儿是"小小科学家"

"儿童不是小大人",这一儿童观强调儿童作为早期生命阶段的独特个体而存在,然而幼儿是"小小科学家"并不是否认了这一儿童观,而是肯定了幼儿在科学探究活动中有着科学家的胜任力。已经有学者提出"儿童像科学家"的论断,这正验证了幼儿是"小小科学家"。"儿童像科学家"的比喻含义是:与科学家联系在一起的许多特质——实验、好奇心、创造性、理论建构与合作等同样也是儿童所具备的特点。[①] 虽然幼儿和科学家在知识经验、认知水平和能力水平等方面不同,他们的探究在具体的表现形式上存在一定的差异,但两者的探究活动都属于科学范畴,其本质相同,都具有科学探究的基本特征。除此之外,幼儿的探究与科学家的探究有着较为一致的科学探究的内驱力和能力结构。

1. 科学探究的内驱力一致

(1) 都有对周围世界的认识

幼儿像科学家一样,有着自己对周围世界的认识,虽然这种认识的层面、范围和深度等与科学家不同,但这种认识都是促使幼儿和科学家进行科学探究的前提。基于对周围世界的接触和认识,幼儿从中观察现象、发现问题。一般而言,我们认为幼儿的认知是直接的、经验的、肤浅的、零散的,而科学家的认知是关联的、抽象的、深度的、系统的,但是我们不能单凭直觉来判断幼儿的认知结构和系统。"有证据表明,儿童的认知在某些方面具有某种程度的'理论'性,因而其认识不一定是零散的,相反却具有一定程度的连贯性、关联性,具有解释和预测功能。"而且,"年幼儿童在很多情况下能够超越知觉相似性,看到问题的'本质'"。[②] 因此,幼儿的认知在幼儿认知结构和系统中是有规律的、有秩序的,这种对周围世界有着自身条理的认识是

---

① 〔美〕克里斯汀·夏洛,等. 儿童像科学家一样——儿童科学教育的建构主义方法[M]. 高潇怡,等译. 北京:北京师范大学出版社,2006:1.
② 鄢超云. 朴素物理理论与儿童科学教育[M]. 南京:江苏教育出版社,2007:23-25.

促发幼儿科学探究的内驱力之一。

(2) 都对客观世界充满了好奇心

幼儿和科学家同样拥有对客观世界充满好奇心的天性。在接触和感知周围世界的时候,幼儿对于新鲜的事物、神奇的现象、未知的答案有着强烈的好奇心,他们不断地自言自语或向成人追问"是谁""是什么""会怎样""为什么",他们还会提出假想、发表自己的见解,或者质疑成人的解释。例如,"月亮上面住着谁呢?""蜗牛吃什么呀?""壁虎断了尾巴会死吗?""为什么双胞胎长得很像?"等等。好奇心作为一种优势心理过程,驱动个体主动接近当前刺激物,积极思考与探究;当个体的好奇心被诱发、唤醒、增强时,个体必然产生一种特有的期待与渴望,推动个体认知过程有效进行。[①] 因此,好奇心的激发有利于引发幼儿探知未知世界的强烈欲望。同样地,科学家的探究也一定离开不了对未知领域的好奇心,这里不再赘述。因此,对客观世界充满好奇心是促发幼儿科学探究的内驱力之二。

(3) 都有探索世界的强烈欲望

幼儿像科学家一样,当他们对周围世界有自己的一套认知体系,加之天生的好奇心的驱使,便很容易激发他们探索世界的强烈欲望。有学者认为人类拥有一种与进食、性一样重要的"解释的动机",即试图对令其困惑的事物探寻答案。[②] 这个世界任何新鲜的、神奇的、未知的事物都不断地刺激着幼儿的"解释的动机",促使他们不自觉地想去探索、去了解、去发现。同样地,科学家也具有这种特质,如同"科学家是个大孩子"一样,孩提时代的好奇心、好问和好探究的特点较好地得到维护和延续,使得科学家对探索未知世界依然抱有强烈的欲望。因此,探索世界的强烈欲望是促发幼儿科学探究的内驱力之三。

2. 科学探究的能力结构一致

(1) 都有相似的探究程序

幼儿的探究与科学家的探究都有相似的探究程序。前面的章节已经提到了幼儿科学探究的过程,而科学家探索的过程也避免不了这几个阶段(见图4-4)。[③]

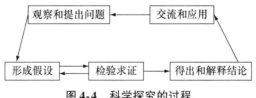

图4-4 科学探究的过程

虽然幼儿的探究和科学家的探究在探究程序的具体要求上不同,但其结构框架是一致的,如表4-2所示,都始于提出问题,继而采用可行的办法进行探究、寻找答

---

① 刘云艳,张大均. 幼儿好奇心结构的探索性因素分析[J]. 心理科学,2004,27(1):127.
② 〔美〕戈波尼克,〔美〕梅尔佐夫,〔美〕库尔. 摇篮里的科学家:心智、大脑和儿童学习[M]. 袁爱玲,廖莉,任智茹,等译. 上海:华东师范大学出版社,2004:56.
③ 陈琴,庞丽娟. 科学探究:本质、特征与过程的思考[J]. 教育科学,2005(1):4.

案,得到结论后都需要进行交流或分享。这是每个人进行科学探究的必经步骤,否则探究活动只能流于形式。

表 4-2 科学家的探究和幼儿科学探究的基本过程①

科学家探究的基本过程	幼儿科学探究的基本过程
提出重要的、可以进行实证研究的问题	提出问题
将研究与相关的理论相联系	探究内容指向获得关键经验
使用能直接研究问题的方法	选择适宜的方法
提供合理、明确的推理过程	推理与假设
进行各种验证性研究与推广性研究	实证研究(观察、比较、实验、测量、调查)
发表研究结果以鼓励同行的检验与批评	分享交流

（2）都需要相似的探究能力结构

幼儿像科学家一样,在科学探究活动中拥有相似的探究能力,更确切地说,他们都拥有相似的探究能力结构。探究活动中的每一个过程、每一个环节都需要一定的探究能力来支撑,否则探究活动无法顺利进行。例如,在提出问题环节,幼儿需要有积极思考和提出有趣问题的能力,这个能力是所有探究能力之首,不应该被忽视;在实际调查和探索环节,幼儿需要动手操作的能力、敏锐的观察力;在交流和分享所得结论环节,幼儿需要自信和大胆自如的表达能力。贯穿在整个科学探究活动中,幼儿需要的多项基本能力还包括利用多种形式进行科学记录的能力、反思的能力、推理的能力、预测的能力等。同样地,科学家也都具备这些基本能力,且这种能力远远高于幼儿,下文中将予以详细介绍。

（二）幼儿的探究不同于科学家的探究

1. 知识经验的储备不同

由于幼儿初入茅庐,他们的生活经验和知识经验非常不足,有很大的局限性,他们对科学的认识也是混沌的,具有经验性和主观性。在表 4-3 中,我们可以清晰地看到,虽然幼儿的探究和科学家的探究在程序上大致相似,但幼儿科学探究是建立在幼儿经验的基础之上的。他们眼中的未知世界只不过是他们不知道的知识;探究假设是基于他们的经验和观察;探究过程也因探究能力的发展不足而简单化;所得结果在与同伴和教师的交流互动中得以分享。而对于知识经验较为丰富的科学家,他们眼中的未知世界是真正的未知;探究假设建立在前人研究的基础上;探究过程复杂、严谨而长路漫漫;研究结论要公布于众,接受同行的检验。

---

① 刘占兰.《指南》各领域要点解读——科学领域[M]//李季湄,冯晓霞.《3—6岁儿童学习与发展指南》解读.北京：人民教育出版社,2013：112.

表 4-3　科学家的探究和幼儿科学探究的比较①

		科学家	幼儿
探究兴趣		长不大的孩子,强烈的好奇心	有与生俱来的好奇心
探究的结构与性质		处于一定的历史阶段,选择自己熟悉、感兴趣的研究内容	处于教师设定的环境和材料之中,按自己的想法去支配材料
探究的程序（大致相似）	面对未知	面对的是人类的未知	人类已知而他们自己未知
	推论假设	在前人研究和自身观察的基础上进行推论和假设,文献资料具有重要的意义	只是在自身经验和观察基础上进行假设
	研究取证	验证假设经历漫长的发现历程	简约式地重演科学发现的过程
	公开交流	将成果公之于众,供他人分享与验证,他们的成果是人类共同的财富	只是在同伴之间、师幼之间进行分享交流和相互质疑

2. 科学探究的能力水平不同

虽然幼儿的探究和科学家的探究在探究过程、运用的探究方法和探究能力结构上相似,但彼此之间的能力高低大有不同。幼儿的探究能力普遍很低,具体来看,幼儿注意力的持久度不够,这在一定程度上影响观察力的发挥;用图表或绘画等形式记录探究结果对幼儿来说有一定难度,这便影响到幼儿记录能力的发展;幼儿抽象思维和逻辑思维不够发达,所以推理能力和预测能力受到限制;幼儿语言系统刚刚建立还不稳定,一些科学探究层面的专业名词一定程度上制约着幼儿分享探究结果的口头表达能力;等等。而科学家的探究能力是经过无数次的科学探究锤炼出来的,这些高深的能力支持他们灵活自如地驾驭科学探究。

3. 探究的支持性资源不同

除了知识经验的储备和科学探究的能力水平不同之外,幼儿的探究和科学家的探究在其他支持性资源上都有较大的差异。幼儿的探究是基于生活观察和经验的、在教师的引导下进行的简单的科学探究。在探究活动中,幼儿有来自园长的支持,来自教师的鼓励、指引和帮助,来自同伴的交流和互助,有些探究活动还有来自家长的辅助支持;有简单的可探究材料,甚至有些是废弃的但可充分利用的材料等。而科学家的探究有着更为广泛和坚实的支持性资源,如丰富而宝贵的科研资料、高端的科学仪器和设备、充足的科学资金支持、相关研究机构和科研人员乃至国家的重视等。这些支持性资源的不同,使得幼儿的探究和科学家的探究在探究的广度和深度上都有很大的不同。

---

① 刘占兰.《指南》各领域要点解读——科学领域[M]//李季湄,冯晓霞.《3—6岁儿童学习与发展指南》解读.北京:人民教育出版社,2013:123.

科学家的探究[①]

一位地质学家绘制华盛顿州的海岸矿产图时，惊讶地发现了一片死亡的西洋杉树林。相当大的一部分树林仍直立在地上，但明显已死了好多年了。在俄勒冈州和华盛顿州其他几处海岸边，这位地质学家也找到了类似的直立着的死树林。他感到奇怪："是什么导致了大面积树林死亡呢？"

他仔细地思索自己所知道的有关地震、地壳板块边界及海岸线塌陷等方面的知识，以寻求可能的解释。他提出了一连串问题："这些树是同时死亡的吗？""既然是发生在沿海地带，是否与那咸咸的海水有关呢？"

为了解决第一个问题，地质学家使用了碳14放射性探测法测量这些树的最外层年轮形成的时间，发现它们都死于300年前。至于树木死亡的原因，经过检测，他没有找到在死亡森林的地区一般广为存在的火山沉积物的证据，更为重要的是这些树木没有被烧焦。经仔细检查也没有发现曾发生过虫害的迹象。

地质学家开始考虑，可能是海水毁了这些树木。他回想起，1964年发生了较大的潜没带地震，由于大部分处于太平洋下的一个地壳板块滑到了北美地壳板块的下面，而阿拉斯加州正位于北美地壳板块，结果其海岸大部分下沉到了海平面以下。地震造成海岸下沉，使阿拉斯加州数平方千米海岸的森林浸没在海水中，死掉了。地质学家知道，在华盛顿州和俄勒冈州海岸地带也存在类似的潜没带，正是它促使喀斯喀特火山形成。他想知道，是否300年前发生了一次地震，使得华盛顿州和俄勒冈州的大部分海岸下陷，从而导致这些地方的树木被海水淹死呢？

为了验证这种解释，他又搜集了更多的数据。他仔细检查了这片地区的沉积物。在从死亡之树林流向内陆的河流的河床里，他找到了保存完好的沉积物区域，并在这里的泥土里面发现了一层沙子。这层沙子完全不像沙层上面和下面的那些黑黑的、富含黏土的土壤。他纳闷，"这些沙子来自哪里呢？"

地质学家知道，潜没带地震常会产生地震海啸。他想，这层沙可能是海啸期间冲刷过来的海岸边的沙子。果真如此的话，这会是一次较大海岸地震的有力证据。沙层中发现的化石表明：这些沙来自于海洋，而不是从内陆冲刷出来的沙子。这有力地支持了地震海啸假说。

[①] 美国国家研究理事会科学、数学及技术教育中心，《国家科学教育标准》科学探究附属读物编委会.科学探究与国家科学教育标准：教与学的指南[M].罗星凯，等译.北京：科学普及出版社，2004：2-4.

在同行会读到的几种科学期刊上,这位地质学家发表了几篇文章,提出假说:他在海岸边发现了死亡的树林和沙层,这有力地证明了这儿曾发生过一次较大地震,时间大约在300年前,刚好在欧洲殖民者到达该地区之前(Atwater,1987;Nelson, et al. ,1995)。

几年后,远在日本,一位地震学家刚好在研究历史上的潮汐强度记录,以确认一些遥远地方曾发生过的地震。他证实,1700年1月17日,在太平洋边远某处,发生过一次大地震,但这次地震的震源还处在争议之中,历史记录排除了在太平洋周围著名的震源带发生大地震的可能性。得知地质学家在太平洋西北部的死亡森林的发现,那位日本地震学家提出:这次海啸起因于一次大潜没带地震,这个潜没带位于现在的俄勒冈州和华盛顿州下面(Satake, et al. ,1996)。

地质学家现在有了更多证据支持自己的解释,即那层沙子是一次伴随地震而来的海啸的结果。进一步检查海岸沉积物,他又发现了一些更多的、更古老的死亡树林和沙层。他现在认为:像他最初证明的那次地震一样,在过去千余年间,产生巨大海啸的地震多次发生,一直在反复撞击位于日本、菲律宾、阿拉斯加及南美洲西海岸大部地区下面的其他潜没带。地震引起海岸下沉,树木浸泡在海水中,于是死亡了。

科学研究有时能影响到公共政策,这位地质学家的发现也影响到了公共政策。政府公共事务官员详细研究了他的调查结论,对地震有了更深的理解,在此基础上重新修订了华盛顿州和俄勒冈州的建筑法,把对新建筑物抗震力的设计要求提高了50%。

 案例导引 4-5

幼儿的探究:小兔子的食性[①]

三月的一天,我们小班的一位小朋友带来了两只小兔子,孩子们一看到可爱的小白兔,马上就围了过去,久久不肯离开。孩子们一边看一边争论着,争论的焦点是小兔子喜欢吃什么。于是,我们就开展了探索小兔子食性的科学活动。活动目的是引导幼儿通过猜想和实际验证发现小兔子的食性,利用有争议的问题引导幼儿学习按自己的想法去尝试,用事实来解决问题。

---

① 北京市"做中学"项目小组."做中学"幼儿科学教育活动案例集——质疑/探索/发现[M].北京:北京师范大学出版社,2003:4-8.

猜想与验证

为了了解孩子们的原有经验,我们请孩子们对小兔子的食性进行了大胆的猜想。孩子们猜想小兔子喜欢吃的食物共有23种,大致可以分为三类:蔬菜水果类(胡萝卜、黄瓜、白菜、蘑菇、西瓜、苹果等),主食类(米饭、馒头、饼干、蛋糕等),肉类(猪肉、羊肉等)。对第一类食物孩子们没有什么争议,对主食和肉类争议比较大。于是,我们就鼓励孩子们给小兔子带这两类食物,自己喂一喂,看看小兔子是不是真的喜欢吃,以验证他们的猜想。

小兔子吃馒头

一天,诺诺给小兔带来一个馒头。有的孩子说:"小兔子不吃馒头。"有的说:"它吃,小兔子什么都吃。"听到孩子们的争论,我问道:"小兔子到底吃不吃馒头,我们怎么才能知道呢?"很多孩子齐声说:"喂喂就知道。"于是,有的孩子把馒头分成小块儿,有的孩子把馒头碾成碎渣,有的孩子把馒头和菜叶混在了一起。这时,小兔子一跳一跳地来到小朋友身边,大口大口地吃起来。吃完了小朋友手里的馒头块儿,又吃起地上的馒头渣。看到这情景,孩子们高兴地说:"小兔子吃馒头!"

小兔子竟然吃肉

过了几天,浩浩把前一天和爸爸妈妈一起吃烤鸭剩下的鸭皮带到幼儿园来喂小兔子。小兔子一口就把鸭皮吃掉了。孩子们看到后说:"它们真谗,还吃鸭皮呢!"这时候,有的孩子问:"那它会不会吃别的肉呢?"为了支持孩子的实验活动,我们从厨房找来了一块儿生猪肉和两串烤好的羊肉串,并切成了小块儿。孩子们拿着小肉块儿喂兔子,嘴里还叫嚷着:"吃我的!吃我的!"看到小兔子很快就把生猪肉和羊肉串吃完了,孩子们惊叹地说:"小兔子竟然吃肉!"

在探索小兔子食性的科学实验活动中,对那些有争议的问题,孩子们终于找到了答案。

图 4-5 幼儿通过实际喂养验证自己的猜想

科学做记录

我们希望通过探索小兔子食性的活动,能够初步培养幼儿做科学记录的意识、习惯和能力。于是,我们引导孩子把小兔子喜欢吃和不喜欢吃的食物记录下来。

最初的观察记录采用的是个人记录的方式。我们给每个孩子提供一张记录表和一幅彩图,彩图上画有孩子们猜想的小兔子喜欢吃的各种食物。我们希望孩子每次喂完小兔子,马上将小兔子吃的食物从彩图上剪下来,粘贴在个人记录表上。结果,有的孩子喂了白菜贴葡萄,不能够真实地记录;有的孩子喂三种记一种,不能完整地记录;有的孩子则不太会使用剪刀,无法及时把自己的发现记录下来。而且,把记录表放入记录夹以后,孩子们就不再去翻看它。

经过分析,我们认为,这种个人记录方式小班幼儿不宜采用。于是,我们开始尝试用其他的方式来记录实验结果。

（1）个人记录集体呈现方式。第一步,利用区域活动时间让孩子们把相关的食物图片剪下来备用,以减少原来在每次活动中都要使用剪刀造成的干扰。第二步,在墙面布置一张大统计表,表的最上面一排贴上食物的图片,下面空白处留给孩子记录实验结果。活动时,孩子们一边观察小兔子吃什么食物,一边选出食物图片,粘贴在统计表相应食物图片的下方。改成这样的记录方式后,每天都有六七个孩子去喂小兔子并做记录,效果很好。

（2）实物记录方式。比如,孩子们喂了小兔子小草、小树枝、报纸、玉兰花瓣以后,我们就鼓励孩子将这些食物装在塑料袋里封好,用大头针固定在墙面上。

（3）绘画记录方式。很多孩子喜欢画小兔子,我们就鼓励他们一边喂小兔子,一边把小兔子吃食物的情景画下来。

改变后的几种记录方式,直观形象且容易操作,深受孩子们的喜爱。这些记录方式既加深了孩子们对于小兔子食性的认识,又初步培养了孩子们做科学记录的习惯。

三、幼儿科学探究的独特特点

幼儿科学探究作为科学探究的一种,必然具备一般科学探究的基本特征,但同时,由于幼儿认知能力、知识经验等发展水平有限,其年龄的特殊性决定了幼儿的科学探究除具备一般科学探究的特征外,还具有其独特的、突出的特征。

(一) 科学探究的基本特点

一般认为,科学探究具有以下五个基本特征。

1. 以问题为中心

问题是科学探究的主要动因,问题如何得以解决的过程是科学探究的核心。发现和提出问题是整个科学探究活动的起始点。爱因斯坦认为:"提出一个问题往往比解决一个问题更重要。因为解决一个问题也许仅是一个数学上或技能上的实验而已。而提出问题,新的可能性,从新的角度去看旧的问题,却需要有创造性的想象力,而且标志着科学的真正进步。"[①]问题激发探究主体的探究兴趣和求知欲望,也驱使探究主体为寻求答案而进行科学探究。问题引发探究主体展开观察、调查、搜集数据、利用数据对科学现象进行解释以及分享交流等一系列的探究过程。探究主体在探究过程中的每一项活动和行为都受问题的引导,以解决问题为目的,而且在探究的过程中也不断地发现问题和提出问题。可见,科学探究离不开问题,以问题为中心,是科学探究最根本的特征。

2. 强调实践活动

科学探究重视和强调"在探究中学习",主张使探究主体进行深入的实践活动,充分地活动起来,手脑并用,在实践活动中体验和经历科学。需要指出的是,实践不能狭隘地理解为仅仅是与动手技能相关的操作活动,而是包括从提出问题到求得结论的整个过程。它是"一种多侧面的活动,需要观察,需要提出问题,需要查阅书刊及其他信息以便弄清楚什么情况是为人已知的信息,需要设计调查方法,需要根据实验证据来检验已经为人所知的东西,需要应用各种手段来搜集、分析和解读数据,需要提出答案、解释和预测,需要把研究结果告知于人"(NSES,2000)。可见,实践不仅仅是操作,思考、计划、找资料、理论探讨、搜集数据、分析整理、归纳总结、作出报告等都是实践。实践是科学探究的基本形式和根本保障,脱离实践的探究,只能是形同虚设。

3. 自主参与

探究主体是其认知建构与发展的主体,自主性是科学探究产生的根本。只有探究主体的自主参与,科学探究活动才有可能发生和维持。在科学探究中,探究主体在好奇心与求知欲的驱使下,主动探索、主动思考,积极查找、搜集相关资料,设计并开展实验,寻求问题的答案,并获得科学知识的意义。探究主体始终处于主动状态,从问题的选择与确定、探究实践活动的开展与实施,探究结论的获得与解释,都渗透了探究主体的自主参与、辛勤劳动和积极思考,探究主体的主动性和主体地位得到了最大程度的发挥。从这个意义上讲,由于科学探究具备自主参与的特征,才保证了问题解决和认知发展落到实处,而不流于机械的方法训练和技能操作。

4. 主动建构

科学探究不仅仅强调"动手做"(Hand-on)的感性体验和实践活动,而且强调"动

---

① 王梓坤.科学发现纵横谈[M].上海:上海人民出版社,1982:32.

脑做"(Minds-on)的理性体验,无论是动手还是动脑的过程,都是探究主体自己主动进行意义建构的过程。探究主体是认知的主体、是意义建构的主动建构者。在科学探究过程中,探究主体从已有的认识基础和知识经验出发,通过主动参与对问题的探究过程,积极建构起自己对问题的认识和对科学的理解,建构知识对象的意义。无论探究结果对与否,都是探究主体自身积极主动地获得的对事物或现象的真正理解,体现了积极主动的建构过程。这既是科学探究的重要特征,同时也是科学探究的重要旨向。

5. 合作与交流

科学探究非常重视小组合作,注重小组之间分工合作,制订研究计划,开展实践和调查,共同讨论和交流结果与意见。在科学探究过程中,每个探究主体按照自己的认知和思维方式去理解事物,由于每个人已有的知识背景和经验基础不同,对事物和现象的理解也会各不相同。小组成员相互之间交流与研讨,不仅有助于探究主体学会正确地表达自己的观点和思想,提高交流表达能力,倾听他人的观点和意见,而且有利于相互激发思维,促使探究主体从多角度丰富对探究问题的认知和理解,对知识意义的建构更为全面和准确。同时,通过互助和合作也使探究主体懂得彼此尊重和理解,增强合作意识和团队精神,有助于提高探究主体的人际交往能力和合作研究的能力。

综上所述,科学探究是主体以基于自身的好奇心和需要探究的问题为中心,通过自主地参与探究过程和实践活动,与小组成员合作交流,搜集证据,作出解释,主动建构对问题的理解和意义,进而获取科学知识,掌握和提高科学方法和能力,增进对科学的积极态度。

(二) 幼儿科学探究的独特特点

通过对儿童的科学探究与科学家的科学探究异同的比较,我们可以看到,由于知识经验和认知发展水平的局限,幼儿的科学探究除了具有科学探究的一般特征之外,还表现出以下一些属于他们这个年龄阶段所独有的突出特点。[①]

1. 以自己生活为中心探究问题

科学探究始于发现和提出问题。幼儿有着与生俱来的好奇心和探究欲望。他们对周围世界中任何新颖、陌生、有趣、不协调、神秘或难以理解的事物都会产生探究的兴趣和欲望,并以自己的方式与周围世界相互作用。但是,幼儿的科学和成人的科学不同。在幼儿的心目中,科学不是公式,不是原理法则,也不是那么神秘和高不可攀,科学就是他们的生活本身,是他们的每一个行动本身。他们所感兴趣和关注的是与他们自己当下生活密切相关的事物和问题,是自己所亲历的生活和事物中产生的实际问题,是此时此地身边发生的现象。幼儿所关注和提出的探究问题都是他们生活中感兴趣和困惑的问题,如,小雨滴是从哪儿来的?小白兔爱吃什么?为

---

① 洪秀敏.幼儿科学探究特点、类型与影响因素研究[D].北京:北京师范大学博士学位论文,2005:42-43.

什么人在太阳下会有影子？影子为什么总是跟着自己走？对于草地里的小虫，幼儿关注的是：它们冷不冷？它们在一起做什么游戏？而不是把它们划分为害虫或益虫。因此，对于天真烂漫的幼儿来说，他们所关注和探究的问题是身边的花草鱼虫，是常见的风云雨雪，是以他们自己生活为中心的探究问题。这些问题对于他们自己而言是新颖的、未知的，但对于人类、成人和年龄稍大的儿童却可能是已知的。

2. 探究过程具有简约化与间断性

严谨、规范的科学探究通常需要经历一个较完整的研究过程，这个过程可能要花几个月、几年的时间，甚至是几代人的努力。然而，对于幼儿来说，他们科学探究与发现的过程具有明显的简约化的特点。在研究中发现，幼儿自己独立进行的探究活动，过程通常较短，大多数幼儿对物体的探究只是动手操作和摆弄几下，不会坚持很长的时间。而即使是在教师的指导和帮助下，他们的探究活动也是在一个很短的时间内发现人类已知的现象和规律，科学发现的历史在幼儿的探究活动中以简约化的形式再现，幼儿简约化地复演了科学家探究发现的过程。同时，无论是教师指导下的科学探究，还是幼儿自发的科学探究，幼儿的探究过程经常表现出即时情境性和间断性的特点，探究行为受情境和情感的影响较大，有些幼儿可能对新鲜的事物只是当时玩一下，觉得"挺好玩的"，过后就不会再追问，也不会再往下研究它怎么会是这样，有时常常是有头无尾。

3. 探究行为的直觉行动性与随意性

幼儿的科学是行动中的科学，儿童是通过自己的"做"而非通过"听"学习科学的。这与幼儿思维的直觉行动性是密切相关的，幼儿的思维活动主要依靠动作进行，思维和动作是分不开的。幼儿对新鲜的事物和感兴趣的现象，都会产生想尝试或摆弄一番的愿望，并常常付诸于直接的动手摆弄并热衷于操作活动，通过观察、触摸、操作和实验等在与物体的相互作用过程中探究、思考和建构起他们对物体和周围物质世界的认识。因此，幼儿的探究和成人的科学探究不同，成人的探究具有更多的理性色彩，通常会事先想好了再去做，而幼儿的探究通常没有预先明确的目的，面对感兴趣的问题或现象，往往倾向于或急于动手去操作和摆弄，在做动作的过程中边做边想，边发现问题，探究行为具有明显的直觉行动性和随意性。这既是幼儿探究的不成熟之处，但也是其独特之处。

4. 探究解决问题的方法具有简单性和很大的试误性

幼儿天生具有强烈的好奇心和求知欲，当他们对于不了解的事物，或者事物与现象的认识有了疑问和问题时，就会产生急切地想寻求答案的愿望，并且无论结果如何，都想自己动手试一试，去探个究竟，以寻找解决问题的方法。然而，由于知识、经验水平和认知能力的局限，幼儿探究解决问题的方法往往比较简单，而且常常需要教师的指导和帮助。同时，他们尝试解决问题的方法具有很大的试误性。例如，在完成调配绿色的任务时，尽管有些幼儿在自由探究发现阶段已经调配出了绿色，但是在重新调配时，仍然需要使用三原色不断地进行尝试，直到调配出来才高兴地报告"蓝色和黄色可以配出绿颜色"。观察研究发现,有时幼儿尝试性的探究行为会以"破坏"的方式表现出来。他们对事物特点的认识和对事物之间关系的发现常常需要反复尝试,不断排除无关因素;需要很多次,很长时间的探索,才能接近答案。[①]

5. 探究发现与结论的"非科学性"

由于原有经验和思维水平的局限,决定了幼儿无法获得真正的科学概念,其理解和建构的知识带有直接经验性、表面性和主观性的色彩,具有一定程度的"非科学"性。突出表现在:(1) 用原有经验解释事物。幼儿对事物的认识直接受其原有经验的影响。例如,在探究磁铁的特性时,有幼儿对"磁铁能吸铁"的解释是"因为我们家的冰箱粘着一块磁铁,能吸在冰箱上"。幼儿在探索和认识事物过程中所表现出的不合乎成人逻辑的想法和做法,在幼儿已有经验和认知结构上却是极其合理的,合乎他"自身逻辑"的。幼儿认识事物的这一特点是由于他们思维的具体形象性所派生出来的。(2) 表面性和片面性。幼儿对事物的认识常常依赖于所感知到的现象,只能获得具体、个别的经验,很难从中进行抽象概括和抓住本质特征。如在实验中,有的幼儿只能报告"磁铁能吸住曲别针、铁片、小铁链",而不能概括得出"磁铁能吸住铁做的东西"。同时,幼儿对事物及其关系的认识和解释也只是根据具体接触到的表面现象进行,以表面现象解释事物的本质。例如,有些幼儿认为塑料球会浮在水面上,是"因为它是彩色的";磁铁能隔着迷宫吸引曲别针走动,是"因为迷宫是透明的"等;当被问到为什么配出来的绿色有深有浅时,有些幼儿以调配时使用颜色的顺序来作答,如"因为这个是先加了蓝色,然后再加了黄色,所以深一些,这个是先加了黄,再加蓝,所以要浅一些",而不能认识到颜色深浅与混合量之间的内在关系。(3) 主观性和泛灵论。这一时期的幼儿,其思维仍具有明显的自我中心特点。他们不能客观地解释自然事物和现象,在理解、判断比较复杂的事物时还不能把自己和外部客观世界完全分开,对客观事物和自然现象的认识和解释往往从主观意愿和个人感觉出发,常常赋予万物以灵性(即泛灵论),形成了看待事物及其关系的"独特眼光",对事物及其关系的解释具有"人为的"色彩。这个时期的孩子相信自然界的事物像他一样,是有生命、意识、意图和情感的。[②] 例如,在沉浮实验中,有的幼儿在解释塑料球为什么会浮在水面上时,做出的回答是"因为它会跳跳跳""因为它不想沉下去";而面对"橡皮泥球为什么还没浮起来"的问题时,有些幼儿回答"因为它喜欢待在水里"。

第三节 幼儿科学探究的年龄特征

3—6岁的学前儿童是幼儿园科学教育的教育对象,他们好奇、好动、好模仿、好幻想,这是他们科学探究时表现出的共性。但是,不同年龄班之间的幼儿又有其独

---

① 刘占兰.幼儿园科学教育[M].北京:北京师范大学出版社,2000:25.
② 刘占兰.幼儿园科学教育[M].北京:北京师范大学出版社,2000:26.

特的年龄特征。本节将对不同年龄班——小班、中班和大班——幼儿科学探究的年龄特征予以阐释。

一、小班幼儿科学探究的年龄特征

3—4岁幼儿的思维正处于由直觉行动思维向具体形象性思维的过渡阶段,他们从成人和日常生活中获得了对周围世界的认识和经验,有些是正确的,有些是错误的。3—4岁幼儿科学探究的年龄特征主要有以下几个方面。

(一)处于不分化的混沌认知状态

3—4岁的幼儿对周围事物和现象的了解是十分粗浅的,对其不能很好地辨别,经常出现指鹿为马的现象,大脑往往处于一片不分化的混沌认知状态,如幼儿认为猩猩就是猴子。在科学探究活动中,3—4岁的幼儿对周围事物和现象的了解逐渐清晰起来,但这种了解程度是比较低的,所以在3—4岁幼儿科学探究三个方面目标的发展要求中,幼儿对事物和现象的了解是"喜欢""感兴趣""认识常见的""能注意并发现""能感知和发现""能感知和体验""初步了解和体会"等。随着幼儿对科学概念的逐步了解和掌握,3—4岁幼儿逐渐远离和抛弃不分化的混沌认知状态,向较清晰的科学认知状态过渡(见表4-4)。

表4-4 3—4岁幼儿可以掌握的天气现象的知识和经验

风	风的存在:树枝摇动、红旗招展、尘土飞扬等
雨	有云才有可能下雨,雨是云里落下来的水滴
	雨是大自然中最常见的一种降水现象
	雨水脏,不能喝
彩虹	夏天雨过天晴时,有时我们会看到美丽的彩虹
雷电	炎热潮湿的夏日,常常有耀眼的闪电和隆隆的雷声,并伴随瓢泼大雨倾盆而下
冰雪(雪、冰雹、冰)	有些地区的冬天会下雪,下雪的冬天是白色的
	雪天活动:堆雪人、打雪仗、滚雪球、滑雪
雾	大雾弥漫时,我们只能看见近处的景物,远处是朦朦胧胧的

(二)爱模仿

我们已经知道3—4岁幼儿心理发展的主要特征有爱模仿,爱模仿也是其科学探究的年龄特征。幼儿对科学的认识往往带有模仿性,缺乏有意性。小班幼儿的选择常具有无意识性,极易受其他刺激的干扰,因此他们的探究兴趣通常是不稳定的。[①]他们看到别人在干什么,自己也去干什么,如看到别的小朋友摘了小花园里面的鲜花,他们也会跟着去摘花;看到别的小朋友往气球里装水,他们也试图将气球灌满水;等等。幼儿辨别事物和辨别是非的能力较弱,所以幼儿的一些盲目的模仿行为会带来一定的伤害和危险。在3—4岁幼儿科学探究活动的目标中,"经常问""好奇地摆弄""能用多种感官或动作去探索物体""感知""体验"等,都强调幼儿能够自主

---

① 彭琦凡.3—6岁幼儿科学探究的年龄特点及其引导[J].学前教育研究,2010(12):27.

地去探究、去发现。

(三)逐渐抛弃泛灵论

受自我中心的影响,3—4岁幼儿的认识带有明显的拟人化倾向,也就是存在泛灵论现象。格尔曼和戈特弗里德(Gelman & Gottfried,1996)的研究亦发现,3岁的儿童不会对所有无生命物体赋予生命或意识的倾向,他们知道会移动的机器人没有生命。但相关研究仍显示儿童科学学习的过程表现出明显的拟人化判断和拟人化语言。① 幼儿常以自己的生活体验去解释科学现象,以自身的结构去理解科学物体的结构,对有生命的和无生命的事物分辨不清。② 如幼儿会认为摔倒在地的椅子或凳子会疼,玩具也需要睡觉休息等。通过科学探究活动,3—4岁幼儿开始明白有生命和无生命的区别,开始学会尊重事实,实事求是,逐渐抛弃泛灵论,对科学世界的认识更加客观化。

(四)认识的表面性和片面性

3—4岁幼儿由于生活经验和知识储备不够、认知还处在不分化的混沌状态、情绪作用大等,他们对科学的认识不全面、不深入,具有表面性和片面性。另外,在探究偏好上,幼儿喜欢观察和研究鲜艳的、动态的事物,对其他事物的关注自然减少了,所以幼儿对科学的认识是不够全面的。在3—4岁幼儿科学探究的目标中(见表4-5),便根据幼儿的认知特点提出了诸如"初步了解和体会"这样的要求,这在一定程度上表明幼儿对科学事物和现象的了解和认识还不具全面性、深入化。

表4-5 3—4岁幼儿科学探究的目标要求

亲近自然,喜欢探究	具有初步的探究能力	在探究中认识周围事物和现象
1. 喜欢接触大自然,对周围的很多事物和现象感兴趣	1. 对感兴趣的事物能仔细观察,发现其明显特征	1. 认识常见的动植物,能注意并发现周围的动植物是多种多样的
2. 经常问各种问题,或好奇地摆弄物品	2. 能用多种感官或动作去探索物体,关注动作所产生的结果	2. 能感知和发现物体和材料的软硬、光滑和粗糙等特性
		3. 能感知和体验天气对自己生活和活动的影响
		4. 初步了解和体会动植物和人们生活的关系

二、中班幼儿科学探究的年龄特征

经过幼儿园小班的学习生活,尤其是科学探究活动,4—5岁幼儿对科学的兴趣明显增强,对科学的认识也逐渐丰富扩大。这一年龄段幼儿的思维以具体形象思维为主,其科学探究的主要年龄特征有以下两点。

(一)初步理解科学现象的表面现象和简单因果关系

4—5岁幼儿的思维进一步发展,能初步理解科学现象的表面现象和简单的因果

---

① 张维倩.儿童科学学习的心理年龄特征研究综述[J].学前教育研究,2007(1):24.
② 贾洪亮.学前儿童科学教育[M].上海:复旦大学出版社,2012:9.

关系。例如,知道了"小树不浇水就会死""鸭子的脚掌有连着的东西,所以能在水中游"。但是他们还难以理解科学现象中内在的和隐蔽的因果关系。因此,对于4—5岁儿童,认识科学物体与现象,易受其大小、形状、颜色和活动等外部的而非本质特征的影响,作出错误的因果判断。① 例如,"因为树叶怕冷,所以秋天天凉了,树叶就落下来了"。在4—5岁幼儿科学探究"具有初步的探究能力"的目标中,每一个科学探究过程都是对幼儿初步逻辑思维能力的规定,"能对事物或现象进行观察比较,发现其相同与不同"是初步理解科学现象的表面现象;"能根据观察结果提出问题,并大胆猜测答案"是初步理解科学现象的简单因果关系等。表4-6中关于4—5岁幼儿可以掌握的天气现象的知识便是他们能够初步理解的科学现象的表面现象和简单的因果关系。

表4-6　4—5岁幼儿可以掌握的天气现象的知识和经验

风	风的功劳:行船、推磨和发电
	风的威力:风能把树吹成偏形树;慢慢地风蚀较软的岩石,形成风蚀地貌
雨	雨的形成:雨是由云滴形成的,云滴不断增大最终形成雨滴,在下降过程中,大云滴吞并小雨滴不断壮大,最后从云中落到地面
	"燕子低飞披蓑衣"
	我国北方"春雨贵如油",雨水对于树木及农作物的生长都十分重要
彩虹	彩虹是雨滴折射和反射太阳光形成的现象
	太阳是由各种颜色混合而成的,所以彩虹是一道由赤橙黄绿青蓝紫组成的七色光带
雷电	雷电是云层中的放电现象
	避雷须知:在打雷下雨时,要注意躲在安全的地方;尽量不要在雷雨中行走;不要站在电线杆旁、大树下或高坡上;在室内不要靠近潮湿的墙壁
冰雪(雪、冰雹、冰)	雪花的形状:雪花呈六边形,像花朵一样;世界上没有大小、形状完全相同的雪花
	冰雹的形状:冰雹是一种圆球形或圆锥形的固态降水物
雾	薄雾:薄雾是低低的、接触到地面的云;山上的空气比较冷,常常薄雾迷蒙
	浓雾:浓雾就是很厚的雾,在浓雾里,你顶多能看到1千米以内的东西;浓雾有时很危险,在浓雾里开车必须使用明亮的雾灯,并且要多加小心
霜和露	霜:深秋和初春时节,当夜间气温降到0℃以下时,空气中富余的水汽会在植物叶子和木、瓦等导热较差的物体上,形成一层白色的结晶
	露:夏秋的早晨,我们常在草地上、植物的叶子上,看到一滴滴亮晶晶的小水珠,这就是露

(二)初步根据事物的表面属性进行简单概括和归类

4—5岁幼儿的生活经验日益丰富,能够在感性的基础上对多种事物进行概括和归类,主要是根据事物的表面属性,如形状、颜色、软硬等,也会根据事物的功能、情境等进行归类。但其概括水平较低、归类也非常生活化、经验化。例如,在利用图片进行分类时,把梨、苹果、桃归为一类,认为"能吃,吃起来水多";把玉米、香蕉、小麦归为一类,认为都是"黄颜色的";把太阳、卷心菜归为一类,认为都是"圆的";把太阳

---

① 贾洪亮.学前儿童科学教育[M].上海:复旦大学出版社,2012:9.

和公鸡放在一组,认为"公鸡一喔喔叫,太阳就出来"。[①] 4—5 岁幼儿科学探究"在探究中认识周围事物和现象"目标中的多个具体要求,都会涉及幼儿对事物的概括和归类,如对动植物、物理现象、季节和科技产品等的概括归类。4—5 岁幼儿科学探究的目标要求见表 4-7。

表 4-7　4—5 岁幼儿科学探究的目标要求

亲近自然,喜欢探究	具有初步的探究能力	在探究中认识周围事物和现象
1. 喜欢接触新事物,经常问一些与新事物有关的问题	1. 能对事物或现象进行观察比较,发现其相同与不同	1. 能感知和发现动植物的生长变化及其基本条件
2. 常常动手动脑探索物体和材料,并乐在其中	2. 能根据观察结果提出问题,并大胆猜测答案	2. 能感知和发现常见材料的溶解、传热等性质或用途
	3. 能通过简单的调查收集信息	3. 能感知和发现简单物理现象,如物体形态或位置变化等
	4. 能用图画或其他符号进行记录	4. 能感知和发现不同季节的特点,体验季节对动植物和人的影响
		5. 初步感知常用科技产品与自己生活的关系,知道科技产品有利也有弊

三、大班幼儿科学探究的年龄特征

(一) 初步理解科学现象内在的和隐蔽的因果关系

相对于 4—5 岁幼儿在科学探究中表现出来的能够初步理解科学现象的表面现象和简单因果关系来说,5—6 岁幼儿的抽象思维明显萌芽,其科学探究的年龄特征进一步深入发展,即能够初步理解科学现象内在的和隐蔽的因果关系。例如在解释乒乓球从倾斜的木板上滚落时说:"乒乓球是圆的,木板是斜的,球放上去就会滚。"说明已能从物体的形状与物体的位置之间的关系,即从"圆"与"斜"的关系中寻找乒乓球滚落的原因。[②] 在 5—6 岁幼儿科学探究"具有初步的探究能力"的目标中,科学探究过程中的每个环节都对幼儿的探究能力提出了较高的要求,如"能通过观察、比较与分析,发现并描述不同种类物体的特征或某个事物前后的变化""能用一定的方法验证自己的猜测"等,这些具体的目标要求都建立在大班幼儿能初步理解科学现象内在逻辑的年龄特征上。表 4-8 有部分内容就是运用幼儿的抽象逻辑思维来理解冰雹、冰、霁等的形成。

(二) 初步根据事物的本质属性进行复杂概括和归类

相对于 4—5 岁幼儿在科学探究中表现出来的能够初步根据事物的表面属性进行简单概括和归类来说,5—6 岁幼儿的抽象思维逐渐发展,使得他们能够初步根据

[①] 贾洪亮. 学前儿童科学教育[M]. 上海:复旦大学出版社,2012:9.

[②] 同上.

事物的本质属性进行复杂概括和归类。如大班幼儿将人们饲养的鸡、鸭、鹅等概括和归类为家禽,是因为它们都有坚硬的嘴巴、身上都有羽毛和翅膀,都有两条腿。在5—6岁幼儿科学探究"在探究中认识周围事物和现象"的目标中,都涉及大班幼儿对动植物、常见物体、常见物理现象和季节等的概括和分类,了解和掌握各类事物的本质属性。5—6岁幼儿科学探究的目标要求见表4-9。

表4-8　5—6岁幼儿可以掌握的天气现象的知识和经验

风	**风向**:风刮来的方向;北风、东北风、东风、东南风、南风、西南风、西风、西北风
	风的利用:荷兰风车(利用风力发电)、风扇(夏季纳凉)、鼓风机(利用风力促进燃烧)
雨	雨势即降水量。按雨势大小,雨可分为:小雨、中雨、大雨、暴雨
	小雨:毛毛雨细不可辨,落地无声,不会四溅
	中雨:雨落如线
	大雨:雨滴落地有声,向四周飞溅
	暴雨:雨势大,降水多,对人们的出行和交通有一定影响
	雨水渗入地下,土壤中的石子儿可以过滤水中的杂质,使水变得干净
彩虹	**彩虹的"制造"**:夏季晴天时,人背对太阳,用喷雾器把小水滴喷出,就会在小水滴幕上"制造"出彩虹
雷电	闪电和雷鸣是同时发生的,但是由于光的速度比声音的速度快,所以我们先看到闪电后听到雷鸣
冰雪(雪、冰雹、冰)	**雪的形成**:同雨一样,雪也是从云里降下来的,只不过雪是固体,雪花是大量冰晶的结合体,而冰晶是由水蒸气凝结而成
	雪的种类:小雪、中雪、大雪
	冰雹的形成:同雨一样,冰雹也是从云里降下来的,只不过冰雹是固体
	冰的形成:水在0℃及其以下,就会凝结成为固体形状;雪花经过积压也会变成体积比较大的冰块
	冰凌:大部分垂冰柱是由正要滴落的融雪因夜晚低温再度凝结而成
雾	**雾的形成**:当气温降低时,接近地面的空气中多余的水汽就会凝结成无数的小水滴,悬浮在空气中,这时就出现了雾
	秋冬季节容易形成雾,秋冬的清晨气温最低,便是雾最浓的时刻
霜和露	有霜和露的夜间,常预兆明天是晴天,我国民间有"露水起晴天""霜重见晴天"等谚语

表4-9　5—6岁幼儿科学探究的目标要求

亲近自然,喜欢探究	具有初步的探究能力	在探究中认识周围事物和现象
1. 对自己感兴趣的问题总是刨根问底	1. 能通过观察、比较与分析,发现并描述不同种类物体的特征或某个事物前后的变化	1. 能察觉到动植物的外形特征、习性与生存环境的适应关系
2. 能经常动手动脑寻找问题的答案	2. 能用一定的方法验证自己的猜测	2. 能发现常见物体的结构与功能之间的关系
3. 探索中有所发现时感到兴奋和满足	3. 在成人的帮助下能制订简单的调查计划并执行	3. 能探索并发现常见的物理现象产生的条件或影响因素,如影子、沉浮等
	4. 能用数字、图画、图表或其他符号记录	4. 感知并了解季节变化的周期性,知道变化的顺序

（续表）

亲近自然，喜欢探究	具有初步的探究能力	在探究中认识周围事物和现象
	5. 探究中能与他人合作与交流	5. 初步了解人们的生活与自然环境的密切关系，知道尊重和珍惜生命，保护环境

 本章小结

本章围绕幼儿科学探究的概念、本质、内涵、过程和特点进行了渐进式的分析。幼儿科学探究是幼儿在探究具体事物和解决实际问题中，尝试发现事物间的异同和联系的过程。对于幼儿科学探究的本质，幼儿科学探究是探知客观世界经验层次的科学知识，是探索世界、理论建构和获取知识的过程，是培养科学态度和科学精神的有效途径。幼儿科学探究的内涵在其本质的基础上进行了延伸，即幼儿科学探究是幼儿探索周围世界的过程、经验和交互活动，也是幼儿与周围人的人际互动。幼儿科学探究的一般过程包括观察、提问、假设、验证、结论和交流六个环节。幼儿的探究与科学家的探究有相同的地方，表现在：科学探究的内驱力一致，即都有对周围世界的认识、都对客观世界充满了好奇心、都有探索世界的强烈欲望；科学探究的能力结构一致，即都有相似的探究程序、都需要相似的探究能力结构。他们的探究也有不同的地方，表现在：知识经验的储备不同；科学探究的能力水平不同；探究的支持性资源不同。按照年龄段划分幼儿科学探究的特征：3—4岁的幼儿处于不分化的混沌认知状态；爱模仿；逐渐抛弃泛灵论；认识的表面性和片面性。4—5岁的幼儿初步理解科学现象的表面现象和简单因果关系；初步根据事物的表面属性进行简单概括和归类。5—6岁的幼儿初步理解科学现象内在的和隐蔽的因果关系；初步根据事物的本质属性进行复杂概括和归类。

 自我评量

1. 什么是幼儿科学探究？幼儿科学探究的本质和内涵分别是什么？
2. 阅读以下幼儿科学探究的案例，分析并判断该科学探究过程涉及哪些环节，并指出该案例反映了幼儿科学探究的哪些特点。

在有阳光的午后，幼儿在幼儿园户外活动，有几个小朋友发现自己的影子有时长，有时短，但不知道影子长短的变化是怎么回事。教师注意到了幼儿的困惑，于是设计了"太阳和影子"的科学探究活动。在活动中，怎样使自己的影子变长？又怎样变短？怎样使自己的影子消失？当这一连串问题提出后，幼儿相互商量、讨论和试验，最后发现了身体向与太阳相反的一边倾斜，可以使影子变长，直立或者向与太阳相同方向的一边倾斜，可以使影子变短，跑到没有太阳光的地方影子就消失了。在找到了答案的瞬间,孩子们欢呼雀跃,脸上充满着喜悦之情。其中,有两名幼儿合作的方法具有创新意识:一名幼儿做俯卧撑动作,另一名幼儿在他后面帮他抬起双腿,做成人推小车的姿势,他们大声嚷着:"瞧,这样的影子最最长!"。最后,所有幼儿回到班级,教师鼓励并组织幼儿将刚才的发现进行简单概括,同伴之间共同交流和分享。

3. 试举例分析幼儿的探究与科学家的探究之间的异同。

4. 阅读表4-10中关于季节的知识和经验,根据《指南》中不同年龄段幼儿应该达到的科学探究目标,判断每一条陈述所适合的年龄段。

表4-10 关于季节的知识和经验

四季	一年有四季,分为春季、夏季、秋季、冬季
	我们可以感受循环往复的冷暖变化
万物复苏的春	春是一年之首,是万物萌发的季节
炎热的夏	夏季气温高,天气炎热
凉爽之秋	秋季花木凋零,是落叶的季节
严寒之冬	冬季是一年当中最冷的季节,有些地方有降雪现象
春季	春天虽然温暖,但气温非常不稳定,有时会有雨、大风等剧烈的天气变化
夏季	盛夏时人们甚至会感到闷热难受,要防止中暑现象的发生
秋季	秋天是收获的季节,多数农作物在秋天收获,秋高气爽,万里无云
冬季	气温零下时,水洼和池塘会结冰,屋檐下会形成冰柱,气温回升超过零度之后,冰会融化成水

第五章 幼儿园科学探究活动的设计与实施

学习目标

1. 理解和掌握主题科学探究活动的设计原理。
2. 了解不同主题科学探究活动的实施指导意见。
3. 理解和掌握区域科学探究活动的设计与实施。
4. 了解偶发性科学探究活动的特点和类型。
5. 灵活应用各种偶发性科学探究活动的应对策略。

根据《指南》要求,"幼儿科学学习的核心是激发探究兴趣,体验探究过程,发展初步的探究能力"。科学探究活动在学前儿童科学教育中扮演着核心角色。探究活动前进行的活动设计是高质量实施科学探究活动的必要准备,而活动的组织与实施则是将计划转变为现实的过程。幼儿园科学探究活动一般分为主题科学探究活动、区域科学探究活动和偶发性科学探究活动。本章将围绕以上三种科学探究活动类型对科学探究活动的设计、组织与实施进行论述。

第一节 主题科学探究活动

主题教学活动是将各学科教学内容综合到某一网络状主题之中,围绕主题而展开的一系列教育活动,活动目标和内容可以是由教师确定的,也可以是根据与主题相关的幼儿的学习经验所发起的。[①]

一、主题科学探究活动的选题

(一)从课程目标出发,选择最基本的科学经验

科学探究活动课题的选择可以参照《纲要》和《指南》的内容,如《指南》中针对小班幼儿提出要"认识常见的动植物,能注意并发现周围的动植物是多种多样的"。那么,教师可以选择蜗牛、水仙花等幼儿常见的动植物作为探究主题。但是需要注意的是,主题活动一般是面向集体,所以教师在选择科学探究的关键经验时必须注意其是否具有基本性、典型性和代表性。如果所选主题超出了幼儿的发展水平,如

---

① 朱家雄. 幼儿园教育活动设计与实施[M]. 北京:高等教育出版社,2008:18.

在给小班幼儿设计的树叶主题科学探究活动中要求幼儿探究叶绿素,这显然对于小班幼儿来说太困难了,可以放到大班再开展相应的科学探究活动;如果所选主题涵盖的内容过于宽泛,那就需要教师进行筛选,只把幼儿当下最需要和有能力进行探究的内容保留下来,而其他内容则放到相应的区域进行适当的拓展,而不作为幼儿主要的学习内容。

(二)从幼儿的兴趣和需要出发,贴近幼儿的实际生活经验

学前科学教育的对象是幼儿,他们的兴趣和需要将直接影响科学探究活动的选题,尤其是在对主题活动课题的选择上,更应该考虑幼儿普遍的兴趣点。这就需要教师在一日生活中对幼儿仔细观察或者以谈话的形式了解幼儿的喜好。当然并不是幼儿所有的兴趣点都可以成为主题活动的选题,这需要教师综合考虑课题本身能为幼儿带来什么,即课题在使幼儿产生兴趣的同时是否具有探究的价值。幼儿对某一事物或现象所产生的兴趣往往源自于他的生活经验,所以在选题时一定要关注幼儿平时所接触到的经验有哪些。一般来说,越贴近幼儿生活实际、越直观具体的课题越能吸引幼儿的注意力,而离幼儿生活圈较远的课题则难以吸引幼儿的注意力。比如和幼儿谈"黑洞",这不仅是抽象的,而且在幼儿头脑中也并没有相应的形象,显然,这不能和他们的已有经验建立联系,因而也无法激发他们对此的探究兴趣。相比之下,从幼儿偶然发现金属块在水里的沉浮结果存在差异上开展主题探究,这比宇宙的起源对于幼儿来说会更有意义,因为前者就发生在眼前,是他们所能体验到的、是他们能够发现的问题,而后者只是一个距离他们太过遥远的猜想。因此,在选择科学探究主题时,一定要关注幼儿已有的生活经验,在此基础上选择对幼儿来说既有兴趣又有价值的课题。

(三)从现有的资源出发,选择适合集体学习的内容

在选定幼儿园科学主题探究活动的课题时,还需要注意选题的可行性,即身边是否有现成的资源可供探究。如让地处海南岛的幼儿探究沙漠,让山区的幼儿探究电梯,一方面,这些探究主题不符合幼儿已有的生活经验,另一方面,当地有没有相应的资源作为探究对象。在这种情况下,使用挂图或是单纯的讲解,对于幼儿来说就太过抽象而鲜有意义。相比之下,让海南的幼儿探究海洋生物,让山区的幼儿探究大山里的岩石,这就比之前的课题要可行得多。此外,在选取主题时,教师还需要注意课题是否适合集体进行探究,如对月食和日食的观测,这可能更适合感兴趣的家长带幼儿单独观测,而不适合教师带全班集体观测。充分利用身边已有的资源,还有助于教师开发以本土资源为主题特色的科学探究活动。

二、主题科学探究活动的设计

(一)目标设计:基本方向和灵活变动

1. 基本层次

早在20世纪60年代,布卢姆(Bloom)等人在《教育目标分类学》中把教育目标

分为三大领域,即今天我们所熟知的认知领域、情感领域和动作技能领域。这样的划分是依照人的身心发展的整体结构作为参照框架,力图提供一个比较规范化、清晰化的形式标准。我国基础教育科学新课程所强调的三维目标就是按照这种框架进行划分的。参照"2049 计划"和《纲要》,幼儿园主题科学探究目标也可以划分为学前科学的概念与知识、学前科学的情感态度与价值观、学前科学的探究能力与方法。

(1) 科学的概念与知识

科学概念和科学知识是科学素质的基础,对应地,幼儿园科学教育所要传递的知识和概念也是幼儿科学素质的基础。幼儿在学前阶段不可能掌握所有的科学知识,这即使对成人来说也是不可能的,所以,在学前阶段应强调掌握普及必要的科学知识,尤其是那些与幼儿生活息息相关、能作为幼儿理解周围事物和现象的依据,并与培养幼儿科学世界观和探究能力紧密结合的必要的科学概念和基本原理。由于科技发展的日新月异,幼儿所学习的科学概念和构建的知识结构也需要做出相应的调整,以适应未来日益复杂的社会生活。

(2) 科学的情感态度与价值观

幼儿天生对事物感到好奇,幼儿园科学教育要关注对其这一特质的保持与发展。好奇心是一种对待事物、信息和想法的一般态度,属于科学的态度之一。幼儿园科学教育主要通过探究让幼儿体验科学过程,逐渐使幼儿能对所获取的信息和自己的想法做出正确客观的评价,引导幼儿诚实谨慎地做判断和下结论,对他人的探究成果予以尊重和同样客观的评价。除了科学严谨、实事求是的科学信念,另一种情感态度表现为幼儿对科学本身或者幼儿园科学课程的兴趣和对科学家的态度,这里更多地表现为一种情感倾向,是一种对科学的态度。对幼儿科学态度情感的培养只能是初步的,不可能一蹴而就,要求幼儿形成宏大的科学世界观是不现实的,但是引导幼儿对科学和科学家产生兴趣、喜欢并尽量认真客观地进行科学探究,则是完全必要且可行的。

(3) 科学的探究能力与方法

探究能力的培养和科学方法的获得需要充分应用自然和实际的生活机会,引导幼儿通过观察、比较、操作、实验等方法,学习发现问题、分析问题和解决问题。在实际的操作过程中,幼儿能够不断积累经验,一定的试误有助于幼儿去尝试,但是成人也应该为幼儿提供必要的参照,以供他们在"碰壁"时能够及时地进行反思和调整。探究的关键在于培养幼儿学会探究和持续进行探究的能力,为学会生存与学习奠基。总之,引导幼儿实施正确而完整的探究过程是帮助幼儿认识探究、练习探究和运用探究方法(尤其是新掌握的探究知识和技能)的直接路径,也是使他们能将所获经验进行迁移的主要途径。

2. 设计原则

(1) 导向性和针对性原则

主题科学探究活动的目标起着统领活动全局、明确幼儿学习与发展方向的作用。在把握主题科学探究活动目标时,一方面,需要遵循总目标,反映总目标的价值诉求,另一方面,又需要回归探究活动的内容,根据实际的活动重点进一步明确目标,具体问题具体分析。比如在观察植物生长的主题科学探究活动中,目标的选取就应该紧扣持续观察和记录的能力、对生长变化规律和外在环境影响的感知;再比如科技制作主题活动,就更侧重于掌握制作的程序或技巧,有时还关注设计和创新科技制作的能力。因此,在实际设计科学主题探究活动时,不仅需要反映总体目标的方向性,还要有针对地指向具体的活动,根据不同活动内容的特点,有所侧重,确定指向幼儿特定发展内容的目标。

(2) 普适性和个体差异性原则

主题科学探究活动的目标在制定时需要考虑幼儿的一般发展水平,即活动目标基本上是大多数幼儿在付出一定努力就可以达到的。活动目标一方面需要考虑幼儿的现有水平,另一方面又需要促成幼儿在最近发展区内的成长,让教育先行。在考虑主题科学探究活动目标普适性的同时,也需要尊重幼儿之间的个体差异性。所以在确定目标时,教师最好对目标进行分层,即针对不同的幼儿,虽然目标相同,但是相应目标的实现程度则要求不同。如具有做简单观察记录的能力,对于能力较弱的幼儿,教师需要鼓励他用画画或者他喜欢的方式进行记录,而对于能力比较强的幼儿,教师可以引导幼儿用除了画画之外的其他形式进行记录(符号、图表、文字等)。因此,在实际制定目标时,通用的活动目标和分层的活动目标都需要有所体现。

(3) 可操作性和具体性原则

主题科学探究活动目标的可操作性具体表现在两个方面,一方面是目标是否在幼儿可接受的范围内,即幼儿是否有能力达标,这在普适性中已有所涉及;另一方面是目标本身的过程性,即通过什么样的行为来实现目标。一般来说,外显的行为目标是可观察和具体可操作的,但是同样不能忽视长期实现的内隐目标。这就牵涉目标的具体性,一般来说,表述越具体的目标就越容易达成。无论是外显的或内隐的、行为的或情感的目标,都需要通过结合幼儿特点和活动特点进行细化。细化的目的就是为了让目标更具有可行性,如通过照料动植物角使幼儿初步萌生对生命的关爱之情,这就比单纯地让幼儿喜欢大自然要具体和可行得多。因此,在设计目标时,不光是关注所要达成的结果,还应该重视过程和方法,使目标更具实施性。

(4) 灵活性原则

主题科学活动目标的设计也需要留有调整的余地,之所以需要这样做,是因为在实际的探究活动中教师可能会面临很多未能预料的状况。预设的目标有时不符合实际或者是阻碍探究活动的实施,那么就需要对目标进行修订。为了增强目标的灵活性,目标的表述需要更具张力,如幼儿能按照自己的方法记录水仙花的生长过程,这个目标就比较灵活,没有强制幼儿非要使用某种形式进行记录,幼儿可以按照自己的能力和喜好选择适合自己的记录方式。因此,在主题科学活动目标的设计中,既要把握目标的导向性,同时应避免统得过死而造成科学探究的"失活"。

幼儿园科学探究活动的组织与实施实际上是"探究—回顾与反思—再探究"的过程。这是一种从幼儿初探和教师了解幼儿已有概念水平,到启发诱导促发概念发展(甚至转变),再回到探究,借助实际操作发展和巩固概念的过程。该过程并不是单向的线性过程,而是一个不断螺旋上升的环状结构。完整融入科学教育中的组织和实施步骤主要包括导入、过程、回顾与反思和拓展延伸这四个部分,它们之间同样是环状结构。

(二) 内容设计:科学启蒙和贴近生活

1. 筛选原则

幼儿园科学探究活动内容主要是幼儿身边熟悉的自然事物和现象,以及一些科技成果和科技产品。虽然这些内容比较浅显,但涉及的范围广泛,在选取时要格外谨慎和仔细。一般来说,在筛选的过程中要注意以下几个原则。

(1) 贴近幼儿生活和经验

幼儿园探究活动内容最好取材于幼儿身边熟悉的事物和现象,如季节的变化、天气的变化等。根据幼儿所处的自然和社会环境取材,有助于幼儿联系已有经验,这对于发展幼儿现存"理论"和建立新的"理论"都十分有益。在选取题材时,最好由近及远,先从幼儿熟悉的事物着手,为探究活动提供经验准备,以便能引发幼儿的兴趣和保证探究活动的顺利开展。同时,也需要考虑到取材的广泛性和全面性,狭隘和片面化的选材会桎梏幼儿的探究能力,选材的重点是为幼儿的终身科学素质发展奠基而非仅局限在原有的经验圈里。但是这些内容丰富的选材必须满足两个条件:其一是能够代表某一探究领域,如对蝴蝶的探究,蝴蝶不仅是幼儿熟悉的生物,同时也是昆虫界比较典型的生物;其二是各类探究内容所占的份额需要得到合理的分配,即各种科学领域的探究素材都应涉及且有所侧重。

 案例导引 5-1

> **在生活中挖掘发现教学**[①]
>
> 在散步、区角游戏等自由发现活动中,教师可以通过对孩子行为的观察,了解孩子行为背后的"潜台词",了解孩子的困惑、感兴趣的问题。
>
> 当孩子反复地在镜子面前来回移动的时候,其行为所传达的信息就是,孩子对镜子的反射现象感兴趣。当一个孩子反复调整斜坡的角度时,他也许就在思考坡度与小球滚下的速度之间的关系。这些来自孩子的信息都为教师提供了提出问题的原始素材。

---

① 沈颖洁.与孩子共成长:《幼儿园教育指导纲要》的实践性解读[M].杭州:浙江大学出版社,2013:95.

（2）符合科学启蒙性的要求

首先选择的探究内容要符合科学原理，不能违背客观事实；同时又能以易于幼儿学习与吸收的方式呈现探究材料。探究活动中发现的科学原理和规律应是不以人的意志为转移的客观实在，而非主观臆造的联系，如迷信。在实际的探究中要充分考虑幼儿的年龄特征，当下所选取的探究内容能更好地激发幼儿的探究热情、启发幼儿的探究智慧，并为幼儿科学素质的发展奠基。科学性和启蒙性的结合要求探究内容是人类已知而幼儿未知的客观现实和规律，而这些内容又是可以直接进行探索的幼儿较为熟悉的具体事物，探究引导所用的表达应尽量是生活化且规范的。

案例导引 5-2

选择适宜探究的教学内容①

"水管、麦管、灯管、气管、血管……"生活中的管子真不少！孩子们在寻找、收集有关资料的过程中，对不起眼的"管子"产生了浓浓的兴趣。于是，围绕"管子"这一主题，师生共同开展了探索活动。

教师预设的关于"管子"活动的主题目标是：(1) 有兴趣观察生活中各种各样的管子。(2) 会运用各种方法和途径，调查、了解不同管子的功用。

随着研究的不断深入，孩子们又萌发了许多的奇思妙想：人体内也有管子吗？所有的管子都能发出声音吗？隧道也是管子吗？管子脏了怎么办……孩子们求知的领域更加广泛了。

在研究"管子脏了怎么办"时，孩子们积极尝试、操作、探索、实验，来解决"雾水管怎样变干净"的问题，从而由"管子"引发孩子主动关心周围环境、保护生态环境的意识。

点评：

目标在活动过程中应根据幼儿生成的活动不断加以调整。幼儿心中虽没有预设的概念，但其行为目标非常明确，即解决他们自己当前最感兴趣、最需要解决的问题或困惑。而教师的作用则在于观察、分析幼儿的行为，包括他们行为的目的、价值、过程与结果等，并及时调整目标与内容，以达到既顺应幼儿发展，又推动幼儿发展的目的。

2. 内容范围

幼儿园科学探究活动的内容是目标达成的重要媒介。它以学前儿童身边熟悉的自然现象、科技产品等作为幼儿的学习对象，既包括特定年龄段幼儿喜欢的经典

---

① 陆兰，杭梅. 幼儿科学教育与活动指导[M]. 北京：北京师范大学出版社，2011：37-38.

内容,也包括随着科技文明发展不断产生的新内容。如表 5-1 呈现了幼儿园科学探究的内容选题。

表 5-1　幼儿园科学探究内容选题①

生物	动物	类别:家畜、野兽、鸟类、昆虫、鱼……;生活习性(繁殖、运动、觅食);自保方式;过冬方式
	植物	构成:根、茎、叶、花、果;类别:蔬菜、果实、树;种子的传播方式
	人	结构、功能及保护;心理活动;生命过程
非生物	沙、石、土	特征和用途
	水	水的分布;水与人体代谢;多样的水;水的性质
	空气	
人与自然的关系	污染与环保、生存与发展	
气候和季节	四季	春夏秋冬
	气象	阴晴雨霜雷电虹
物理现象	力和运动	类型、大小、方向
	光和颜色	光源、光学仪器、影子、颜色
	热和温度	
	声音	发声及传播、噪声
	磁	
	电	电源、家电
化学现象	酸碱、微生物、燃烧	
天文现象	日月星辰	
科学技术	常见的科技产品及其作用	家电、交通工具
	科技发展史	简单工具的使用
	科技小制作	
	科学家的故事	

与此同时,教师在预设计科学教育活动内容时,要考虑到科学内容的生成问题。根据儿童的兴趣与需要、教师的兴趣以及探究活动的实际开展情况,教师应能做到随时调整活动的内容。如意大利的瑞吉欧课程模式,教师根据自己对幼儿细致的观察,从他们的反应中敏感地捕捉蕴涵其中的巨大的学习价值,并给予及时而适当的引导,帮助儿童在探索中逐渐形成将要进行的活动主题。师幼在幼儿园科学教育中应能共同引导和促成着课程的发生、进行和终结,使课程寓于活动之中,寓于生成之中,寓于互动之中。

3. 组织管理

在经过对幼儿园科学探究活动内容的精心筛选后,还需要把相应的内容加以组织化和结构化,这样才能使幼儿园科学教育活动内容呈现系统化和条理化。目前比

---

① 根据张俊的《幼儿园科学教育》和祁海芹的《幼儿科学教育教学方法》相关内容整理而成。具体来源:张俊. 幼儿园科学教育[M]. 北京:人民教育出版社,2004:97-108;祁海芹. 幼儿科学教育教学方法[M]. 北京:高等教育出版社,2012:41-52.

较高效和简明的做法是绘制网状结构图。例如：教师在确定某一主题的科学教学内容设计的时候可以运用网状结构图来进行构思。在科学探究过程中，儿童或教师都可以制作网状结构图，用以进一步明确接下来的探究方向。对于教师和幼儿来说，网状图的绘制可以帮助他们准确的定位，清楚地知道自己所经历过的一次活动、一个单元，甚至一学期的科学探究的内容主题，并为之后的探究拓展和延伸提供参考（参见图5-1）。

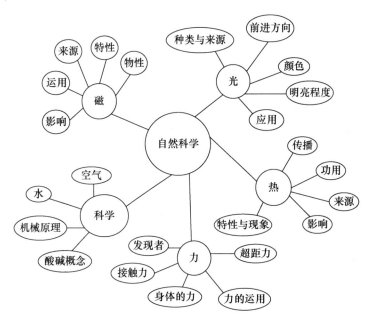

图5-1 "自然科学"主题网状结构图①

（三）实施设计：主题探究和集体反思

1. 导入设计：兴趣激发和认知冲突

导入是吸引幼儿参与科学探究活动的"饵"。它的形式有很多种，如常见的问题导入、故事导入、玩偶导入等，但是形式并不是导入的重点，重点是幼儿对什么感兴趣？什么是引发幼儿主动探究的内部动机？显然，幼儿对有趣、新奇、与原有认知不同、有一定挑战性的任务比较感兴趣。

（1）呈现有趣且值得探究的主题

在考虑探究主题的时候，教师需要考虑三个问题：其一是这个主题是否适合幼儿探究？其二是这个主题是否值得幼儿探究？其三是这个主题能否引起幼儿的兴趣？即合宜性、价值性和兴趣性。合宜性需要考虑幼儿的年龄和活动的安全系数，价值性需要考虑幼儿投入时间和精力会获得什么样的概念发展，兴趣性则需要考虑

---

① 赖羿蓉，王为国. 幼儿科学课程设计——多元智能与学习环取向[M]. 台北：高等教育出版社，2005：87. 说明：原图中的主体框是八边形，象征多元智能的八大智能领域。"科学"主题框内绘有猫头鹰，代表智慧；"光"主题框内绘有自然界唯一会自体发光的萤火虫；"力"主题框内绘有北极熊；"磁"主题框内绘有能依靠地磁定位的海豚；"热"主题框内绘有新陈代谢较快的蜂鸟。

主题与幼儿生活的关系和主题本身的挑战性。如果你能自信的回答以上三个问题,那么恭喜你找到了合适的主题。主题确定后,就需要考虑如何呈现才更有吸引力。

 案例导引 5-3

故事的导入——冰雪融化的原理①

为了让幼儿了解冰雪融化的原理,教师设计了这样一个故事情境——在严寒的北极,有一架台湾的客机由于燃油耗尽,被迫降落在这里,飞机上有一位病人需要喝热水,但是,在这冰天雪地里,如何才能有热水呢?孩子们由于同情,都想伸出援手,他们陷入了深深的思考中……孩子们热烈地讨论,在老师的引导下最后形成了统一的意见:用一张易燃的皱纹纸,让所有的小镜子将阳光折射到纸上,就会点燃这张纸……

在这里,孩子们深深地理解了科学知识的重要性,为了救命,他们面对挑战,进行了深深地思考和"艰苦"的探索,终于解决了问题。由此可见,有情感参与的科学学习活动更能够促进幼儿全身心地参与其中。

（2）提出促进幼儿思考的开放性问题

关于吸引力的问题,最好是能给幼儿留下无限遐想的空间。教师可以通过开放却又带有适中挑战性的问题引起幼儿的兴趣,如我昨天在水里放了许多不同的物体,但并不是所有的物体都能浮在水面上,那么什么类型的物体能浮在水面上呢?教师在叙述自己的经历时,巧妙地带出了他的困惑,由此引出了"沉与浮"的主题。这个主题是幼儿在生活中经常能碰到但可能从未具体地去考虑过的问题。教师所提的这个开放性的问题将引发幼儿对沉浮概念的深入思考。但此时幼儿只能全凭自己的经验去判断哪种类型的物体会浮在水面上。

 案例导引 5-4

集体谈话中的提问②

成人往往会忽视这样一个事实,即儿童需要一点实践才能针对问题想出一个深思熟虑的答案。许多教师认为,如果他们的问题没有得到及时的回答,

---

① 陈晓芳. 幼儿科学活动设计与指导[M]. 北京:北京师范大学出版社,2013:234.
② [美]吉恩·D. 哈兰,玛丽·S. 瑞维金. 儿童早期的科学活动——一种认知与情感相整合的学习模式[M]. 许倩倩,译. 南京:江苏教育出版社,2012:43.

教学就是失败的。玛丽·巴德·罗(Mary Budd Rowe,1996)开创性的研究证明,事实恰恰相反。她发现,她所观察的教师在提出问题后等待学生回答的时间平均不到1秒钟。于是,她开始锻炼教师等待3秒钟或更长的时间,这样就能够产生更多、更长、更多样以及更准确的回答。而且,当教师延长等待时间后,儿童也开始倾听并回应彼此的回答,课堂上那些不属于最聪明的儿童也有了贡献答案的机会。这就提醒我们,如果仅仅在一些儿童做出快速反应后就终止讨论,很多观点就失去了萌芽的机会。这种做法会令很多儿童失去自信,无法认识到自己也是思考者和学习者。对于年幼的儿童来说,他们尤其需要更多的时间来组织和表达自己的观点。

(3) 示范能引发认知冲突的实验操作

打破原有经验的最佳方法就是制造认知冲突,这不同于想象而是眼见为实的明证。教师可以针对选择的主题进行一次操作。依然以"沉与浮"的主题为例,教师将一小块的橡皮泥放在水中,不一会儿橡皮泥沉下去了,之后教师又拿了一大块塑料泡沫放到水里,但是塑料泡沫却浮在水面上,最后教师又拿了一块和塑料泡沫差不多大的海绵,海绵先是浮在水面上,可是过了一段时间它开始慢慢下沉了。这一系列的操作结果让幼儿有些懵了,原来以为越大的东西沉得越快,越小的东西会浮在水面上,可是橡皮泥沉下去了,塑料泡沫却还浮在水面上,之后的事更是让幼儿想不到,为什么和塑料泡沫一样大的海绵先是浮在水面上然后就沉下去了呢?幼儿亲眼见证实验操作的过程会比别人声情并茂地给他讲述全过程要更直观、更令幼儿信服。一旦现实和幼儿已有经验产生了矛盾,幼儿立马就产生了渴望一探究竟的动力。

 案例导引 5-5

冲突引起悬念①

教师:"100W 的灯泡亮还是 40W 的灯泡亮?"幼儿们异口同声地说:"当然是 100W 的灯泡亮!"教师将"220V,100W"的灯泡和"220V,40W"的灯泡并联接入 220V 的电源中,果然与幼儿的答案一致,这时候幼儿的片面性似乎"胜利"了,然后教师将这两只灯泡串联接入 220V 电源中,100W 的灯泡反而比 40W 的灯泡暗得多,这出乎意料的事实使幼儿们为之一怔,这时教师启发幼儿去理解"数量"与"电学"关系的科学活动意义就会让幼儿的印象非常深刻。

---

① 陈晓芳. 幼儿科学活动设计与指导[M]. 北京:北京师范大学出版社,2013:238.

2. 过程设计：实际操作和探究概念

探究的主力是幼儿。当教师在活动组织和实施前已经做好了充分的准备时，教师应该将探究权交给幼儿，让幼儿在实际的动手操作中体验和探究概念。教师则是在活动过程中观察幼儿的表现，从他们的行为分析他们潜在的朴素概念；在探究出现问题时，教师先静观其变，如果幼儿不能自行处理，教师再提供必要的帮助；此外，鼓励和激发幼儿深入探究的兴趣也是教师应承担的职责。

（1）观察和了解幼儿的已有经验

虽然教师设置的问题情境能够引发幼儿的认知冲突，但是不代表幼儿的认知概念就发生了本质上的改变。他们依然会依照原有的经验尝试操作、分析原因和解决问题。这样就为教师发现问题提供了便利，原本幼儿装在大脑里的朴素理论通过实际的操作转化成了外显的行为。有准备的教师能通过观察幼儿的操作锁定幼儿的经验水平，这为之后教师发挥支持和引导作用提供依据。在观察和了解的过程中，教师需要做适当的记录，以便能在教师遗忘的时候提供记忆线索，同时教师还需要着手设计回顾与反思时需要用到的简单的问题提纲。

（2）启发和引导幼儿发现概念和解决问题

幼儿的探究过程不可能一帆风顺，教师需要密切关注幼儿操作动向，以便提供及时的启发和引导。探究过程中可能发生诸多突发状况，如幼儿可能不知道如何开展下一步，或者幼儿对操作结果不知如何解释或者进行了错误的解释。对于教师，他们可以通过提问的方式了解幼儿到底发生了什么，如你为什么不继续操作呢？是什么让你觉得是这样的？你在生活中有过类似的经验吗？这实际上还是一个挖掘幼儿已有经验的过程，只不过在这样的提问中，幼儿自己本身也能参与到对已有概念的分析中，教师需要做的是引起幼儿已有概念和新概念的正面接触，即让幼儿去比较两者，但教师不予置评，并鼓励幼儿用新方式去解决探索中的困惑，不过，教师的提示不宜是直接的，而是需要幼儿借助自己的思考尝试解决。

案例导引 5-6

引导学前儿童在操作探究活动中形成初步的科学概念[①]

幼儿认识植物的生长，让幼儿亲自参加比较严格的实验过程，即给幼儿提供同种、同样大小的两盆植物，让他们把其中一盆放在阳光下，一盆放在暗室，其他条件一致，贴好标签，注意观察和记录植物的生长变化。以此类推，一次变化一个变量，最后引导幼儿概括出植物生长的条件。

---

① 陈晓芳. 幼儿科学活动设计与指导[M]. 北京：北京师范大学出版社，2013：40.

(3)促进和鼓励合作深入探究

为了促进和鼓励合作,教师可以在活动开始前就以分组的形式分配探究任务,或者提高任务难度以促使幼儿合作完成,或者投放有限的材料以促使幼儿合作探究。合作探究并不是剥夺幼儿独立探究的权利,实际上每名幼儿都可以在小组内部独立完成探究的每一步,只是在需要讨论和分享的时候大家才需要合作。小型的合作团队可以有效激发新想法——新的使用材料的方式、新的摆弄仪器的方法、新的探究做法等,这可以更深层次地挖掘探究主题,而不仅是完成教师的任务或在探究的表浅面就停止操作。

3. 回顾与反思设计:解决冲突和发展概念

探究后进行回顾与反思,教师需要鼓励幼儿大胆地表达自己的探究过程和结果,并仔细倾听以及时从中捕捉有意义的信息,包括幼儿已有的认识、做法、遇到的问题、得到的结果等,基于获得的信息进行启发式的提问,并根据幼儿的回答给予分析性的反馈,帮助幼儿理清探究思路和逐渐实现概念转变。

(1)倾听幼儿对探究活动的汇报

探究后,教师需要组织幼儿进行科学探究活动的交流与分享。教师首先需要做的是倾听幼儿的表达。这时的幼儿是在把直接的实践经验转化为间接的语言编码表述出来,一方面可以锻炼幼儿回忆和表达的能力,另一方面也可以为教师提供有用的信息,以便为接下来的提问做准备。此外,教师认真倾听的表现也能为其他幼儿起到榜样的作用,同时其他和教师一样在听的幼儿也能从他人的描述中对照自己的探究操作。

(2)启用提问策略发展幼儿原有概念

教师倾听幼儿的描述是为提问和反馈做准备,有策略的提问和反馈是师幼互动中对教师来说挑战性最大的一个部分。教师的提问要能引发幼儿对操作过程和结果更深层次的思考,让学生解释自己的想法、寻找自己观点的来源和事例、总结自己的做法、对比新旧经验、分析描述的前后矛盾之处、为自己的解释提供证据支持等都是比较适宜的做法。而不适宜的做法是教师在问题中带有明显的提示、明显的价值倾向、明显的封闭性等。

(3)帮助幼儿澄清和梳理观点

针对幼儿的回答,教师应转述或者澄清概念,这表示教师确实在听而且能够理解幼儿的话,同时也能帮助幼儿自己去辨别和分析自己真正赞同的概念是什么、是什么支持了那些概念等。如果教师认为幼儿的认识存在明显的偏差,那么教师不能因此就把自己的观点强加给幼儿,而是应该借用其他方式让幼儿自己去做出选择和判断。比如采用问答启发法让幼儿自己发觉前后矛盾的地方,以便促成幼儿的概念转变。此外,教师还可以借用概念图、网状结构图等形象的展示方式,帮助幼儿回顾探究过程与理清探究思路。

4. 拓展延伸设计:联系实际和重新启动

探究获得的概念理解需要进一步的迁移和应用,最直接的就是与幼儿周围的生活产生联系。如果幼儿能意识到所学概念对生活产生的影响,以及将新近学到的知识应用于实际的生活,那么可以肯定幼儿确实真的理解了所学概念。也许在应用中幼儿会产生与最近一次探究相关或者无关的问题,那么教师就需要分析那些问题并筛选出新的探究主题。

 案例导引 5-7

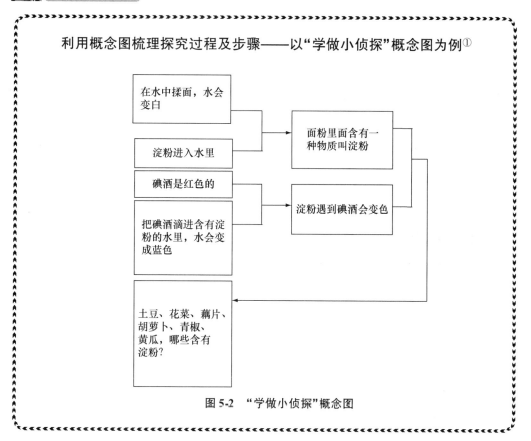

图 5-2 "学做小侦探"概念图

（1）建立与幼儿生活的联系

当幼儿获得新概念的时候,教师应该想办法引导幼儿将那些概念与自己的生活建立联系。虽然并不是所有概念都能和幼儿的生活直接建立联系,但是一旦幼儿能意识到新概念和生活存在联系时,他就能更容易地接受和理解那些概念。为了保持幼儿对那些在探究中获得的概念的兴趣,教师有必要和家长一起合作,创设一些与新概念有关的生活情境。比如,在探究过磁铁的性质后,幼儿家长在家里的冰箱门上贴着一个用磁铁固定的即时贴,幼儿很有可能会模仿这一行为,这将是探究概念的一个小延伸。

---

① 陈晓芳. 幼儿科学活动设计与指导[M]. 北京:北京师范大学出版社, 2013:176.

（2）鼓励幼儿将获得的概念应用到实际当中

只有当幼儿能把探究活动中的新概念实际应用到生活中，我们才能断定他确实是掌握了那个新概念。这很有可能还会引发幼儿许多新的问题，而那些问题又是基于他们自己在生活的小操作中得出的，如幼儿在看到即时贴能用磁铁固定在冰箱上后，他开始尝试用磁铁将即时贴固定在其他家电上是否会得到同样的效果，但是并不是在所有的家电上做这个实验都能成功，于是他可能会问："为什么磁铁不能吸引所有家电呢?"这种提问颇具个性化，是基于幼儿的个人经验所得到的问题，而这极有可能引发新的探究。

（3）筛选幼儿新问题开启新的探究

教师虽然不能要求所有幼儿都能继续围绕同一主题深入思考，毕竟不是所有幼儿都对同一主题有着浓厚的兴趣。但是，教师可以根据继续追问的幼儿所提出的问题开展小范围的探究。这项工作可以在幼儿园的科学区角或是在幼儿的家里实施，这样一来，可以充分满足因个体差异而带来的不同需要。不过，教师最好对幼儿的提问进行筛选，并不是所有问题都值得幼儿再去探究的，或者教师可以引导幼儿按照自己的兴趣探究更有意义的主题。

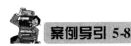
案例导引 5-8

方案教学——幼儿园的新楼房①

幼儿园的后院被封了起来，机器的轰鸣声打破了以往的宁静，幼儿园要盖新楼房了。几天来，幼儿都在议论着后窗外发生的事情。一天，大班年龄组的朱星源正四处走动、选不出可做的工作时，教师问他想不想看看后面的建筑工地，他表示同意。教师便给了他一个建议：看过之后，要把看到的事情画下来，并在分享的时候讲给小朋友们听。于是，朱星源趴在睡眠室的窗台上看了一会儿，回到活动室画出了第一张观察记录：一些戴着安全帽的工人在运钢筋。

朱星源的经验引发了其他幼儿的观察兴趣，先是以大班幼儿为主，他们用白纸装订成观察记录本，趴在睡眠室的窗台上边看边用绘画的方式进行记录，后来发展到中班、小班的幼儿也来参加。幼儿的观察活动一直伴随着新楼房一点点"长大"。

有关水泥的实验

由于幼儿园的新楼房是一座混凝土浇铸的建筑，幼儿在观察中看到大量使用水泥的场面，而且在他们的谈话中也多次提到。于是，教师便引导幼儿通

---

① 张澜. 园本课程的实践研究——北京师范大学实验幼儿园发展课程初探[M]. 北京：北京师范大学出版社，2006：307-314.

过实验了解水泥的特性。

首先,教师和幼儿就实验材料进行了讨论。教师问:"你们知道工人叔叔是用什么把砖头粘在一起的吗?"幼儿七嘴八舌地说:"水泥""沙土""灰土""混凝土"。教师马上追问:"什么叫混凝土?"小朋友A说:"把好几种土放在一起就是混凝土。"教师又问:"都是哪些土放在一起了呢?"幼儿说:"水泥、沙子、一般的土。"这时,教师把话题一转,问道:"为什么混凝土里要有水泥呢?"依依说:"水泥可以把砖粘得很牢。"于是,教师开始提出本次活动的主题:"我们用水泥、沙子、黄土来做个实验,看看是不是水泥最结实。"

接下来,幼儿自然地分成三组,分别在教师的带领下把湿的水泥、沙子、黄土倒在三个木框中抹平,然后印上手印。

右右从一开始就对放在一只小桶内的干水泥发生了兴趣。他往干水泥中加入了一些水,结果水多了,无法和成泥团。教师问:"你做了什么?"右右说:"我要做混凝土,可是太稀了。"教师问:"混凝土里除了水泥还有什么?"右右恍然大悟:"哦,我想起来了。"说完走到放黄土和沙子的地方。这时,有五个幼儿在征得右右的同意后,加入了他的实验。他们先是往和稀的水泥里加黄土和沙子,然后把他们做的混凝土与做实验用的水泥做比较,发现他们做的混凝土的颜色发黄,教师问他们:"为什么会这样?"他们认为是水泥放少了,便又往里加入一些水泥……

新楼房的设计图

工人叔叔是按照什么来建新楼房的呢?他们是不是有参考图?根据幼儿的提问,教师借来新楼房的设计图纸与幼儿一起欣赏。幼儿对这些图纸非常感兴趣,特别是那些剖面图,使幼儿从各个部位了解了新楼房的构造。为了继续满足幼儿对设计图的兴趣,教师把设计图的复印件挂在墙上。

区域活动时,有两个幼儿自发地把白纸蒙在设计图上,并用笔描出轮廓。他们的行为吸引来了另外两个幼儿……

制作大吊车

随着建筑工程的进展,工地上的机械逐渐增多,幼儿的关注焦点也转移到各种建筑机械上来。

一天,左左用小纸盒做了一个吊车。他向大家展示作品时,有幼儿提出:"这个吊车太小了,要做大一点就好了。"于是,教师问幼儿:"做大的吊车需要什么?"两个孩子提出首先要画出设计图,然后再根据设计图去做,其他幼儿提出用大纸盒做。待材料和图纸准备好以后,一个以大班年龄段幼儿为主的七人小组开始了制作大吊车的活动……

> **反思**
>
> 如何利用"幼儿园盖新楼"这一教育资源,使之成为幼儿主动学习的支架呢?首先,教师从引导幼儿观察入手,使幼儿通过观察了解了新楼房的建造过程,同时使幼儿从中理解和掌握了观察、记录的学习方法。其次,在话题引入上教师采取了以点带面的方法,先启发一位年龄大、有过类似经验的幼儿做观察记录,然后由他的经验引发了其他幼儿的兴趣。事实证明:幼儿之间的榜样作用能够更好地引起共鸣。

(四) 评价设计

幼儿园科学探究活动的评价主要围绕两个方面展开,其中一种是儿童发展导向的科学探究活动评价设计,另一种是过程导向的科学探究活动评价设计。这两种评价设计都是比较科学合理的评价设计类型,只是两者的侧重各有不同。

1. 儿童发展导向的评价设计

儿童发展导向的评价设计主要是依据儿童现有发展水平为基准,并结合活动目标确定活动的实施是否达到了预期的目标——儿童的发展水平与目标要求相一致。幼儿园科学探究活动的儿童发展导向的评价设计只将幼儿参加探究活动前后的发展水平进行比较,以判断其是否达到目标,这是一种自身的纵向评价,而不基于任何外在常模。同时,这一评价导向还不一定有预定的目标参照,只要幼儿的发展水平有所提升就可视为已经实现了探究活动的目的。因此,儿童发展导向的评价设计是完全基于幼儿自身发展的一类评价设计,这需要评价者充分掌握幼儿的发展情况,以便进行有效的发展评价。这种评价能有效地检测儿童科学素质的发展动向和水平,为后续科学探究活动的定位和开展提供参考依据。

2. 过程导向的评价设计

过程导向的评价设计是基于活动过程所做的评价设计。对于幼儿园科学探究活动来说,实际的探究活动过程将是评价的对象。在进行这种类型的评价设计时,科学探究活动的结果的重要性就没有过程那么明显了,对实际探究过程中环境的创设、师幼的互动、幼儿的操作等要素就显得格外重视。评价者需要全程参与科学探究活动,以便观察和记录实际的探究过程。过程评价设计需要事先准备观察量表和访谈提纲,这需要评价者对一般的探究活动流程有一定的认识,并清楚需要记录和调查的条目有哪些。这种评价方式有助于评价者了解实际的探究活动过程,以便从整体而非局部(结果)了解活动效果,很大程度上弥补了只重视外显结果而忽视内隐影响所带来的缺陷。

三、主题科学探究活动的实施指导

在不同类型的主题科学探究活动中,所侧重的组织和实施形式有极大的区别,相对应的具体的设计与指导策略也有明显的不同。探究活动包括的具体形式多种多样。按照科学活动的结构化程度,从低到高将其分为活动区科学活动、方案教学活动、主题教学活动、"单一概念"教学活动;① 依据科学活动正规性质可以分为正规性科学活动、非正规性科学活动、偶发性科学活动;② 根据科学活动的实际操作类别可以将其划分为观察类科学活动、实验操作类科学活动、科学小制作类科学活动、交流讨论类科学活动。③ 我国古谚曰:"耳闻易忘,目睹为实,躬亲则明。"幼儿园科学教育以科学探究活动为核心,因此本节将科学探究活动分为观察类活动、操作实验类活动和技术操作类活动三种类型。

(一) 观察类

1. 什么是观察类探究

幼儿园科学探究活动中最基本的活动类型是观察类的探究活动。观察类的科学探究活动是借助于感觉器官来感知客观世界的事物与现象,在头脑中形成具体的印象,并由此获取对客观事物或现象的认识并形成初级科学概念的一种方法。观察类科学探究活动使幼儿有机会运用多种感官去认识和了解事物的特性,提高幼儿感官的敏感性,并为幼儿概念的形成提供丰富的材料和经验。

在对幼儿进行科学教育的过程中,有计划、有组织地开展观察类科学探究活动是发展幼儿科学认知的前提。当幼儿对身边的事物形成已有认识后就很难再加以改变,除非他亲眼见证了与其认知相悖的实物或现象的出现,否则靠简单的说教和灌输是不可能改变幼儿的前科学概念的。因此,基于对现实的观察以及科学观察方法的掌握,将使幼儿获得最直接、最具体和最形象的科学经验。按照被观察对象的多寡、观察活动的难易程度,可将观察类科学探究活动再具体划分为个别观察、比较观察与长期系统观察三个类别。

(1) 个别观察

个别观察是指幼儿运用多种感官直接对某一物体或者现象进行观察。个别观察可以仅针对该物体或现象的某一或者某些特点,也可以是系统的全面观察;它可以是一次性的,也可以是多次连续或者中断的观察;持续时长一般比较短。即使一次观察活动过程中前后观察了几种事物或者现象,也不需要对它们进行比较和分析,而是把它们作为独立的观察单位。一般来说,人类从出生起就已经出现个别观察活动。

(2) 比较观察

比较观察是指幼儿对两种或两种以上的事物或者现象进行观察和比较。虽然在比较时相同点和不同点都会涉及,但是针对类似的事物或者现象,着重比较它们的差异,而针对差别较大的事物或者现象,主要是找出它们的相同点。比较观察是

---

① 朱家雄. 幼儿园教育活动设计与实施[M]. 北京:高等教育出版社,2008:134-145.
② 祁海芹. 幼儿科学教育教学方法[M]. 北京:高等教育出版社,2012:79-97.
③ 唐燕. 幼儿园教育活动设计与实施[M]. 上海:华东师范大学出版社,2013:213-217.

幼儿掌握分类的基础，一般用于分析事物的本质特征。三岁左右的幼儿已经具备了初步的比较观察能力。

（3）长期系统观察

长期系统观察是指幼儿有计划、有目的地观察某一事物或者现象的特征及其变化，持续时间较长，主要是为了发现事物的变化规律。通过对一事物或者现象的长期系统观察，可以有效地认识被观察对象自身各部分及其与外界环境的联系，如长期系统观察种子的生长过程，不仅能够发现种子形态的变化，也能逐渐认识到外在条件对种子变化产生的影响。这种观察活动一般需要成人的指导，同时对幼儿的坚持性和计划性要求较高，自控力不足和缺乏耐心的幼儿很难进行这种观察活动。

需要特别注意的是：对于学前儿童来说，由于其逻辑推理能力比较有限，他们获取科学经验的途径就更多地依赖于直接观察。因此，教师应鼓励学前儿童运用多种感官（视觉、听觉、触觉、味觉、嗅觉等）主动地去感知，积极地作用于周围世界。教师应根据学前儿童观察的焦点问题来引导儿童获取各方面的信息，如"蚂蚱是怎样移动身体的？""蚂蚁有几对足、几对触角？"……此外，教师也可以鼓励学前儿童从不同角度、方位来观察事物，通过观察获取大量的感性材料，为下一步的科学探究提供基础。

2. 观察类探究的组织与实施

（1）活动目标的组织与实施

观察类科学探究活动主要是调动幼儿的多种感官进行直接观察，并由此获得对观察对象的直观形象，丰富幼儿已有认知，并形成初步的科学概念。因此，在对此类活动目标的制定上，一般会考虑到观察技能和相关的科学认识。此外，对于观察结果的报告还要求幼儿需要掌握一定的表达技能（见表5-2）。

表5-2 观察类科学探究活动的目标设计[1]

	教学目标	适用年龄段	举例
观察技能	运用多种感官感知事物特征	大班或以上	运用多种感官——看、摸、听、闻、尝等感知西瓜的特征
	对不同的对象进行比较观察	中班或以上	通过观察，比较自行车和摩托车的不同
	有顺序地观察事物的特征	中班或以上	观察梧桐树的各个部分及其特征
	对事物进行长期系统的观察	中班或以上	学习观察并记录小蝌蚪身体的变化
	观察事物的变化和现象的发生	小班或以上	观察糖放入水中的变化

---

[1] 张俊. 幼儿园科学教育[M]. 北京：人民教育出版社，2004：174-175.

（续表）

教学目标		适用年龄段	举例
表达技能	运用语言大胆讲述自己在观察中的发现	小班	
	运用完整的语言讲述并交流自己在观察中的发现	中班或以上	
	用图画、数字等多种方式记录自己观察的结果	中班或以上	学习用图画表现动植物园地中蚕豆的生长变化
有关观察对象的科学认识	认识观察对象的显著特征	小班	观察迎春花的颜色、花瓣、枝条等显著特征
	认识到观察对象的多样性	小班或以上	在观察的基础上知道水果是各式各样的
	认识到各个观察对象的不同和相同	中班或以上	观察各种水生动植物的特点，知道它们都是生活在水里的
	探寻观察对象的变化规律	大班	在观察的基础上探寻种子发芽和水分的关系

（2）活动过程的组织与实施

观察类幼儿园科学探究活动的过程设计大体需要考虑引出观察对象、组织幼儿运用科学的观察方法进行观察、交流和分享观察过程和结果等三个主要的活动流程。按照观察对象、观察目的、观察场地、观察形式等划分标准筛选出几种比较有典型性和代表性的观察活动类型，主要包括物体观察活动、展示观察活动、现象观察活动和户外观察活动（见表5-3）。

表5-3 观察类科学探究活动的过程设计[1]

	设计要点	设计思路
物体观察活动	物体观察活动包括单个物体观察、同类观察及比较观察。教师可引导幼儿在观察的基础上进行表达和交流，并通过指向性问题引导其认识物体的显著特征，或比较两个物体间的异同，或总结同类物体的共同特征	出示观察对象——幼儿自由观察——表达交流——教师引导观察——表达交流——教师总结
展示观察活动	展示观察活动一般用于观察认识物体的多样性。展示活动中的观察分别渗透于收集展品、布置展览和参观展览的环节中，其中前两个部分是渗透性的自由观察，第三部分是在教师指导下对各类物品的集中观察	收集物体——布置展览——共同参观——表达交流——教师总结（或开放性结束）
现象观察活动	现象观察活动的重点在于观察现象的发生。因此教师可将观察、指导和交流相结合。根据实际情况，可在观察之后引导幼儿对观察到的现象加以讨论	引出对象或问题——观察现象——观察中的交流与个别指导——教师组织讨论与交流——教师总结

---

[1] 张俊. 幼儿园科学教育[M]. 北京：人民教育出版社，2004：176.

(续表)

	设计要点	设计思路
户外观察活动	户外观察活动既有物体观察也有现象观察。其特点在于户外活动人员分散、难以组织，可采用分组进行的方式以提高师生比例，在活动设计的环节上应尽量减少集中指导，注重个别指导和个人体验	激发兴趣、提出问题——个别观察（个别指导）——分享与表达体验

 案例导引 5-9

我为蚂蚁照相（中班）[①]

设计意图

在一次公益劳动课中，我班的孩子无意间发现菜地附近有很多大蚂蚁，和以往看到的小蚂蚁不同。大家都七嘴八舌地议论开了："这里的蚂蚁真大！""我见过小的蚂蚁，这么大的还没见过呢！""我见过会飞的蚂蚁呢！"孩子们对蚂蚁的外形特征、运动方式和本领等知识都非常感兴趣，而且他们对蚂蚁的认识也已有了一些零碎的经验片段。因此，我借着这次突发事件开展了观察蚂蚁的科学活动。

活动目标

1. 能够按一定的顺序去观察，并能描述蚂蚁的外形特征。
2. 经历观察蚂蚁的过程，体验观察、研究小动物的乐趣。

活动准备

材料准备：记录单、笔人手一份；昆虫观察镜人手一只；教师用蚂蚁范例一份（拼图性质的）；小组蚂蚁拼图三份；蚂蚁照片若干。

活动过程

1. 回忆生活经验，画出记忆中的蚂蚁

（1）谜语导入，引入课题，激发兴趣

远看芝麻撒地，近看黑驴运米，不怕山高路途远，只怕跌进热锅里。（蚂蚁）

（2）谈话

蚂蚁是大家都熟悉的动物，你能描述一下它是什么样子的吗？下面请你把熟悉的蚂蚁画在记录单上。

---

① 教育部教育管理信息中心组. 全国优秀幼儿科学教育活动课例评析[M]. 重庆：西南师范大学出版社，2011：62.

（3）画蚂蚁

分析：幼儿在画蚂蚁时会发现，原来自己熟悉的小动物身上也有许多不太清楚的地方。这样，在后面的观察中，他们会有意识地去了解这些细节。

展示所有幼儿记录单上绘画的蚂蚁，教师引导孩子发现每个人记忆中的蚂蚁各不相同，有分歧。

师：大自然中的蚂蚁到底是什么样子的呢？今天，我们就来认真观察蚂蚁。

2. 学习顺序观察，了解并描述蚂蚁的特征

（1）出示蚂蚁，每人通过昆虫观察镜来观察一只蚂蚁

教师提出观察要求：

蚂蚁在昆虫盒里，小朋友看的时候尽量不要来回翻动，以免吓到蚂蚁；可以从盒顶的放大镜里观察蚂蚁，耐心地从头部开始观察，蚂蚁长得是什么样子的？小组同伴间可以自由交流发现的秘密。（一名幼儿发言，其他幼儿可以质疑、辩论。）

幼儿分组探究，教师深入到各小组巡视，指导、帮助幼儿观察。指导重点：蚂蚁身体分几节、蚂蚁身体各部分的细节是怎样的。

（2）汇报交流蚂蚁的外部特征

师：我们每个小朋友都观察了蚂蚁，是不是比以前有了更多的发现？谁能说说你看到的蚂蚁是什么样子的？还有谁发现了他们没有观察到的东西？

分析：在幼儿进行汇报时，教师要注意引导其他幼儿仔细倾听，并和自己的观察结果进行比较，鼓励幼儿补充完善。幼儿回答的同时，教师出示对应的蚂蚁分解图片。

以小组为单位，请幼儿相互合作，拼出完整的蚂蚁图片，并贴在白纸上。

展示小组作品，小结：我们经过观察，发现蚂蚁的身体可以分为头、胸、腹三部分，头部有两只触角、两只眼睛、还有两个大颚；胸部长了三对足；腹部大大的，有些毛。（教师边总结边拼图，使之成为完整的蚂蚁图片。）

师：今天我们认识了蚂蚁，现在请你们为蚂蚁照相，该怎么照呢？（引导孩子有顺序地绘画，帮助孩子巩固对蚂蚁的外部特征的认识。幼儿拿回自己的记录单，完善记录单。）

3. 延伸

展示孩子绘画的蚂蚁图片，出示另一部分蚂蚁图片，供幼儿欣赏、了解。

师：蚂蚁的种类很多，老师也带来了另一些蚂蚁的图片，小朋友们可以轮流看看。

师：蚂蚁是我们经常见到的小动物，蚂蚁世界也很神奇，你们想知道蚂蚁

世界的秘密吗？你还想知道哪些有关蚂蚁的事？还有什么问题，一会儿我们回到教室把它们记录下来，一块儿找出答案，好吗？

教师自评

　　整个活动环节过渡自然，孩子们参与活动的兴趣一直很高，活动目标完成较好。把预设的"集体拼图"环节调整为四人一组的"小组拼图"，孩子们可以边观察拼图边调整，这样在小组成员达成共识之后，教师同时展示各种拼图，孩子们会自己进行比较，通过比较发现异同，再次观察调整，直到各组再次达成共识。这样的安排使孩子参与活动的积极性更高了，教师教得更轻松，孩子学得主动，真正做到了教师是引导者、支持者，孩子才是学习的主人。

专家评析

　　这次科学活动的组织，给孩子留下了充分的自主探究发现的空间，教师有一定的教育机智，能够适时引导观察的重点，孩子参与活动的积极性很高。活动中，先谈记忆中的蚂蚁，进而画记忆中的蚂蚁，再观察现实生活中的蚂蚁，拼图中的蚂蚁，给蚂蚁照相，各环节的主人全都是幼儿，幼儿自主探究的欲望得到了充分的尊重与满足，探究过程得到了教师适当的支持与引导。

（3）活动组织与实施的指导要点

其一，从幼儿熟悉的事物或现象中挑选观察对象，利用显著特征激发幼儿观察兴趣。

在筛选观察类探究活动的观察对象时，最好从幼儿的生活环境和经验着眼。一般来说，幼儿熟悉但没有系统观察和认识过的事物和现象是最佳的观察对象，一来可以避免由于陌生而产生的恐惧感或者不理解（不可接受），二来又可以引发幼儿对熟悉却并不了解的事物进行观察探究。在观察时，成人可以利用观察对象的显著特征引发幼儿观察的兴趣，但是也要谨防因此而给幼儿带来的刻板印象，即所有这类物体都有这个特征而没有特例的存在。所以，在指出事物显著特征的同时，并同时请幼儿思考是否存在不具备这一特征的同类事物，通过积极的思考和实际的观察来解决这个问题，既可以让幼儿把握事物的典型特征，同时也承认特例的存在，逐渐发现对不同事物的区分应立足整体、以联系的眼光进行观察而不受某一特征的限制。

其二，调动幼儿多感官参与观察，并鼓励用多种形式进行记录。

观察是基于感官的特殊知觉形式，只有充分调动幼儿的各种感官，才有可能达到观察的最优化。在实际的观察中，成人应鼓励幼儿用眼睛看一看观察对象的外形，用鼻子闻一闻观察对象的气味，用双手摸一摸观察对象的触感，用耳朵听一听观察对象的声音，有时甚至可以用舌头尝一尝观察对象的味道。多感官的参与不等同于一次观察用一种感官，而是最好能在同一次观察活动中使用至少两种感觉器官，这样不仅能加强幼儿对观察对象的感受性,同时还能锻炼各种感官对不同感觉刺激的敏感性。在多感官参与的观察中,不要忘了鼓励幼儿尝试记录,幼儿可以根据自己的能力或者兴趣选择以什么样的方式进行记录,如图画、符号和文字等,主要是培养幼儿记录的习惯,同时也通过多种形式的记录尊重幼儿的个体差异。

其三,提出有针对性的问题启发探究,并支持观察和操作相结合。

幼儿的科学观察活动往往需要成人的引导和支持。在观察过程中,一方面,可以用逐渐深入的问题引导幼儿循序渐进地进行观察,另一方面还可以帮助幼儿检查是否在观察上存在遗漏之处,以保证观察的全面性。成人在提问时,要注意问题表述的方式,最好是相对比较开放性的问题,留给幼儿思考的空间,尽量不要带有过于直接的提示,以免造成幼儿的观察完全由成人牵着鼻子走的情况。在具体的观察中,成人还需要支持幼儿使用辅助方式更好地进行观察,如鼓励幼儿动手操作物体,将其摆放至适宜的地方或是调整其角度以方便观察;再如观察洋葱,需要幼儿用手把洋葱剥开,才能观察到它的内部;等等。

(二)操作实验类

1. 什么是操作实验类探究

《纲要》指出:"提供丰富的可操作的材料,为每个幼儿都能运用多种感官、多种方式进行探索提供活动的条件。"在多种感官中,手的触觉十分敏感,在大脑皮质中所占的投影面积最大。在科学探究活动中,幼儿最喜欢用自己的双手去进行操作和摆弄。双手的加入不仅丰富了大脑所接受到的感性刺激,同时也为眼睛更好地观察事物和现象提供了助力。操作实验类的科学探究活动无疑是动手操作的典型性活动之一。

操作实验类活动从某种程度上可视为观察类活动发展所形成的高级观察类活动。正如生理学家巴甫洛夫所说:"观察是收集自然现象所提供的东西,而实验是从自然现象提取它所愿望的东西。"操作实验类探究活动是通过控制相应的变量,人为阻隔了无关变量对观察对象的影响,且只考察实验者所确定的自变量是否对因变量产生影响。这样一来,较之观察类探究活动只是单纯地观察外界所提供的事物和现象,操作实验类探究活动则简化了外界影响,直指实验处理(实验者人为保留或添加的影响因素,有可能会使观察对象因其变化而发生变化)和观察对象之间的因果联系,即在人为控制环境的基础上对观察对象实施观察,更深刻地揭示了事物的本质和变化规律及其影响因素。

幼儿园操作实验类的科学探究活动是指幼儿自主操作实验器材控制变量和探索所要观察变量间是否存在因果关系的活动。受制于年龄特征,幼儿的实验操作还不太规范,使用的工具比较简易,所能控制的变量还很有限。但是,与单纯的观察类科学探究活动相比,操作实验类科学探究活动更能激发幼儿科学探究的兴趣和帮助幼儿更深刻地认识事物和现象的本质。

2. 操作实验类探究的组织与实施

(1) 活动目标的组织与实施

以探究为核心的科学活动重视幼儿亲自动手操作,操作实验类科学探究活动正是让幼儿动手动脑、仔细观察、验证假设和发现规律。操作实验类科学探究活动的核心目标包括科学情感和科学能力两个方面,具体来说是幼儿的好奇心和探究能力(见表5-4)。

表5-4 操作实验类科学探究活动的目标设计[1]

教学目标		适用年龄段	举例
科学好奇心	注意到新异的事物或现象	小班或以上	注意到有些东西放在水里总是会浮起来
	愿意探究新异的事物或现象	中班或以上	发现物体在水里会出现沉浮现象,愿意用不同的物体来进行试验
	对新异的事物或现象提出问题并进行探究	大班	提出有关沉浮现象的问题或自己尝试解决有关沉浮现象的问题,如"怎样改变物体的沉浮状态"等
科学探究能力	能通过自己的观察、操作获得发现	小班或以上	通过观察发现不同物体在水中的沉浮状况
	能对问题作出假设并用自己的经验来加以检验	中班或以上	能根据自己的经验预测不同物体在水中的沉浮变化,并通过实验加以检验
	能根据已经获得的资料进行合理推断、得出结论	中班或以上	在实验的基础上总结哪些物体在水里是沉的、哪些是浮的
	能根据过去的经验或逻辑推断对现象进行解释和预测	大班	能根据过去已有的经验来解释小"潜水艇"沉浮的变化

(2) 活动过程的组织与实施

幼儿园科学教育应以幼儿探究作为活动的中心,但在实际的活动过程中也必须有教师的参与,只是干预的程度和指导的侧重点有所不同罢了。具体来看,演绎—操作类更多倾向于幼儿模仿教师操作,材料和程序都是固定的;自由—引导类更多为幼儿由于对教师所提供材料的兴趣而自由开展的实验,教师所提供的指导则是因人而异的;猜想—验证类更接近于正规的实验操作,基于探究原理和方法,提出假设并验证假设(见表5-5)。

表5-5 操作实验类科学探究活动的过程设计[2]

	设计要点	设计思路
演绎—操作式	教师的演示不可避免地会限制幼儿自己的想法,所以这种形式的探究活动仅仅可以在幼儿由于年龄小而无法独立进行探究的情况下实行	教师对实验内容进行演示—幼儿按照教师演示的方式进行实验操作—在观察中获得新的发现

---

[1] 张俊. 幼儿园科学教育[M]. 北京:人民教育出版社,2004:184-185.
[2] 张俊. 幼儿园科学教育[M]. 北京:人民教育出版社,2004:185-188.

(续表)

	设计要点	设计思路
自由—引导式	第一阶段无定向、无目的的自主探究活动是自由—引导式活动的中心环节。应确保幼儿在这一阶段尽享"动手做"的乐趣,并指导幼儿在此基础上完成从"瞎忙"到"领悟"的重要转折	教师通过材料引发幼儿的探究兴趣—幼儿进行自由探究—教师组织幼儿交流各自的经验—进一步引导幼儿进行有目的、有计划的研究活动
猜想—验证式	科学发现的过程就是提出问题—作出假设—验证假设的过程,幼儿在参与此类探究式活动的同时科学素养亦会得到相应的提升。但此类探究活动仅适用于幼儿已有类似的生活经验,但答案尚未明确的问题。若学习的内容是幼儿所不熟悉或无法理解的,猜想就失去了实际意义	教师提出问题—引导幼儿对结果进行猜想—通过实际的探究活动验证猜想的正确性

 案例导引 5-10

小小魔术手(大班)[①]

设计意图

橡皮泥是孩子们最喜爱的玩具之一,他们不断捏出各种各样的形状。一次,一名幼儿发现橡皮泥会沉在水盆里,引起了他们继续探索的好奇心。因此我在科学区准备了水盆和橡皮泥,引导幼儿观察并探究让橡皮泥浮在水面上的方法。

活动目标

1. 通过改变橡皮泥的形状让它浮在水面上。
2. 幼儿大胆地表述自己的活动过程,发展口语表达能力。
3. 通过活动发展幼儿的类比推理思维。

活动过程

1. 出示轮船,导入

师:孩子们,这是什么?(铁块)把它放在水里会怎样?(沉底)那铁船为什么不会沉底?铁块或金属块改变形状做成轮船就能浮在水面上。生活中还有很多金属制成的东西也能浮在水面上。橡皮泥比铁块软多了,更容易改变形状,如果我们把橡皮泥改变形状,它就一定能浮在水面上吗?

师:你们想把它改变为什么形状?(幼儿纷纷作答)你们的想法可真多,想写在记录表上吗?

---

① 教育部教育管理信息中心组. 全国优秀幼儿科学教育活动课例评析[M]. 重庆:西南师范大学出版社,2011:192.

分析:结合幼儿的生活经验提出问题,引起幼儿的思考,调动幼儿主动参与活动的积极性。

2. 介绍记录表

师:把你捏出的不同形状的东西,记录在表的最上面一格,捏出一种放在水里试试,如果能浮上来,就在它下面画一个成功的标记。

分析:正确使用记录表对孩子们来说很关键,能帮助孩子们归纳已有的经验,活动开始前,教师应当详细讲解记录表的使用方法。

3. 幼儿尝试改变橡皮泥的形状,让它浮在水面上

教师应针对幼儿的不同表现进行引导。如果发现有的幼儿不能成功对前一次的造型进行改进,就要引导幼儿观察别人,找出自己的橡皮泥沉底的原因,思考应该再怎么捏,捏成什么样子它才能浮上来。

让幼儿交流各自改变的原因,谈谈自己为什么造出这种形状。

分析:本环节是这次活动的重点,教师必须细心观察,及时发现孩子们的需要和存在的问题,更应关注孩子们解决问题及合作交流的过程。教师需要给孩子们提供不断尝试的机会,不应过多地干预孩子们的想法和做法,这样才更加有利于培养幼儿的独立性和创造性。

4. 讨论

师:你都捏出了什么形状,试过几次,哪些形状成功了?你发现了什么问题?捏成什么形状能浮上来?

分析:教师要鼓励孩子们尽可能使用规范的语言讲述自己的发现和实验结果。教师一定要尊重幼儿的想法,切不可轻易否定他们的结果,要引导孩子们在活动后继续进行实验。

5. 小结

改变橡皮泥的形状,将它捏成小碗、小船就能浮起来。(1)先把橡皮泥捏成薄饼状,再在它的周边围成一个空间,使里面有足够的空气,这样就不会下沉了。(2)要尽量捏薄一些,这样才更容易漂浮。(3)要保持橡皮泥边缘的厚度一致,如果一边轻一边重,就会下沉。

师:今天我们成功地改变了橡皮泥的形状,让它浮了起来。以后你们要多观察生活,看还有哪些材料可以通过改变形状而浮在水面。

分析:本环节是活动的点睛之处。教师应尽可能调动孩子们的经验,精练地归纳出活动的重点,给孩子们提供启示。

教师自评

本次活动通过幼儿亲自动手捏橡皮泥,来培养他们的动手和创新能力,取得了一定效果,但也存在一定问题。

(1) 捏成足够薄的小碗形状,孩子们很难把握这个程度,因此有些船状的橡皮泥不容易浮在水面上,和教师指导不到位有关。

(2) 教师应对不同幼儿的发展情况有个事先的预测,预先考虑各种可能出现的情况,思考思维活跃的孩子该如何指导,性格内向的孩子该如何启发。

专家评析

科学领域的活动主要是让孩子自己观察、发现问题,然后带着问题去探索。本活动目标设定明确,教师首先以疑问引入,能很好地抓住孩子的好奇心,顺利地开展活动。幼儿参与的积极性很高,主动探究的兴趣也很浓,能够充分表达自己的发现,同伴间相互学习的意识也得到了增强。另外,教师的活动反思也很到位。

(3) 活动组织与实施的指导要点

其一,提供丰富的实验操作材料,给予充足的操作空间和时间。

幼儿的实验操作需要教师提供多方面的支持,如事先按照探究主题创设适宜进行实验操作的环境,准备好实验操作所需要的各种材料,依照教室布局合理划分实验场地,按照一日生活流程缩短不必要的活动以预留出更多的时间给幼儿进行实验操作。值得注意的是,这一切的准备都是为幼儿实验操作服务的,环境和材料不是随意设置的,而是针对实验主题经过精心设计和筛选的,这样才能让幼儿有所选择又不会偏离探究目的。空间的安排主要看教室的布局。如果空间过大,教师需要把幼儿尽量安排在适宜的范围内且彼此能进行观摩而不互相干扰;如果空间过小,教师则要考虑更换更大的活动室或者增加每组的实验人数(教师需要增设实验中的工作岗位以确保每个幼儿都能参与其中,或者实施轮换制,尽量让每个幼儿都操作一遍)。虽然充足的时间是幼儿操作实验必备的,但是在活动中可以灵活调整,当差不多所有幼儿都完成探究时(此时时间还没到或者还有幼儿没做完),教师最好结束活动(对于没做完的幼儿可以在其他空余时间再次实施实验);对于时间到了而大部分幼儿仍然没有完成实验的情况,教师可以适当延长时间也可以将实验调至下次探究活动再做。

其二,指导幼儿正确使用科学仪器和工具,做好安全保障。

为了保证幼儿能够正确进行实验操作,教师有责任提前让幼儿认识实验中所要使用的仪器和工具。在实际操作前,教师最好指导幼儿学会操作仪器的基本方法,这样可以避免幼儿在实验中因错误操作而引发的安全问题,并能使实验更加高效。除了工具的使用外,教师也有必要传授一些简单的科学概念、科学探究方法和实验安全常识,这主要是为幼儿提供相关的经验准备。科学工具和方法的掌握能使幼儿逐渐养成科学操作的意识和习惯,使得实验操作真正成为相对较为规范的科学探究活动。

其三,引导幼儿仔细观察实验过程,并鼓励其做好实验记录。

操作实验是为了幼儿能够更好地进行观察。在实际的操作过程中,教师需要引导幼儿仔细观察实验过程和结果而不单单只是享受操作的乐趣。为了确保实验操作后的分享交流和发展幼儿的前书写能力,教师有必要帮助幼儿找到合适他自己的记录方法。通过记录,幼儿不仅能回顾自己的实验流程,还能成为与他人分享的有效途径之一,同时这也可以作为评价幼儿发展的材料之一。总之,实验操作不是单纯的动手操作,还需要依靠其他感官的共同参与。

其四,允许并鼓励幼儿大胆提问,积极展开合作探究。

教师在幼儿实验操作前可以留下需要重点思考的开放性问题,但是不可以把操作的结果直接告知幼儿。留有思考的余地能充分保留幼儿探究的热情,同时也能在幼儿操作遇到问题时及时地与教师和同伴探讨。在实验前,不光教师可以提问,幼儿也可以针对自己的猜想而提出相应的问题。由此,教师可以制作问题对照表,在实验中促成师幼、幼幼之间的合作,以共同探究大家提出的问题。如果实验过程中解决了某一问题,则可在表中打钩,如果遇到了新问题,教师可以帮助幼儿加上问题或由幼儿自己添加问题。问题是针对每个探究者的,每个人或小组都可以去尝试回答问题列表的问题。问题在此成为驱动大家合作探究的动力。

(三) 技术操作类

1. 什么是技术操作类探究

幼儿园技术操作类科学探究活动是指幼儿体验和学习使用科技产品、掌握和运用工具制作或创作科技小制作的活动。随着时代的发展,科技已经成为人们生活的一部分。幼儿平时有很多机会去熟悉和体验一些科技产品,如家电。对于幼儿来说,最先接触的也莫过于这些家庭生活中必备的电器。幼儿起初通过观察成人操作或是感受科技产品的用途来形成对科技的初步印象,渐渐地学会使用这些科技产品,有的甚至成为他们心爱的高科技玩具。但是幼儿并不理解其中的科学原理,尚不能理解它们的价值,也没有尝试学习如何制作或者设计这些东西。不过,有些孩子会把一些东西拆开来一探究竟,但这也并不是仅针对科技产品本身的。真正系统的技术操作类科学探究活动一般要等到幼儿上幼儿园的时候才会发生。这不仅意味着他们需要一定的生理和经验准备,同时也表明技术操作经验和能力的形成不是一蹴而就的。

2. 技术操作类探究的组织与实施

(1) 活动目标的组织与实施

技术操作类科学探究活动有着浓厚的实用主义倾向,主要是促进幼儿对现代科技的了解、体验、使用、制作和创作,所以相当重视培养幼儿的技术操作能力。这样一来,在实际的目标设计中,各年龄段所能达到的技术操作能力就成为了核心目标(见表5-6)。

表 5-6　技术操作类科学探究活动的目标设计①

教学目标		适用年龄段	举例
技术操作能力	掌握简单工具的使用方法	小班或以上	学习以推、拉、按、拧的方式开启手电筒
	按程序进行操作或制作	中班或以上	通过操作了解纸浆造纸的程序
	设计并制作简单的物品	中班或以上	学习选择合适的材料制作简易喷水壶

（2）活动过程的组织与实施

按照幼儿园技术操作类科学探究活动的性质和学前期的接受水平，它可以被分为使用类和制作类的科学探究活动。其中，使用类的探究活动主要是体验和学习如何使用科技产品，制作类的探究活动则主要是学习如何按照既定的步骤制作简单的科技作品或者是自主设计简单的科技小制作（见表 5-7）。

表 5-7　技术操作类科学探究活动的内容设计②

	设计要点	设计思路
学习使用科技产品和工具	引导幼儿学习现代科技产品的操作方法或日常生活用品、常见工具的使用方法。教师一般不作演示操作，而是在交流讨论的基础上帮助幼儿分析错误操作的原因，总结正确的操作	观察—尝试操作—交流讨论—正确操作
科技小制作活动	通过幼儿的制作活动进一步发现科学现象，体验其中蕴涵的原理，同时掌握制作的技巧。对于需要严格遵循一定程序规范进行操作的项目，教师应当采用分步骤展示的方法，并多利用个别指导的方式化解幼儿操作上的困难	展示—操作—交流讨论—展示分享

案例导引 5-11

工具用处大（大班）③

设计意图

"工具用处大"选自江苏省幼儿园主题教材里的一个教学活动。我根据生活中幼儿经常见到的工具设计了这节课，希望幼儿通过思考和尝试真正了解工具的意义。本次活动成功的关键在于对活动步骤的合理安排。

---

① 张俊. 幼儿园科学教育[M]. 北京：人民教育出版社，2004：202.
② 同上.
③ 教育部教育管理信息中心组. 全国优秀幼儿科学教育活动课例评析[M]. 重庆：西南师范大学出版社，2011：174.

活动目标

1. 引导幼儿了解生活中常见的一些工具,体验、比较、感知工具给人们的生活带来的方便。
2. 使幼儿能学会正确地选择和使用常见的工具,且运用时注意安全。
3. 使幼儿养成实验后记录的习惯,乐于将记录的内容表达出来。

活动准备

材料准备:镊子、起子、钳子、小刀等多种常见工具;装有许多棉花的药物瓶子(幼儿用手不容易拿出需要用镊子);装有许多绿豆的盆(需要装进饮料瓶子里);螺丝全拆下来的小闹钟;混在一起的黄豆和绿豆。

活动过程

1. 导入活动

教师提出问题,导入活动,引导幼儿初步感知工具的作用。

师:今天老师很高兴和你们一起参加这个活动,知道你们都是很聪明的孩子,所以我带来了一大箱的东西,要请你们帮忙。

教师出示箱子,箱子被胶布粘的很严实。

教师请幼儿徒手帮忙打开箱子,在幼儿失败后请他们帮忙想办法,让幼儿有使用工具的意识,并得出结论:"我们费了好大的劲儿都没能打开的箱子,可用小刀这样的工具一下子就打开了!"

2. 幼儿徒手进行操作活动

教师引导幼儿寻找方便操作的方法,发现需要工具的帮助。

(1) 教师出示材料,请幼儿帮自己解决问题

师:我们来看看箱子里有什么?

激起孩子们的尝试欲望:你们愿意帮助我吗?那请你们小组商量一下,选择帮我完成的一件事情。

(2) 幼儿在音乐下徒手操作

师:选好了吗?等会儿我给你们3分钟的时间试试,看谁能又快又好地完成工作,你们可以吗?那开始吧!

(3) 讨论活动的情况

时间到,请幼儿回到座位上,孩子们基本上都没有完成活动,于是,教师请幼儿集体讨论活动的情况。

教师分析没完成的原因,让幼儿思考用其他方法完成工作。

师(故作悬念):哦,我忘记了我今天还带来了一些工具,不知道能不能帮上你们。

3. 认识、使用工具

(1) 教师出示工具,引导幼儿简单认识并了解工具。

(2) 让幼儿自己选择工具,提醒幼儿注意安全,请幼儿将成功解决问题的结果记录下来。

(3) 幼儿尝试使用工具、体验工具的作用,教师参与、鼓励、支持幼儿大胆尝试、操作。

4. 幼儿交流和展示操作方法

各小组简单、清楚地介绍记录的结果,并将成功的操作方法展示给大家。

分析:教师可以根据自己的课程设计表格,交流中教师可通过师评、幼儿互评、幼儿自评等多种方式肯定幼儿努力工作的成果。

5. 小结拓展、提升经验,激发幼儿热爱科学的情感

(1) 请小朋友讨论:刚才我们在相同的时间里做了相同的事情,你认为哪次完成得又快又好,为什么?(第二次更好,因为有了工具帮忙。)

(2) 启发小朋友想想在平时的生活中还看到、用到过哪些工具,并让他们充分感受工具用处大这一特点。

6. 观看多媒体短片,激发幼儿的探索欲望,拓展幼儿的想象空间

(短片内容:日本最新研究发明的一个助老机器人轮椅,可以帮助老人按路线自动行走。)

总结:现代的高科技工具都是为了我们的生活更方便,更美好。

分析:可以让幼儿帮忙整理摆放使用过的物品。

教师自评

这是一节科学课,投放的材料都是自己设计的,活动过程也因孩子能力的不同而出现了不同的状况,这些都很正常,最重要的是活动中幼儿都学到了解决问题的方法。

专家评析

这是一节非常好的科学课,无论是目标的制定,活动过程的安排,还是教学的语言组织都很人性化,也很妥当。活动中,教师语言简洁明了,问题提得简单易懂,对孩子要求很明确,实施过程也很顺利,是设计完善的一门好课。

(3) 活动组织与实施的指导要点

其一,从幼儿熟悉的科技产品着手,逐步实现同类和异类的学习迁移。

技术操作类的科学探究活动虽然依赖于手的操作,但是结合幼儿的已有经验也是十分重要的。从幼儿熟悉的科技产品入手,可以增强幼儿的控制感,逐渐过渡到同类产品(但幼儿对其熟悉程度不如前者)也不会显得突兀。按照由近及远的原则,

逐渐提升操作的难度、延长操作的时间,不仅可以使幼儿逐步调整相应的使用策略,同时也可以让幼儿逐渐认识到即使同类产品也会存在差异。之后再过渡到不同类的产品,在使用的过程中教师要引导幼儿和之前使用过的科技产品作比较,使幼儿从找不同点到逐渐发现不同类的科技产品也有共同之处,培养幼儿的比较分析意识和逐渐融会贯通的能力。

其二,准备适当的技术操作类材料,关注材料的可操作性和选择性。

技术操作类科学探究活动是实用性和操作性很强的活动,需要教师事先准备适当的材料作为支持。根据幼儿的现有能力水平,一般很难独立完成一件科技产品的制作,所以需要教师提供额外的帮助。帮助可以是显性的指导,也可以是通过材料隐性的传递。教师提供的材料最好以半成品为主,这样可以降低幼儿操作难度,只保留需要幼儿完成的部分,以提高材料的可操作性。虽然制作的步骤很可能是固定的,但是教师可以提供多种不同的材料以备幼儿选择,尊重幼儿的自主性。

其三,明确目标,鼓励幼儿使用多种方式或材料达到技术操作效果。

在技术操作类科学探究活动前,教师应让幼儿对主题有比较清楚的认识,明确使用和操作的目标。在目标导向下,教师允许和鼓励幼儿尝试现有的各种材料和他们所掌握的各种方法去制作科技产品。虽然目标是一定的,但是达到目标的方式可以充分发挥幼儿的积极主动性。有时,他们可以基于自己的经验和想象改良甚至创造出新的科技产品。这样一来,不但丰富了科学探究的活动内容,也超预期实现了技术操作活动的目标。因此,教师应该积极鼓励幼儿进行各种有益的尝试,对活动的方法、内容、材料等进行必要的探索。

案例导引 5-12

大班系列探索活动——金属[①]

主题目标

以幼儿生活中常见的金属制品为核心组织活动,使幼儿了解金属在日常生活和各行各业中的用途,掌握金属坚硬、可变性、质量重、声音清脆等特性。

设计思路

以探索生活中的金属的特性为切入点,教师提供各种材料,幼儿进行初步的感知探索。活动首先让幼儿自主挑选金属制品,区分金属与非金属制品的活动是在幼儿自身已有经验的基础上进行的。区分的过程,就是幼儿对金

[①] 陈飞,黄炜.大班系列探究活动——金属[J].学前课程研究,2007(3):26-28.

属特性感知的过程。接着让幼儿玩金属物制品,通过看、摸、掂、敲等各种方法感知这些金属制品的特性。幼儿玩金属的过程,也就是幼儿通过动作思维进行感知的过程。从能力发展来看,这个环节体现了幼儿最根本的能力——自我发展的学习能力;从发展知识技能来看,强调幼儿主动获取知识的过程体验。教师给幼儿创造条件,让他们自己去经历,去探索。

根据对幼儿操作状况的了解,以及对金属特性的分析把握,我们觉得这是一个比较适合于分组操作、探索逐步深入的主题。我们预设了以下探究活动:调查活动、磁铁探索、金属线导电性探索、感受金属轻重的探索、手工劳作感受金属硬度的探索、金属发声探索、金属沉浮探索等活动。

分组探索

1. 调查活动

调查是一种通过收集多方面的信息和资料,了解并分析现象和问题的活动。对幼儿来说,它是一种学习的方法;对教师来说,它是一种课程实施的途径。

第一次调查活动:调查活动室里的金属制品,记录形式以图画为主。有的幼儿认为亮亮的东西就是金属做的,看到亮晶晶的纽扣也将其记录下来。如何纠正这种认知偏差呢?我们采用的是让幼儿继续探索,来取代简单说教。幼儿通过反复对金属制品进行操作,积累了更多对金属的感性认识以后,再来分辨亮晶晶的物品是否都是金属制品。

第二次调查活动:调查家中的金属制品,记录形式可以多样化:图画、符号、类文字等。幼儿的记录不再局限于绘画,而采用更加简单的符号等记录形式。需要指出的是,记录要求从直观到抽象,需要幼儿的图式表征能力进一步向抽象化发展。我们在平时就和幼儿一起制作了调查册,用以在各种学习领域中进行调查记录,帮助幼儿逐步提高表征能力。

第三次调查活动:在探索区中的探索、记录和分类活动。我们将一张分类表格摆放在幼儿的探索区内,请幼儿对金属制品进行分类。有的幼儿把重重的铅球、杠铃片、秤砣分在一起;有的幼儿把一些亮亮的手链、项链、戒指分在一起。多角度对金属进行探索,对金属的认知稳定地发展,是幼儿分类活动开展的基础。

2. 磁铁探索

第一次操作:提供圆形磁铁若干,有正负极标志的磁铁(马蹄形、条形)若干,以及各种金属、非金属制品。

幼儿根据探索进行分类,发现有的金属吸得住,有的吸不住,磁铁与磁铁能够相吸。幼儿再用有正负极的磁铁相吸时,对同极相斥、异极相吸有了初步的感知。

第二次操作:提出挑战性操作要求,想办法将吸不住的物品也吸起来。

对"想办法将不是金属的物品也吸起来"的操作挑战,幼儿很感兴趣。有的将磁性圆片插在药瓶子里,将瓶子吸住;有的用回形针夹住物品吸住;有的隔着纸片吸钉子从而将纸片吸住;有的在一次性杯子底部放上隔杯吸垫片,从而将一次性杯子吸住;有的运用磁铁与铁制品将大花片积木吸住;也有的试着吸住衣服(铁纽扣)和塑料碗;等等。

第三次操作:活动应变与调整:集体活动——运用网络收集的图片帮助幼儿拓展经验,了解磁性在生活中的运用(门、包、收音机、磁悬浮列车等)。

让铁制品也有磁性——磁化。幼儿可能很难发现磁化作用,通过教师的引导,采用魔术表演的方式,引发幼儿的好奇心,引导其在探索活动中开始模仿和尝试。

3. 金属线导电性探索

第一次操作:会发亮的小电珠,五号电池若干,两端裸露的细铜线若干,小灯泡若干。

幼儿开始探索灯泡发亮,重点放在如何连接电池与电线。同时我们提出进一步操作挑战:不同的材料与灯泡发亮是否有关系。

第二次材料调整:增加铅丝、铁丝、铝丝等不同材料。

操作中幼儿探索了不同金属丝的导电性,发现用铜丝连接的小电珠最亮。但是,也有幼儿进行了叠加电池的尝试,发现连接的电池越多,小电珠能够发出的光也越亮。

4. 感受金属轻重的探索

第一次操作:根据幼儿的操作情况,我们将轻重不同的金属制品(铅球、铁饼、杠铃、饼干盒、理发剪、易拉罐、挂锁等)投放在活动区。

在参与比轻重的活动中,幼儿的第一反应就是用手掂金属的重量。一般情况下,幼儿能够直接用手判断出物体的轻重:如易拉罐和杠铃、饼干盒和挂锁等。但在比较铅球与铁饼的时候,产生了到底谁重的争论,在重量相差不大的这两样物品面前,幼儿各执其词,谁也无法说服谁。

第二次操作:在原有材料基础上增加天平等材料。

这次幼儿不再是无目的地随意取两个制品比较,而是取出比较接近的两样物品进行比较,如饼干盒和理发剪、铁饼和铅球等。

第三次操作:增加记录表格和笔。

反复尝试之后,教师对幼儿的活动结果提出了质疑,怎样让别人一看就知道哪个重哪个轻。教师这时给予幼儿支持,提出大于、小于符号。于是幼儿开始学习记录两个金属制品的轻重比较示意图了。

5. 手工劳作感受金属硬度的探索

第一次操作:提供木块、钢钉、锤子等工具。

幼儿不断地将钉子钉在木板上,他们对反复钉钉子非常着迷。问题出现:钉子用完了,木板上都是钉子,怎么办?

教师组织幼儿尝试拔钉子的办法。有的幼儿用手拔;有的幼儿敲木板的另一面,想把钉子震出来;有的幼儿用锤子把钉子砸倒后拔起来;等等。幼儿通过自己想办法、动脑筋,寻找拔钉子的办法。

第二次操作:提供钢钉、铁钉、短铜丝、短铅丝(不同的金属材料有不同的强度)。

幼儿发现钢钉、铁钉很容易钉到木头里面,而铜丝和铅丝很容易弯折。

帮助幼儿了解不同的金属有不同的硬度。有幼儿质疑:那钢钉和铁钉谁硬呢?我们知道钢是铁冶炼而成的,如何回答幼儿的这个问题呢?我们通过教学活动"钢铁是哪里来的",详细介绍了钢与铁的关系。

第三次操作:在实践中进行修理操作活动。

一天,非池跑到我面前说:"我椅子的一条腿松了,我可以用钉子修理吗?"幼儿经过一个星期的敲敲打打,基本掌握敲打的技巧,他们不再满足于在木板上敲打钉子了。非池的这个建议非常好,他想把学到的本领运用到实际的操作活动中。在教师的指导下,非池很快修理好了自己的椅子,他兴奋地嚷着:"我会修椅子了,我会修椅子了!"幼儿将学到的本领运用到实践中后,成功的经验给予幼儿强烈的自豪感。

6. 金属发声探索

第一次操作:提供各种各样的金属制品,其中包括用金属制成的乐器。

幼儿喜欢通过不停地敲打,让金属制品发出声音,从而感知金属被敲打会发出不同的声音。幼儿刚开始对任何金属制品都进行敲打,有拿手敲的、有让金属和桌子碰撞发声的、有让金属制品相互碰撞发声的……渐渐地他们更多地敲击小铃、三角铁等,让其发出声音清脆的金属乐曲。

第二次操作:集体活动——辨音。

幼儿认识各种不同的金属乐器,进一步分辨金属发出的声音及与其他材质音质的不同。金属发出的声音比较清脆、响亮,其他物体发出的声音比较沉闷、低沉。

第三次操作:调整区域中原有材料,并增加各种大小不同的铁盒、由少到多依次装有水的玻璃瓶、三角铁、弹簧片、橡皮筋、易拉罐、大小不同的饼干盒子等。

前面的各种操作让幼儿发现不是所有的金属制品都能发出好听的声音。在这次操作活动中,幼儿进行了有目的的探索:除了小铃、三角铁以外,幼儿更多地探索了易拉罐、大小不同饼干盒的发音,同时对不同材质发出的声音产生了兴趣,除了对区域材料的操作外,他们更多地运用三角铁敲击探索其他材料,如玻璃、桌面、玩具柜、门把手等等。

7. 金属沉浮探索

教师提供铁钉、铁丝、空易拉罐、小刀、木片、水盆、塑料玩具、玻璃瓶等材料供幼儿操作。

幼儿开始记录金属的沉浮现象,并动手操作如何让物体在沉、浮、悬浮状态转化。疑问:金属制品是重的,为什么有的是浮的?有的是沉的?我们要求幼儿仔细观察沉到水里的金属制品有什么相同之处,浮在水面上的金属制品有什么相同之处。通过幼儿的比较和交流,有些幼儿观察到浮起来的金属多数中间是空的。

"金属"主题的开展,给予幼儿更多地通过自己的探索、操作进行主动学习的机会。幼儿在主动的探索中发现、学习,调整原有的认知结构,使其对金属的经验稳定地发生改变。我们发现,与生活紧密联系的活动题材能够充分调动幼儿的生活经验,在这些活动中,幼儿的学习更有成效,探究更为深入。同时,我们也感受到生活中存在着大量的课程资源,只有关注生活,敏锐把握生活中蕴涵的教育价值,将之纳入幼儿园的课程体系,才能使幼儿的学习富有生命力与活力。但是,在实施过程中,该如何将探究向主题范畴之外更广阔的天地延伸,去寻找新的生活资源;如何让自己能够更敏锐地把握有价值的教育契机;如何把握幼儿有创意的想法、行为,提供更恰当的支持,引导探究的深入;如何更有效地呈现幼儿的学习……这些问题总在不断地困扰并督促我们不断地学习!

第二节 区域科学探究活动

区域活动是指教师从儿童需要、兴趣出发,融合教育目标和正在进行的各种教育活动的要求,将活动场地划分为若干不同的区域,如阅读区、表演区、自然角、科学活动区或专门的活动室等,在其中投放各类活动材料,制定相应的活动规则,让幼儿自由选择活动,在不同的区域内儿童通过与材料、环境及同伴的相互作用下,进行个性化的学习并获得发展。[1] 虽然区域活动仍然是教师发起的学习活动,但是区域活

---

[1] 夏力. 学前儿童科学教育活动指导[M]. 第二版. 上海:复旦大学出版社,2009:112.

动的设计和实施更多通过环境的创设和材料的投放而面向个体的学习与发展,教师的干预和指导相对主题活动被大大削弱了。区域科学探究活动一般发生在班级附设的科学角、自然角和动植物园,以及幼儿园专门配置的科学发现室。这些区域不仅只支持幼儿在科学领域的学习与发展,相应地社会、语言、艺术等方面也会有所涉及,只是主要以科学探究为主。此外,其他区域也在某种程度上与科学探究相关,如建构区和沙水区。

一、科学区活动的设计与实施指导

科学区是指在班级内用桌子或柜子占据一定教室面积,在那里投放可供幼儿观察、操作、调查、探索或制作的材料的区域。科学区可以被视为主题科学探究活动的拓展与延伸。它为幼儿提供与主题相关的材料或者常设型材料,保证每个幼儿都有独立探索以及与材料相互作用的机会,同时促进幼儿之间的同伴交往。

(一) 科学区活动的设计

鉴于科学区活动是围绕材料展开的,而科学区的活动又重在丰富和支持幼儿科学学习与探索的经验,因此,科学区活动的设计最关键的就是科学区材料的准备和投放的适应性。一般来说,教师会考虑到材料的安全性、充足性和新颖性,但是对材料的要求却远远不止这些。

1. 材料投放的种类丰富性和功能多样性

科学区的活动较之主题活动有更大的选择性和自由度,那么相应的配套材料就应该体现出可选种类的丰富性和功能的多样性。就某一主题,如制作不倒翁,教师可以在科学区投放各种不同的材料作为不倒翁的底座,如塑料的、蛋壳的、纸糊的、金属的等等,充分让幼儿体验使用不同材料制作不倒翁的差异。此外,材料功能的多样性可以为幼儿探索提供更大的自由度和开放性,同时发展幼儿多方面的能力。如磁铁可以作为探究物质磁性的工具,也可以和其他材料组合,制作冰箱贴、驱动铁盒塑料小车等。功能的丰富性还可以给不同水平的幼儿提供更多的选择,让幼儿按照适合于自己能力的方式使用同一种材料,这大大增强了科学区材料的可探索性和可持续使用的价值。

2. 材料投放的年龄层次性和难度递增性

科学区材料的投放需要考虑到幼儿的年龄特征,如关于树叶的探究活动,对于年龄小的幼儿,可以为他们提供各种树叶和绘画的材料(如用手掌按出枫叶的形状),小班幼儿还可以通过撕扯叶子观察叶茎的形状;而对于年龄较大的幼儿,可以考虑为他们提供酒精等溶液,让他们探究叶子的颜色是如何形成的,并提供相应的记录表以供幼儿按照自己喜欢的方式记录探究结果。考虑到不同年龄幼儿需要的同时,也需要考虑同龄幼儿之间的个体差异性。为了给各个发展水平的幼儿提供相应的支持,在材料的投放上就需要注意层次性,如针对沉浮实验,可以投放一些引发幼儿认知冲突的材料,如回形针和软木塞,转变"大的就会下沉,小的就会上浮"的前科学概念;对于已经有这一概念的幼儿,可以提供材质一样但沉浮情况不同的材料,如一实心的金属和中空的金属。这些材料一方面可以满足不同认知水平幼儿的需要,另一方面也可以引导幼儿循序渐进地进行探索,逐渐增加探究难度。

3. 材料投放的科学结构性和更新及时性

科学区的材料在能引发幼儿探究兴趣的同时更要注意其背后隐藏的科学原理,即幼儿能否通过操作和摆弄材料而获得相应的科学经验。如当教师在科学区投放大量现成且做工精美的水枪、风车、不倒翁,虽然这些玩具一下子就能吸引住幼儿,但是等幼儿新奇的劲头一过,这些科学玩具很有可能被束之高阁,同时也限制了幼儿的思考与操作,他们不会了解那些成品背后的科学原理,相比之下,提供自然物、安全的废品或半成品,更能激发幼儿动手操作和可持续利用的积极性。因而,在投放材料时对材料的探究价值和效果也需要慎重考虑。此外,根据主题科学探究活动和幼儿兴趣的变化应该及时更新科学区的材料,不然,科学区终将成为被遗忘的角落。

(二)科学区活动的实施指导

教师在科学区活动的参与和指导要远低于主题科学探究活动。教师主要是在尽量少干涉甚至不干涉幼儿探究的前提下为幼儿提供相应的支持,所以,教师在科学区的实施指导中需要符合以下要求。

1. 重视幼儿科学学习体验和情感,倡导幼儿使用科学探究方法

每个幼儿都有自己独特的学习和探究的方式,在科学区活动中这种方式应得到教师充分的尊重。教师应该关注幼儿探究的过程,通过观察幼儿的科学区活动,一方面可以了解幼儿科学探究的能力,另一方面还可以为主题科学探究活动提供"后测"(通过主题活动是否提升了幼儿的经验水平)并为后续主题活动开展所需的素材(幼儿在探究中出现的共性问题)做好准备。在区角活动中,虽然教师最好不要直接干预幼儿的操作,但是教师可以在墙壁上张贴一些幼儿正确操作材料的一般性过程,为一些经验准备不足的幼儿提供参考。不过,在整个科学区的活动中,还是以幼儿自己的学习体验为主,让他在探究中获得乐趣,这就需要教师根据相关课题要求和幼儿的发展水平精心挑选处于幼儿最近发展区内的科学探究材料。

2. 重视幼儿的自主科学探究,鼓励合作探究和进行个别化引导

科学区活动也是一种教学组织形式,但与主题科学探究活动所不同的是它更看重幼儿的自主探究,教师的"教"则退居幕后,主要通过提供环境和材料的支持参与到幼儿的学习与探究之中。教师在尊重幼儿按照自己的步调探究的同时,也可以通过提供一些需要组合的材料或者需要合作完成的探究活动,促进幼儿之间的合作探究。如在科学区只放一大盆水,当幼儿需要探究物体的沉与浮时,必须共用一盆水,这时不同幼儿之间就可能会相互观察与交流,从而发生思想的碰撞和合作行为的产生。由于每个幼儿都有自己的特点,教师在观察幼儿探究的过程中需要针对每个幼儿的情况在必要的时候提供个别化的引导。如当教师发现幼儿无所事事的时候,教师最好用开放性的问题引起幼儿探究的兴趣,关键是引出幼儿的想法,而不是替幼儿做决定；当幼儿因完成探究活动而沾沾自喜时，教师需要促使幼儿反思自己的探究过程或者考虑下一步需要探究的问题。

3. 重视必要物质环境和安全放松的心理环境的创设，允许幼儿试误和深究

教师虽然居于科学区活动的幕后，但是依然是科学区活动发起和组织的关键人物。这里教师的工作主要体现在活动前的准备和活动后的反思上。在科学区活动前，教师需要按照最近开展的主题、幼儿的兴趣和需要投放相关的材料，以此为幼儿提供必要的物质环境。在活动后，教师需要根据幼儿的探究结果和科学区材料的使用情况，及时地补充消耗性的材料、修补损坏的材料、替换不适宜的材料、投放幼儿下一步探究所需的新材料等。在心理环境上，教师需要营造安全、和谐、宽松的探究氛围。这需要教师充分尊重幼儿自主探究的权利，尊重他们犯错和创新的权利。在科学区，教师主要的工作不是指导幼儿，而是耐心地观察和等待，给予幼儿探索的自由空间和时间。当幼儿表现出"错误"的探究行为或发表"错误"的探究言论时，只要不会威胁到幼儿和他人的安全，教师就应该以一种宽容的态度去看待，不要对幼儿的行为和表达给予评价，而是引导幼儿通过自主探究实现概念转变；当幼儿对某一事物产生了深入探究的兴趣，甚至常会做出一些成人难以理解的创新举动，教师也应支持和鼓励幼儿的探究行为，为他们的探究提供相应的支持和帮助。

二、自然角和动植物园的设计与实施指导

自然角和动植物园是幼儿观察动植物的重要场所。通常而言，幼儿园班级的窗台上，或接近阳光的一角都会设置自然角。自然角会养殖一些花草，如水仙花、绿萝等；有时幼儿会带来一些种子，在教师的帮助下种植并进行平日的观察；甚至有些自然角会养一些小动物，如乌龟、金鱼、蜗牛等。让这些动植物走进幼儿园班级，为幼儿的科学观察提供物质环境，可以培养幼儿爱护花草和动物的态度和情感。

有条件的幼儿园可以在户外适宜的空地开辟出一块动植物园，栽种一些农作物或其他花草树木。师幼可以共同参与到种植、除草、施肥和照料的过程中去，让幼儿在亲历的种植活动中观察植物的多样性、生长变化，观察植物的外形特性、习性与生存环境的适应关系。农村幼儿园还可以就近去附近的农田进行观察和感受，观看成人如何播种、照料和收获。

（一）自然角和动植物园的设计

自然角和动植物园都是为幼儿开辟一块观察和照顾动植物的区域，在具体的规划与设计过程中需要综合考虑自然呈现物的真实性与典型性、幼儿年龄特征和认知水平、区域的管理和维护工作。

1. 选择真实典型的自然物

在自然角和动植物园的规划上，对相应自然物的选取需要考虑其是否能真实而集中地反映大自然，是否具有典型性和代表性，还需要考虑这种自然物的可获得性。幼儿生活中常见的动植物是不错的选择，同时还需要考虑根据季节和气候的变化适

当地调整和更新自然物。在动物的选择上，最好选择个头不大、性情温顺、便于饲养、清扫方便、幼儿喜欢的动物，如小兔子、小乌龟等；在植物的选择上，放在自然角的植物可以考虑比较娇小的盆栽，如一串红、菊花、水仙、含羞草、金橘等，还可以是一些水果和蔬菜的种子，这些植物一般生命力比较顽强、观赏价值比较高；而在植物园栽培的植物可以选择常见的周期短、容易存活的蔬菜，如青菜、萝卜、葱等。

2. 符合幼儿的接受能力和兴趣需要

自然角和动植物园主要是为幼儿提供观察、种植或饲养、记录动植物生长和变化的区域。针对不同年龄的幼儿，应根据他们的理解水平和兴趣需要设置自然区角。如小班的幼儿喜欢具有明显特征的动植物，对颜色鲜艳的植物和乖巧可爱的动物有一定的偏爱，那么教师可以提供个头较大、特征比较明显的植物果实供幼儿观察，还可以养一些小兔子、小乌龟等特征明显和易于辨认的动物，帮助幼儿感知和把握其特征，同时又是幼儿比较感兴趣的。对于中班的幼儿则需要提供一些相似程度高和低的物种以发展幼儿的辨别能力，如丝瓜和黄瓜、青菜和白菜、白萝卜和胡萝卜、葱和蒜、橘子和橙子等。对于大班的幼儿，则主要是让幼儿观察动植物生长变化的过程，如提供不同阶段的豆芽(某种豆子、长出小芽、完全发芽)，一些在发育过程中有变态的动物(如从蝌蚪到青蛙、从蚕到蛾子)，这样可以让幼儿持续的观察和进一步区分同一种事物在不同阶段的不同形态和特征。

3. 方便日常管理和维护

由于自然角和动植物园不是一成不变的，它们都需要日常的管理和维护，这往往是应幼儿学习进度的变化和四季的更替而作出相应调整。为了能够满足幼儿多样观察和探究的需要，同时也方便教师对自然区的管理与维护，教师不仅可以考虑物种在获得、培育、清理和更换上的便利性，还可以邀请幼儿参与到日常管理中，做些力所能及的照管和清理工作，如给植物浇水、给动物喂食等。这样不仅可以锻炼幼儿，让他们在照顾动植物的过程中逐渐掌握相应的管理方法，同时也能让他们在这个过程中逐渐形成对动植物的关爱情感，还能方便教师的管理，让幼儿真正成为自然区的参与者和管理者。

(二) 自然角和动植物园的实施指导

1. 利用自然区开展符合不同年龄班幼儿认知特点的科学探究活动

自然区是幼儿自由观察和探索动植物的区域，不过，这并不代表教师就可以袖手旁观。自然区是主题科学教育相关内容的补充和进行随机教育的有效场所，教师应该充分利用自然区开展符合幼儿年龄特征的科学探究活动。对于小班的幼儿，教师可以为幼儿准备画笔和纸，让幼儿尝试着绘制出观察的对象，也许小班幼儿只关注了观察对象的某种典型特征，这也正反映他们对事物明显特征的把握；对于中班幼儿，教师可以提供中间对折的画纸，让幼儿选取自己喜欢的两种长得很相似的植物或动物作为绘画对象，通过这种方式促使幼儿细致观察相似物种之间的共同点与不同点；对于大班幼儿，则可以提供记录本，让幼儿每隔一段时间对动植物的形态进行观察,并用画画或者是其他方式记录动植物的生长变化过程。上例实际上是通过画画的表现方式观察幼儿对动植物的探究情况。此外,教师可以根据幼儿年龄特征提供一些工具以方便幼儿观察和探究,如放大镜、一次性手套、镊子、剪刀等。

2. 密切关注幼儿在自然区的活动,启发引导幼儿注意动植物的特征和变化

幼儿在自然区活动时,教师需要时刻关注幼儿的活动动向,清楚地了解幼儿观察和探索进入了哪一阶段,他们是否遇到困难,他们是否需要帮助,他们已经发现了什么,等等。教师可以通过间接和直接的方式对幼儿进行启发和引导,比如在一旁按照一定的观察顺序和操作流程观察其他植物,这样一来,教师既没有打扰到幼儿的观察,也可能把幼儿引向正确的观察和探究方向,让幼儿在教师的行为中受到启发。当幼儿对如何观察动植物的特征感到困惑时,教师可以以问题的形式引发幼儿思考,如"你瞧它的叶子和其他植物有什么不同?"不论是教师的启发式提问还是平行性操作都是为了将幼儿的关注点引到动植物的特征和变化上,让幼儿逐渐能把握动植物的一般特征和变化规律,同时能在今后的自然区探索中使用比较科学的观察和探究方法。

3. 伴随季节和幼儿学习内容的变化,及时更换自然区的动植物

自然区的动植物需要根据季节的变化而有所调整,这样在班级和幼儿园这个环境中能让幼儿体验到四季的变化和不同季节动植物之间的异同。如春天种植迎春花、饲养春蚕,夏天观察西瓜地、饲养蟋蟀和蝉,秋天采集树叶和果实,冬天观赏腊梅和松树,等等。当然,自然区还可以培育一些常设的动植物,如金鱼、小鸟、蚂蚁、萝卜、土豆等。随着幼儿学习内容的变化,自然区呈现的事物也应该得到及时的更换,如上一次的主题活动是有关小蝌蚪的,那么自然区就应该有鱼缸或者小盆用来饲养蝌蚪,当主题变成其他动植物时,先不用着急把小蝌蚪替换下来,而是要尊重幼儿的意愿,当幼儿对蝌蚪兴趣索然时,教师应该把蝌蚪放生,再换上与主题相关或幼儿感兴趣的动植物。这样可以保持自然区呈现事物的流动性和新鲜性。

三、科学发现室的设计与实施指导

科学发现室是幼儿园专门为幼儿提供各种科学探究材料用于科学探究的专门场所。科学发现室给幼儿提供适宜的工具,并支持幼儿使用工具进行探究活动——探究物体和材料的物理特性、相互关系和有趣的科学现象。[①] 科学发现室通常还设有科学发现日志,它不仅可以记录探究结果,还有利于保持幼儿科学探究的持续性。

(一) 科学发现室的设计

1. 材料适宜安全、难度层次和使用方法多样,允许幼儿自由选择

由于科学发现室是面向全园幼儿的,所以材料的选择要格外注意安全性,选择

---

① 刘占兰.《指南》各领域实施要点解读——科学领域[M]//李季湄,冯晓霞.《3—6岁儿童学习与发展指南》解读. 北京: 人民教育出版社, 2013: 123.

无毒无害无不良影响的材料可以首先考虑自然物和安全的废品。在选取材料时,不用按照年龄班特点安排材料,而是投放不同层次的材料,这样可以使幼儿根据自己的能力和喜好选择探究的材料。材料的难度要混合,有单一功能的简单材料,也有多种功能的复杂材料,主要是方便幼儿在不同水平上、用不同的方法使用同一种材料或是不同材料。这样能最大限度地激发幼儿的创造性,真正享受探索者的快乐。

2. 活动空间宽敞、布局合理,充分利用室内外环境

科学发现室需要有足够的空间来支持至少十几名幼儿同时在室内进行探究。充足的空间可以提供更多摆放材料的地方,也可以使更多的幼儿在同一时间与不同的操作材料、同伴进行相互作用。同时,科学发现室内的布局应该考虑到不同类型探究活动区域的合理划分,可以把比较安静的科学阅读区和观察记录区放在一起,而把需要动手操作和发出较大动静的区域放在一起;同类或相近材料需要归类并放在相近的地方,以方便幼儿的取用,也能够培养幼儿的分类和整理意识(当材料有序摆放时,更利于幼儿把拿出的材料物归原处)。除了充分利用科学发现室内的空间,还需要注意室外的空间,一些探究动静比较大或者是需要借助户外大型器械的探究活动就可以放在室外,将室内和室外相结合,互相补充和应用各自的优势。

(二)科学发现室的实施指导

1. 专职教师负责管理,组织和引导程序简单明确

由于科学发现室是面向全体幼儿的共享式的开放性区域,因此幼儿园需要配备一名专职教师管理科学发现室的日常事务。在幼儿进入科学发现室实施探究时,专职教师首先需要做的不是干预和要求幼儿如何探究,而是维护和进一步发展幼儿探究的自主性。在每次活动开始前,教师可以以提问的方式询问幼儿想做哪些活动,这里主要是引出幼儿的想法,而教师不予评价和暗示;当更新材料时,教师可以向幼儿简单地介绍又有哪些新材料入驻科学发现室,但不是强制性的,可以在幼儿询问的情况下予以简单介绍;每当有新的幼儿加入科学发现室时,教师可以简单向幼儿说明科学发现室的使用规则;当幼儿出现破坏性行为或者与其他幼儿发生冲突时,教师应该及时制止,并用客观分析行为的方法与幼儿进行交流,用正面的表达阐述希望幼儿去做的事情,坚决制止破坏性行为的发生。一般来说,科学发现室材料充足而且适宜幼儿探究时,不会发生冲突,所以教师的主要职责还是鼓励幼儿积极探索。在必要的时候,以简单明了的方式予以支持与引导。

2. 定期整理和更新材料,支持和促进幼儿自主探究

科学发现室的材料需要定期的整理。教师在每次活动前后都应该清点科学发现室的材料,察看有无缺损和消耗,根据实际情况及时进行修理和补齐。同时还需要动态把握全园最近开展的科学探究活动,及时更新科学发现室的活动材料。此外,教师还需要把移位或错位的材料放回原处,为了更有效地管理科学发现室的材料,教师可以分区域归类摆放,并用幼儿可识别的记号标注,教师可以在活动前后提醒幼儿物归原处,还可以邀请幼儿一同协管。让幼儿参与管理,一方面能让幼儿更加熟悉材料的摆放和分类,另一方面还能方便幼儿下次的探究活动(及时寻找、迅速归位、更喜欢探究相关材料)。科学发现室的材料都是为了支持幼儿自主探究而配备的,因此,材料的补充与更新需要根据幼儿每次探究结果和近期园内探究主题的变化而进行相应的调整。

除了科学区、自然角和动植物园、科学发现室之外,还有与科学相关的几个区域可以促进幼儿的科学探究活动,如建构区和沙水区等。在建构区,幼儿可以在积木搭建的过程中,探索和发现积木之间的相互作用、平衡和运动;在沙水区,幼儿可以观察和感知沙子和水的物理特性以及它们之间的关系,还可以用容器进行测量和对比;甚至在美工区、音乐区等区域,幼儿都能够进行一定的科学探究和发现。

 案例导引 5-13

幼儿园科学活动中对大班《沉与浮》材料投放及观察指导引发的思考[①]

活动背景

在一次日常的班级积木消毒时,孩子们发现了浸泡在水里的许多积木有的是浮在水面上的,有的是沉在水下的。孩子们对这个现象产生了很大的兴趣,同样的积木为什么有的是浮起来的?有的却是沉下去的?围绕着孩子们的热点话题我们在科学角投放了《沉与浮》的探索材料。

活动描述

片段一:沉浮实验开始了

我先让孩子一起猜测什么东西可能会浮起来、哪些可能会沉下去。孩子们信心满满的表示,大的重的会沉下去,小的轻的会浮起来。我再让孩子根据自己的猜测收集实验材料。同时我也提供了一些材料,如回形针等,期望在孩子原有经验上造成认知冲突,引导幼儿从关注物体的外形到关注物体的材质。我提供了几个不同功用的脸盆(一个放浮起来的物品、一个放沉下去的物品、一个放水)和记录表,就这样,我们的沉浮实验开始了。活动的第一天就吸引了很多人来参加,欣怡是第一个做实验的人,她把物品一个一个地放入水中,仔细观察着物品到底是浮起来的还是沉下去的,有时分不清楚时还会把手伸入水中摸一摸,等她做完之后她拿着记录表高兴地和同伴们分享她的实验结果。孩子们在认真地实验着,当实验结果和自己的猜测一致时就特别有成功感,而当不一致的时候会留下小小的遗憾。在孩子充分实验的基础上,针对孩子们的问题,如为什么回形针又轻又小,也会沉下去呢?我组织孩子展开了讨论。

---

① 王瑾. 幼儿园科学活动中对大班《沉与浮》材料投放及观察指导引发的思考[EB/OL]. (2014-01-14). http://www.age06.com/Age06.Web/DetailForQX.aspx? InfoGuid=3a38e8ae-e2d3-422b-b91d-23c958d37b95.

分析：

我们班级的孩子是第一次接触"沉与浮"的活动,对于相关的一些沉浮的经验认知还是比较少的。孩子们对于沉浮的基本经验就是大的东西、重的东西会沉下去,小的东西、轻的东西会浮起来。然而孩子们在实验中得到的结果却和他们原有的经验产生了冲突。孩子们知道了原来小的、轻的东西也可能是沉下去的,而大的、重的东西也可能是浮起来的,他们不再单纯从物品的外形大小和轻重来猜测它到底是沉还是浮了。另外,孩子们收集的材料中很多是塑料制品,而这些塑料制品都是浮起来的,于是孩子们也了解到从物品的属性上看,形成了"塑料的东西会浮起来,铁的东西会沉下去"的经验,并将这个关键经验进行了归纳和梳理。

片段二:都是金属做的东西,为什么有的会浮有的会沉?

在孩子们初步形成"塑料的东西会浮起来,铁的东西会沉下去"的经验之后,我又和孩子们共同收集材料,验证已获得的经验。我重点投放了不同的金属类物品,以对孩子的已有经验造成进一步的认知冲突。孩子们实验后惊奇地发现,不管什么塑料的物品确实都是浮起来的,但同样是金属类的物品却有不同的沉浮表现,还会像魔术一样发生变化。在一次实验中,菲菲完成实验后摆弄这些材料,当她把碗充满水之后发现碗开始沉下去了,这与之前的实验结果又产生了不同,碗在没装水之前是浮起来的,而在装满水之后就沉下去了。原来,物品的沉浮是可以改变的,本来沉的东西还可以让它变得浮起来。那么怎么样才能使物品的沉浮发生改变又成了孩子们的一个问题。

分析：

通过对不同物品简单的沉浮探索之后,孩子们对沉与浮活动有了一定的经验,也和原有的认知经验产生了矛盾点,于是我们围绕着这个矛盾点继续探索。从孩子们产生矛盾的地方入手,选择单一的、比较有特殊性的物品——金属类。由于金属类的物品在孩子们的概念中都是属于比较重的物品,因此对于孩子们的已有经验和实际操作结果有一定的矛盾存在。这个矛盾点是一个非常值得去探索的内容。虽然不锈钢碗、盘子、易拉罐等都是金属物品,可是它们的形状都是空心的,空心的物品从重量来看就比较轻了,因此呈现的都是浮起来的状态。在这个阶段孩子们又认识到了空心与实心所产生的不同的沉浮状态。

片段三:怎么改变物体的沉浮呢?

在发现碗装满水时会改变沉浮状态后,孩子们的兴趣不单单在于观察不同物品的沉浮了,许多孩子在操作中开始寻找改变物体沉浮的方法了。在一次活动中,昊昊一边操作一边询问我是否能给他一根绳子,原来他想利用捆绑的方法将重的物品绑在轻的物品上增加重量以达到将物品从浮着的状态变成沉下去。孩子们在这个阶段的操作中将之前积累的经验进行运用,能从重量、大小、形状等多方面来探索改变物体沉浮的方法。

分析:

在前两个阶段的活动中我们围绕着不同物品的沉与浮展开。有了这两个阶段的探索实验,孩子们发现有的物品有时会沉下去有时会浮起来,也就是说物品的沉与浮不但与它本身的质量有关,也与外界的影响有关,如碗在不装满水的情况下是浮上去的,但是在装满水之后就沉下去了。因此,在这个阶段孩子们更多关注的是如何改变物体的沉浮,这不单单是实验观察物品的沉浮情况,而是想办法改变物体的重量或体积大小等来实现改变物品本身沉浮状态的一种探索。在这阶段孩子们的探索机会会更加多,能够选择不同物品进行组合,增强了实验前的思考性和实验中的趣味性。通过尝试不同物品的沉浮状态的改变来实现自己的实验结果。

片段四:有趣的沉浮游戏

纸船、鸡蛋、纸盘、泡沫板……各种不同的沉浮小游戏开始了。孩子们在纸船上、纸盘上和泡沫板上不断地增加雪花片的数量,比比看谁的浮力大、谁的浮力小。原来,不同的材质,它们的浮力也是不同的。在清水中加入食用盐,看看,原本沉着的鸡蛋浮起来了,加入不同分量的盐,鸡蛋浮着的高度也会不同呢!

分析:

孩子们从一开始的观察物体的沉浮、感知影响物体沉浮的原因到改变物体的沉浮这一过程中,了解到物体沉浮不仅受本身条件的制约也受到外界因素的影响,对于物体的沉浮有了比较深入的了解。在此基础上,我们开展了各种沉浮的小游戏,通过增加物体重量、改变液体密度等方法来帮助幼儿感受不同物体所承载的不同浮力。如,通过在清水中不断加入食用盐的方法改变清水的密度来达到鸡蛋沉浮的效果,这与之前通过物品捆绑、增加物体重量等方法又有很大的不同。首先物品本身没有任何的改变,而改变的只是媒介物——水。通过这次的探索引导孩子去发现,改变媒介物也能改变物品的沉浮。这也开阔了孩子们的思维,提供了更多的操作方法。

幼儿活动效果引发的思考:

从幼儿对一系列沉浮实验的操作来看,老师的"教"更多地体现在老师根据幼儿的年龄特点和学习需要所创设的环境、提供的材料。而幼儿的"学"则体现在幼儿在整个操作过程中的探究行为。

第一,善于从幼儿的兴趣中寻找素材点,让学习充满更多的乐趣。

本次活动从幼儿的观察讨论热点出发，活动的素材来源于孩子的发现，从素材的选择上来看更适合孩子探索，在活动前孩子就已经具备了探索的欲望，有助于整个活动的不断推进。从孩子的兴趣点切入，通过共同收集材料，在操作中发现问题、解决问题、再发现问题的循环中有层次性地将每个阶段的探索串联起来，以达到幼儿对沉浮经验的有序理解。生活中有着丰富的学习资源，一事一物都是可以为教育利用和借鉴的。合理地利用好生活资源，能让幼儿对学习充满兴趣，在活动前幼儿基于"感兴趣"这个内因，能将老师"教"的痕迹隐藏于活动的环境和材料中，幼儿在活动中"学"的主体性就进一步突出了。

第二，活动中教师扮演好"支持者"的角色。

从这一系列的探究活动中不难看出，教师的定位是活动中的支持者。通过创设有效的情境，仔细观察幼儿的操作、分析活动效果的产生原因来不断调整所投放的材料。活动中充分发挥幼儿的主体作用。当然教师在给予支持性材料的同时也要考虑整个活动的核心经验和价值，即通过本次活动要让幼儿学习些什么？感受些什么？在整个活动中教师利用沉浮材料的不同性质不断制造与幼儿原本认知经验有矛盾的冲突点。这些矛盾的冲突点就是本次活动中的教育价值所在，从提供材料引导幼儿去猜测结果，验证结果，从而发现问题，在这一连串的活动中，不断丰富、拓展孩子们对沉浮的认知经验。只有孩子在活动中的不断体验、尝试，才能更好地将这些认知经验转化为幼儿内在的经验。

第三节 偶发性科学探究活动

偶发性科学探究活动是幼儿在教师没有计划或无法预料的情况下发生的，由幼儿周围某一现象或事物引起幼儿的兴趣，并促使幼儿自发投入的一种科学探究活动。它是正规科学教育的有效补充，如幼儿园一日生活环节中出现的科学探究活动、远足和采集、参观科技馆与参观动物园和植物园等。

一、偶发性科学探究活动的特点

1. 由无法预料的偶然情境引发

偶发性科学探究活动可以发生在任何地点和任何时间，包括课堂。当教师在主题探究活动上引导幼儿观察沉浮时，幼儿可能对勺子在水中的折射产生兴趣。像这种由某一事物引发的某一偶然发生的事件是教师事先未曾预料到的，因此，教师对幼儿偶发性科学活动的引导不可能事先计划或者设计好，而只能根据当时的情况临场应变。

2. 幼儿就地取材,关注点因人而异

偶发性科学探究活动的取材一般就来自于幼儿的周围。地里的西瓜虫、窗户上的水雾、房檐上的冰柱、发芽的土豆都有可能在一瞬间成为幼儿最感兴趣的内容。特别是在某一事物或现象与幼儿原有的认知发生冲突的时候,最易产生偶发性的科学探究活动。但是,对于不同的幼儿来说,他们关注的事物是不同的。如有的幼儿可能会对蝌蚪变成青蛙感到惊奇而萌生想要探索的欲望,而有的幼儿可能对三棱镜折射出的彩虹感到好奇;即使是针对同一事物,不同幼儿的兴趣点也可能是不同的,对于蚕宝宝,有些幼儿可能好奇它身上为什么长着黑点,而有些幼儿则对蚕宝宝如何排泄感到好奇。因此,偶发性探究活动内容会比较宽泛,因人而异。

3. 活动中不稳定因素多,极易发生变化

由于偶发性探究活动是由偶然事物或现象引起的,所以受到事物或现象本身的影响较大。如果幼儿关注的兴趣点消失了,即事物或现象又发生变化、恢复原状或者消失,那么幼儿的那种偶发性探究行为也会受到影响。正是这种不稳定性,导致偶发性科学探究活动来得突然,消失得也很"仓促"。有时还会脱离原本引发探究活动的主题,发生活动关注点的转移。偶发性探究活动的维持还受到幼儿探究愿望强烈程度和成人反应的影响。能否把握住这一偶发性科学探究的教育机会,主要是看教师和家长的应对是否得当。

二、偶发性科学探究活动的类型

1. 一日生活中的科学

一日生活中处处隐藏着偶发性科学探究活动的可能,如厕、盥洗、进餐、睡眠、区域活动、户外活动等,每个环节都可能会激发幼儿的探究兴趣。这就需要教师具备敏锐的观察力,仔细考虑幼儿一日生活的每个环节并尝试推测可能引发幼儿偶发性科学探究的诱因。一般而言,区域活动和户外活动最能够引发幼儿的偶发性科学探究活动。区域活动中,教师要特别关注与科学区域相关的探究活动,从旁指引;在户外活动中,教师要鼓励和支持幼儿自主地观察和发现周围有趣的事物和现象。

2. 游戏

幼儿喜欢游戏,许多偶发性科学探究的机会都存在于游戏场景中,如玩球类游戏、堆沙丘、搭积木、捉蛐蛐等。在一次幼儿的建构游戏中,一群幼儿在讨论如何能搭得又高又稳。他们把各种形状、大小的积木进行对比,有的幼儿在一张纸上画着简单的符号,似乎是在做记录。实际上幼儿在游戏中能获得更多他们自己感兴趣的学习经验,对于上例中搭积木中碰到的问题,他们就会想办法自己探究。虽然他们的探究方式并不精确,甚至有些粗糙,但这正是偶发性科学探究活动的魅力所在。

3. 远足和采集

幼儿十分乐意接触大自然,在大自然中探索、发现、惊奇,渐渐揭开大自然神秘

的面纱。大自然是科学教育的重要内容,但是教师不可能预先设计所有亲近自然的活动,也不可能关注到所有幼儿对自然感兴趣的地方。不过,教师可以带领幼儿经常走进大自然,让幼儿在与自然的接触中产生新的探究问题。这些活动包括饭后或平时在幼儿园内的散步、春秋两季的出游、户外活动时的采集等。在进行这些远足和采集活动前,教师事先务必提前踩点,以保证目的地的安全和适宜性。在园内,教师可以带幼儿去种植各类植物和饲养各种动物的区域观察和记录;在园外,城市幼儿园可以去公园等绿化地区进行考察和采集相关样本,农村幼儿园可以去附近的农田、山地等进行考察和采集。

4. 参观科技馆、动物园和植物园

教师和家长可以和幼儿一起参观科技馆、动物园和植物园。参观科技馆,可以让幼儿了解不同年代多种多样的科技产品和神奇的科学现象,感受科技带给人类生活的变化。参观动物园,可以让幼儿观察和了解不同动物的外形特征、饮食习惯和生活习性,培养幼儿爱护动物的情感。参观植物园,可以让幼儿观察和了解不同植物的外形特征、习性与生存环境之间的适应关系,培养幼儿爱护植物的情感。在参观的过程中,幼儿就可能受到某一展览品或者观察对象的启发而引发新的探究问题。

三、偶发性科学探究活动中教师的应对策略

1. 密切观察幼儿日常行为,及时发现和了解幼儿的偶发性探究活动

偶发性科学探究活动是出人预料的,但是教师不能因此而变得被动和不知所措。根据此类活动偶发性的特点,教师应该密切关注幼儿的行为,思考可能会引发幼儿偶发性探究的事物有哪些,再结合实际情况进行推测。当偶发性科学探究活动发生时,作为敏锐观察者的教师应能及时把握探究动向,在了解幼儿探究兴趣后作出正确的判断,根据探究主题的价值性选择需不需要组织幼儿进行集体探究或是个别化的引导,抑或是尊重幼儿的自主探究。

2. 积极提供相应支持,对幼儿的偶发性探究活动进行积极反馈

偶发性科学探究活动受制于外界诱因的影响而十分不稳定。对于偶发性科学探究活动,教师不应该挫伤幼儿探究的积极性,而是应该对幼儿的偶发性科学探究行为表示认可、鼓励和支持,从而提升幼儿继续探究的自信心和保护他们的求知欲。当幼儿的探究活动遇到问题时,教师可以以开放式启发性的问题引导幼儿进行思考,也可以为幼儿提供必需的物质材料,还可以筛选其中的共性问题在课堂中集体讨论和探究。总之,教师应该对幼儿的偶发性科学探究活动作出积极的回应,让幼儿可以安心并有充分的时间、材料进行探索。

3. 适切引导幼儿科学探究,进一步拓展和延伸偶发性探究活动主题

虽然偶发性科学探究活动是由幼儿发起的,但是这并不排斥教师对此进行必要的引导。当幼儿关注到有趣现象却不知道如何深入时,教师需要引导幼儿进一步思

考下一步该做什么,但是教师不可以替幼儿做决定,或者是明显地暗示幼儿需要做什么。为了更加有效地进行探究,教师可以促成都对某类偶发事物或现象感兴趣的幼儿之间的合作。对于偶发性科学探究已经进行到一定深度的幼儿,教师可以依照幼儿的水平和探索主题的价值判断是否有必要进一步深入和拓展主题。如果主题有价值、幼儿也有能力深入探究,那么教师就需要根据实际情况进行适宜的引导(如提问、建议等)。

 案例导引 5-14

充分运用偶发事件,引发幼儿探究活动①
——变偶发事件为教育资源的实践与思考

在教学实践活动中,偶发事件时有发生,对偶发事件的处理需要教育工作者的机智,如果因势利导,可以使其转变为教育的契机,否则会破坏教学计划,造成教学的负面效应。

一、关注课堂偶发事件

案例一:莹莹怕猫——一次偶发事件引发的探究活动

在一次体育活动中,我带着幼儿走进器材房时,莹莹被一只小猫吓得大哭起来。孩子们围着正在睡觉的小猫,七嘴八舌地讨论有关猫的话题,如"猫的好坏""保护莹莹"等。我引导幼儿设计了猫的标志图,孩子们将这些标志图贴在小猫经常出现的地方。

案例二:鱼骨之谜——一次偶发事件引发的生成活动

一次午饭后,幼儿在观看自然角时发现了一些鱼骨头,在旁边还有小猫的脚印,我引导幼儿去查查看这些鱼骨头的来历,结果他们顺着小猫的脚印发现原来是隔壁班的小鱼被小猫偷吃了。于是,我引导幼儿针对如何保护鱼缸里的小鱼进行了讨论。幼儿经过讨论决定:午睡前将自己带来的小动物,特别是小鱼带进午睡室,放在安全的地方。

笔者认为,教师关注偶发事件,捕捉教育契机,引发幼儿探究活动主要有以下几方面的要求。

(一)关注幼儿参与学习的需要,是捕捉偶发事件生成的前提

偶发事件出现时,教师往往已准备了教学计划,原本可以按计划开展教学活动。此时,教师应当在教学中以"幼儿为主体",关注幼儿的兴趣、兴奋点和主动参与精神。如果对幼儿的偶然发现不能有效地引导,及时生成新的教学

---

① 姚敏莉. 充分运用偶发事件,引发幼儿探究活动——变偶发事件为教育资源的实践与思考[J]. 学前课程研究,2009(3):29-30.

方案的话,偶发事件积极的教育效果将会成为一句空话。"莹莹怕猫""鱼骨之谜"之所以成为积极、有意义的话题,不仅是因为教师满足幼儿当前的需要,更是尊重幼儿、坚持实事求是的教学态度的体现。实践证明,抓住偶发事件教育契机并因势利导,远比一味地追求按部就班的教育有意义。

(二)关注幼儿的兴趣需要,是捕捉偶发事件生成的基础

在幼儿的生活中,小蚂蚁分食、被风吹落的小鸟、寻找食物的老鼠等现象的出现,都会引起幼儿极大的观察兴趣。如果教师把握机遇,满足幼儿的兴趣与需要,因势利导地激发幼儿的探究欲望,偶发事件就可以成为师幼共同建构的生成活动。

1. 生成活动应该能满足幼儿的兴趣和需要

兴趣是幼儿学习的前提,当幼儿对某种现象、事物产生浓厚的兴趣时,就是幼儿学习的最佳时机。今天孩子们由莹莹的哭所引起的关于"猫的好坏"的讨论来自于生活,当幼儿自发地将注意力都集中在"猫"的话题上时,我就因势利导将幼儿感兴趣和当前的需要作为师幼共同探究、分析的话题。

2. 生成活动应该与幼儿的具体生活接近

活动内容来自于生活,不仅是幼儿探究的基础,也为幼儿分析问题提供了必要的生活经验。当幼儿围绕"猫的好坏"而产生比较大的冲突时,探究、分析的欲望就会特别的高涨,这为活动的生成提供了条件。

(三)创设良好的学习环境,是捕捉偶发事件的条件

在教育实践中,我尽量创设民主、宽松的氛围,鼓励幼儿大胆地自我表达、自由体验、自由推理,为偶发事件生成教育创造条件。如:案例一中,我紧紧围绕"莹莹怕猫"的问题,引申"猫"进幼儿园的原因,进而由此而引出幼儿同伴之间关于"猫的好坏"的争议,最终以标志图的张贴暂告结束。案例二中,我以"鱼骨之谜"延伸出证据的调查,以及由此而产生的保护小动物的情感和主动管理的积极性,这些都是教师支持、引导、合作的结果。

二、利用偶发事件引导幼儿探究

教师在利用偶发事件引导幼儿探究的过程中可以采用以下几种策略。

策略一:学会等待

在等待中启发幼儿的探究兴趣。"授之以鱼"不如"授之以渔",让幼儿受益不一定就要直接告诉幼儿正确的结论,等待有可能获得比结论更有意义的收获。如果教师是以自己的权威或成人的经验占有幼儿的脑袋,那么教育的生成便是一句空话。

策略二:提供空间

在生成活动过程中,教师必须耐心地倾听,留给幼儿继续思考、探究的空

间。案例一中,对于幼儿的争论,我很想引导幼儿理性地思索关于"猫的好坏"的话题,但面对幼儿自信并富有生活经验的回答,我选择了暂时的等待,所以案例的最终也没有出现结论。

策略三:穿"针"引"线"

无论在设计活动时,还是在安排内容时,教师应尽量考虑幼儿的兴趣,甚至需花费大量的精力。正因为这样,我们也许会忽略精心准备之外的幼儿需要,将幼儿的发现匆匆带过,这样的主体意识是教师策划的主体意识,缺乏幼儿刨根问底和善于发现的天性。为此,我们应当做到以下两点。

第一,帮助幼儿明确观察分析的方向。从自然角的随意观察到发现鱼骨头,又从鱼骨头的发现到预防猫偷吃鱼,教师不断提出与寻找鱼骨头有关的问题,既为幼儿提供了发现、观察的条件,又让教育始终围绕着"鱼骨头"这个关键词展开。

第二,帮助幼儿提高探究解决问题的能力。问题的引入,为幼儿的讨论提供了机会,教师的指导更让幼儿能够积极主动地思考。在案例中,教师指导幼儿发现一个又一个的线索,让幼儿在生活经验的基础上推理、讨论、交流,帮助幼儿提高了探索解决问题的能力。

三、对如何利用偶发事件的思考

尽管笔者对教学中的偶发事件做了一些尝试,但在教学实践中常常还存在这样一些疑问。

第一,如何处理偶发事件与主题教学匹配的问题。来自于幼儿生活的偶发事件是幼儿、教师没有事前预见的实例,在生活活动中随时发生,并且不一定与当前的主题教育目标、内容相匹配。这无疑让一线教师困惑:该不该从关注幼儿主动发现问题,引导幼儿探究问题,解决问题的思路出发,将幼儿当前的需要引导生成教育活动。

第二,如何解决理想与现实相冲突的问题。生成活动关注每个幼儿的兴趣和需要,但每个幼儿的兴趣、需要和想法是不一样的,一部分幼儿的兴趣不能代表所有幼儿的兴趣;许多幼儿的兴趣不一定能代表一部分幼儿的兴趣。所以即使关注到幼儿有价值的一些发现,也不一定能够生成有效的教育活动,这让教师陷入理想与现实相冲突的尴尬之中。

第三,如何面对教育目标不一致所带来的困惑。教育是一个幼儿园、家庭、社会共同关注的问题。教育实施者对于生成活动的目标并不一致,家庭和社会对幼儿感兴趣的、自我发现的、需要及时探索的现象并不一定认可,这无疑制约了教师对幼儿偶发事件生成教育活动的开展。

本章小结

本章重点围绕主题科学探究活动、区域科学探究活动和偶发性科学探究活动这三类科学探究活动介绍和说明了幼儿园科学探究活动的设计、组织与实施。在主题科学探究活动中,先介绍了选题的原则,再从目标设计、内容设计、实施设计和评价设计四个方面阐释了主题活动设计要点,最后按照主题活动分类,对观察类、操作实验类和技术操作类主题科学探究活动提出了相应的实施指导意见。区域科学探究活动从班级科学区、自然角和动植物园、科学发现室三个方面介绍了区域活动的设计与实施指导。而对于偶发性的科学探究活动,则重点描述了它的特点、类型和教师的应对策略。

 自我评量

1. 如何设计主题科学探究活动?
2. 如果要设计和实施操作实验类探究活动,需要注意哪些要点?
3. 主题科学探究活动和区域科学探究活动的区别主要体现在哪几个方面?
4. 当出现偶发性科学探究活动时,教师应如何应对?

第六章 幼儿园科学探究活动的评价

1. 理解并掌握幼儿园科学探究活动评价的内容。
2. 掌握并运用幼儿园科学探究活动评价的方法。
3. 设计并实施幼儿园科学探究活动的评价方案。

第一节 学前儿童科学探究活动评价的内容

在确立幼儿科学领域发展的评价指标时,如果以幼儿掌握知识的多少做标准,将影响幼儿在科学领域的学习与发展,从而贻害于终身发展的长期目标和教育价值。相反,如果以幼儿的学习经验和发展程度作为评价的标准,将促进幼儿渴望学习和学会学习,进而指引幼儿在科学领域发展的方向和推动科学教育目标的实现。因此,在设计和实施幼儿园科学探究活动的评价方案时,需要选取适宜的评价内容与方法。

幼儿科学探究活动评价的内容涉及各个不同的方面与角度,根据评价对象的不同,本节将其主要分为对探究活动的评价与对幼儿发展的评价两大部分。

一、对科学探究活动的评价

对探究活动本身的评价相当于传统意义上的"课程评价",也就是从整个活动的角度,对幼儿科学教育的实践进行整体性的评价,以判断其价值和效益。表6-1是一份探究活动评价表,但这仅仅起到指南的作用。教师应该根据科学教育目标和本班幼儿的发展需求,对这些指标进行适当的调整。

表6-1 早期儿童科学教育的探究熟练程度指标①

恰当选择和运用过程;   对正在研究的现象提出恰当的问题;   对研究提出自己的观点;   探讨自己的观点和问题;

---

① 〔美〕大卫·杰纳·马丁.建构儿童的科学——探究过程导向的科学教育[M].杨彩霞,于开莲,洪秀敏,等译.北京:北京师范大学出版社,2006:266.

使用多种信息资源,包括印刷材料、多媒体和人;
将研究与先前经验相联系;
对所观察到的现象给出原因解释;
以合理的、可理解的方式解释思考过程;
请他人对自己的想法和概念提出评议;
讨论他人的思想并质疑;
根据新的证据、新的经验和他人的评议重新形成概念;
检验结论的解释力和预测力;
寻找机会继续探索;
展现真实的自我评价;
将学习和校外情境相联系。

具体来看,幼儿科学探究活动的评价包括对幼儿科学教育的计划、目标、内容、实施过程、环境与材料的创设和使用以及活动过程中师幼关系的综合评价。[①]

(一) 科学探究活动计划的评价

从总体上看,学前儿童科学教育计划评价的层次应包括:其一,探究活动计划能否体现我国的教育方针和正确的教育思想,体现学前儿童科学教育的目标。其二,探究活动能否贯彻全园、全班教养计划的精神和要求,体现科学教育循序渐进的连续发展性。其三,计划是否能根据上一阶段的科学教育的不足之处,提出本阶段科学教育的任务要求,体现出连续性、渐进性和发展性。其四,计划是否分析了本班儿童的具体情况,所提科学教育目标是否符合其年龄特点和个性差异。其五,计划是否包括了全部的科学教育活动(专门的科学教育活动和渗透的科学教育活动),是否规定了重点培养要求,以及有关个别儿童的教育内容,是否考虑与家庭取得配合。其六,计划是否提出了完成科学教育目标的具体措施和方法,并对所采取的活动形式及完成计划的日期作出明确规定。[②]

案例导引 6-1

课程方案有效性评价指标[③]

结合我国幼儿园课程方案实施的具体情况,参照美国教育评价标准联合委员会制订的方案评价标准(The Program Evaluation Standards),现拟定课程方案的指标,具体见表 6-2。

---

① 张俊. 幼儿园科学教育[M]. 北京:人民教育出版社,2004:312-314.
② 贾洪亮. 学前儿童科学教育[M]. 上海:复旦大学出版社,2012:133-136.
③ 胡惠闵,郭良菁. 幼儿园教育评价[M]. 上海:华东师范大学出版社,2009:130-131.

表 6-2　课程方案有效性评价指标

维度	评价内容
效用性	实现不同人的教育需求 协调不同教育群体或个人的教育利益 得到了多方面的关注，在实施中得到社会、社区、教育部门等有力的支持 评价者值得信赖，有能力胜任评价工作 在后续的课程实施中有拓展的能力
可行性	提供可操作的程序，并将不相关因素控制在最小范围内 设计与实施考虑到不同的利益小组，并获得多方的合作 对于资源的运用成本做出预期判断，并能证明资源的花费是物有所值的
适切性	为教师、幼儿及相关教育部门提供不同服务 以书面方式记录正式机构对评价所行使的不同职责 考虑不同年龄、不同性别、不同性格的幼儿需求，促进每一位幼儿的发展 关注课程的综合性与灵活性 评价机构确保向被评价者及相关人士公开所有的评价结果 公开阐明在实施过程中可能遇到的困难及自身的不足
精确性	清晰表达了所处的课程改革背景及其所依赖的理念 在目标、内容、组织、评价等指导方面描述准确、简洁 方案中的信息可靠、有效并得以复查 合理、系统地分析定量、定性资料 呈现的结果清晰、合理，避免个人情感和偏见 评价是形成性的、多维度的

（二）科学探究活动目标的评价

幼儿园科学探究活动目标蕴涵着不同阶段和不同性质的科学探究的价值，是学前科学教育总目标逐步实现与完成的载体，它可以为幼儿园科学教育内容和教学策略的选择以及实际的组织、实施和评价提供必要的依据。因此，在对探究活动的目标进行评价的时候，应当明确：第一，所制定的目标是否适宜幼儿在知识经验、探究技能与情绪情感三方面的全面发展。第二，该目标是否与《3—6 岁儿童学习与发展指南》与《幼儿园教育指导纲要（试行）》的要求相吻合。第三，为不同阶段、不同层次的幼儿所制定的目标是否具有一定的连续性与层次性。第四，探究活动目标的难度是否符合幼儿的已有知识经验和能力。第五，探究活动的目标是否具有一定的动态性、是否可以有效协调预设与生成的关系。

 案例导引 6-2

目标评价——小班科学活动：罐子的秘密[①]

活动目标

1. 帮助幼儿操作和探究罐子，喜欢科学探究活动。
2. 知道不同的物体能发出不同的声音。

评析

　　这个活动目标的定位与描述是不准确的，首先，目标定位的角度混乱，第一条是站在教师的角度来定位，第二条是站在幼儿的角度来定位，一般来说，一个活动目标的定位出发点要一致，要不就从教师角度，要不就从幼儿角度，为了更好地突出幼儿对科学的主动性和探究性，现在我们一般都是站在幼儿发展的角度来提具体的活动目标。其次，该活动目标层次不完整，有了情感目标，但没有方法目标，在幼儿科学教育活动中，幼儿的探究方法很重要，同时对科学探究过程和结果的表达和交流能力的培养也很重要，其实在该活动中幼儿需要运用多种感官（看一看、摸一摸、摇一摇、敲一敲、听一听等）和动手操作比较发现这些罐子的秘密，并能乐于表达自己的观察和操作发现。

（三）科学探究活动内容的评价

　　幼儿园科学探究活动的内容是幼儿园科学探究活动目标实现的载体，它的设计与组织实施是为目标而服务的。同时，幼儿园科学探究活动的内容又源自于幼儿的生活经验，是为满足幼儿的能力、兴趣和需要而设置的，并确保课程内容在一定程度上协调了幼儿与社会、幼儿与学科知识的矛盾，综合反映了幼儿身心发展的规律、社会的要求、学科知识的更新。在对科学探究活动内容进行评价实施的过程中应当注意以下两个方面。

　　第一，课程内容是否具有科学性。课程内容应依据不同的教育对象、年龄阶段和领域内容来组织安排。具体说来，幼儿园课程内容的组织要做到因材施教：对于处于困境中的幼儿和普通幼儿应采取不同的干预方式；为不同年龄儿童准备的课程内容在呈现形式上、难度上也要随之变化；此外，学科性质的不同也决定了课程内容要依据科学的逻辑因时因地地展开。

　　第二，课程内容结构是否合理。一方面，要处理好国家课程、地方课程、园本课程的比例关系，充分发挥国家课程的主导作用，但也不能忽视园本课程的辅助、提高

[①] 李槐青，彭琦凡. 幼儿科学教育·科学[M]. 北京：北京师范大学出版社，2013：269.

作用;另一方面,要协调好学科与活动、知识与游戏的比例关系。由于幼儿园课程内容的特殊性,可以适当加大游戏、活动的课程比例,并发挥游戏与活动的"益智"作用。

案例导引 6-3

> 《幼儿园教育指导纲要(试行)》中
> 有关我国幼儿园课程内容的评价指标(科学)条目①
>
> ● 幼儿自身的生活经历、身边的各种带有科普性质的小故事、生活或媒体中幼儿熟悉的科技成果等均是幼儿进行科学学习的有效资源。
> ● 结合儿童的生活经验,创设有利于激发儿童探索欲的问题和情境。
> ● 营造宽松的环境,探究性问题的提出应适合儿童的差异性。
> ● 提供丰富的可操作性材料,为每个幼儿都能运用多种感官、多种方式进行探索提供活动的条件。

(四) 科学探究活动实施的评价

幼儿园科学探究活动的实施实际上是把幼儿园科学探究活动设计从理念转换为实践。但是,在实际的操作过程中,教师应根据整体班级幼儿特点和探究过程(包括其中发生的变故)对活动设计进行调整,设计只是提供一个框架,而实施则更多是灵活地进行生成。因此,在对幼儿园科学探究活动实施过程进行评价时,有必要重点关注以下几个方面。

第一,活动过程是否紧凑、流畅、有层次。评价过程的几个环节和层次的顺序是否能体现层层递进、环环相扣、相互衔接。

第二,活动过程中的重点、难点环节的把握和分析是否得当。评价活动过程中哪个环节是活动的重点,哪个环节是活动的难点,并能在时间安排、教师指导等方面围绕着重点难点的突破来分析活动的重难点在哪个环节,如何突破。

第三,活动过程中的方法和组织形式是否灵活多样。活动在开展的过程中应尽量让每个幼儿都动手动脑探究问题,并应力求通过集体、小组、个别活动相结合的方式来设计和组织科学活动。

第四,活动材料的选择和呈现是否紧紧围绕每个环节的实际需要。评价活动过程中材料种类应尽可能地做到多样化,并保证材料的充足性,以满足幼儿的探究需要。此外,材料的投放应当采用分层分次的方式。

---

① 胡惠闵,郭良菁.幼儿园教育评价[M].上海:华东师范大学出版社,2009:68.

第五,活动过程中师幼互动关系是否融洽。评价过程中教师能否给幼儿创设宽松的探究环境和氛围,能否鼓励每个幼儿积极参与探究活动并大胆表达;能否尊重幼儿的意愿、重视幼儿之间的个体差异;能否不断调整自己在活动过程中的作用,如有时是材料的提供者,有时是活动的参与者,有时是指导者,有时是旁观者,有时又是幼儿活动的合作者。切实保证幼儿是科学探究活动的主体,是积极主动参与活动而不是被动参与,在整个过程中是愉快而富有创造性的。

二、对幼儿发展的评价

幼儿发展的评价是以幼儿为对象的评价。幼儿发展评价的根本目的在于诊断上一阶段教育教学工作中存在的问题,并在下一个阶段的教学过程中加以改进,以促进每个幼儿的全面发展。

案例导引 6-4

有关幼儿在科学探究过程中的评价内容[①]

在确定对幼儿发展进行评价的评价内容时,加拿大科学教育专家罗威尔(2005)提出在进行以探究为基础的科学教学时,把科学看做是探究的过程,应该评价以下三个方面。
- 评价儿童对概念的理解。
- 评价儿童的探究能力(包括预测、设计某种合理实验、进行某种合理测试、观察、记录、分析和解释数据、交流发现的结果、对探究过程的回顾等)。
- 评价儿童将科学和日常生活相联系的能力(主要包括对问题的认识、确定问题、作出决策和采取行动,在此过程中可显示出幼儿的社会责任感)。

由于评价的本质在于评判教学结果达成目标的程度,因此在对科学教育活动过程中幼儿的发展进行评价时,应首先明确我们的教育目标。《指南》中幼儿科学探究的目标共包含知识经验、方法能力和情感态度三个维度。根据上述内容,我们对于科学教育过程中幼儿发展的评价就从科学经验和概念、探究能力与情感态度三个方面进行论述。

(一) 对幼儿科学经验和概念的评价

对幼儿已有的科学经验和概念进行评价主要包括两个部分:一是对儿童在过去的日常生活中已经形成的知识经验的评价;二是对幼儿在特定的科学教育活动中是否获得了教育目标所期待的科学经验的评价。

---

① 李槐青,彭琦凡. 幼儿科学教育·科学[M]. 北京:北京师范大学出版社,2013:252.

有效的教育活动应当是基于已有知识经验,而教育基于经验就意味着必须关注儿童的过去,儿童过去有些什么样的经验,在那些经验中形成了一些什么样的理论。这些原有经验与理论未必总是正确的,但它在科学经验和概念的形成过程中的作用是至关重要的。在对原有经验进行评价时,主要可以通过两种方式获得相关信息:一种是注意儿童的自发性的问题与活动;另一种则是创设与教育内容相关的问题或情境,从幼儿的回答与反应中对其现有认知水平形成一定的了解。

 案例导引 6-5

利用访谈法对儿童原有经验的评价——对力的存在的认知①

案例一

"水有力吗?""——有,它在流。"

"汽油有力吗?""——没有,它没有动。"

"自行车有力吗?"——"有,人把它骑着走。"

"湖里的水有力吗?"——"有,因为它朝着河流过去了。"

通过幼儿对上述问题的回答,我们可以看出:在他的已有知识经验里,力就是运动,凡是运动的就是力(有力)。

案例二

"风自己能动,因为它自己有强大的力。"

"你能讲讲还有哪些东西也强大有力吗?""——水,当水在流动的时候。"

"云有强大的力吗?""——不是,是风把云弄动的。"

"有力是什么意思呀?""——它是你身体里的某种东西。"

通过幼儿的回答,我们可以看出:在他已有的知识经验里,力是自己能够动的物体才有的。

幼儿在参与科学教育活动的过程中是否获得了与活动内容相关的科学经验,是否在感知经验基础上形成了初级的科学概念是对幼儿科学经验及概念进行评价的重要部分。一方面可以从他们的言语——即"说什么""怎么说"去判断;另一方面则可以通过间接的方式,如收集他们的作品、进行有计划的测量等方式进行了解。

---

① 鄢超云. 朴素物理理论与儿童科学教育[M]. 南京:江苏教育出版社,2007:119-121.

案例导引 6-6

运用认知概念检查表对幼儿的科学概念进行评价

在幼儿园里,教师可以帮助幼儿掌握1—10的数字名称和顺序,但这并不能说明他们已经掌握计数的技巧和手段。也许他们仍然不清楚3的意思是3件物品,7是比3更大的数字,等等。面对类似的问题,我们可以利用"认知概念检查表"对幼儿的行为进行检查,从而了解他们对于"数的概念"的掌握情况。

认知概念审核表[①]

儿童姓名： 日期：

(1) 对相似的收集品进行分类;
(2) 将地板上的积木与架子上的积木轮廓相匹配;
(3) 从玩具恐龙、卡车、动物或人物模型的收集物品中识别出最大的和最小的;
(4) 在教室里找到的实例识别出下列图形:圆形、正方形、三角形;
(5) 通过指认儿童衣服的颜色来辨别以下的颜色:红色、黄色等;
(6) 准确地从1数到10或20;
(7) 准确地数出当前的儿童人数;
(8) 根据写好的数字准确地数出相应数量的物品。

(二) 对幼儿探究能力的评价

对幼儿科学探究能力的评价主要是评价幼儿探索周围世界和学习科学的智力技能与方法的发展水平。在科学活动中,儿童能够善于运用多种感官;掌握观察的方法,学会有顺序地观察;能够对一些物体进行比较、分析、抽象与概括;能够在一定时间内专注地观察、比较,有遇事思考的习惯;能用简单的方式方法记录探索和发展变化的过程;掌握简单的分类和测量方法;能够用语言、体态、绘画、塑造等手段表达交流科学发现;思维活跃,能大胆创新等。

如果教师想要对幼儿科学探究的过程能力进行更为正式的观察评价,这里有一个可供参考的指标体系,具有指南的指向作用(见表6-3)。

---

① [美]贾妮斯·J.贝蒂. 学前教师技能[M]. 第八版. 嵇珺,译. 南京:江苏教育出版社,2011:141.

表6-3 科学过程中的一些熟练程度指标①

观察	辨别物体 运用多种感官 运用所有合适的感觉 确切地描述性质 进行定性的观察 进行定量的观察 描述物体的变化 描述相似物体的不同点
分类	辨别物体所具有的可用于分类的主要特性 辨别总体中所有物体所具有的共性 准确地分成两组 准确地按照不同的方法分类 形成亚组(subgroups) 建立自己的分类标准 提供合理的分类原因
交流	准确地描述物体 确切描述,以便他人能识别未知物 用口头或书写的方式向他人准确地传递信息 用语言表达想法 准确和完整地描述事件 提供结论的合理解释 用合乎逻辑和可以理解的方式描述自己的观点
测量	选择恰当的测量类型(长度、体积、重量、时间) 选择恰当的测量单位 正确运用测量工具 恰当运用测量技术 恰当运用标准和非标准测量 通过恰当的测量来探索物体的数量差异
预测	形成相似事件的模式 扩展相似事件的模式 调查前进行预测 进行简单的预测 在恰当的情境中使用预测过程 呈现预测的合理原因 进行实验以验证预测的正确性
推断	运用所有信息作出推论 避免捏造信息以支持推论 描述观察到的物体和事件之间的关系 从不恰当的信息中分离出正确的信息 呈现出解释推论的合理原因 在恰当的情境中运用推断过程 正确地解释图和表

① [美]大卫·杰纳·马丁. 建构儿童的科学——探究过程导向的科学教育[M]. 杨彩霞,于开莲,洪秀敏,等译. 北京:北京师范大学出版社,2006:260-261.

(续表)

识别和控制变量	识别可能影响研究结果的因素 识别可以控制的变量 识别不容易被控制的变量 描述使不可控变量保持恒定的程序
形成假设	建立对某一难题或问题的假设 阐明自己的问题假设 说明解释假设的合理原因
下操作定义	判定一个变量能否被很容易地测量 认识下操作定义的需要 确定如何根据操作定义测量变量 表述被测量的变量和操作定义之间的逻辑联系
解释数据	确定所需要的数据 确定测量所需数据的方法 收集有用的数据 运用数据表 建立自己的数据表 建立并解释图表 对数据作出合理的解释
实验	遵循实验的步骤 形成研究问题的多种可选方法 恰当地操作科学材料 进行试误研究 确定自己的实验程序 形成有效的结论
建立模型	区别模型和实物的不同 确定建立模型的适宜需要 根据实物解释模型 发展适宜的模型

接下来,我们将用一个实例来详细说明对幼儿科学探究过程能力的评价(见表6-4、表6-5和表6-6)。在评价表的评定处,可用1—4这四个数字来表示幼儿过程能力的水平或数量程度。

表6-4 适合早期儿童科学教育项目的实践过程能力评价[①]

站点1:两种不同的蔬菜。
活动:描述每种蔬菜的特征。说说你用了什么感官。
评价的过程能力:观察。
站点2:收集5—10种不同的种子。
活动:将种子分成两组,并给每组命名。
评价的过程能力:分类。
站点3:纸袋中的物体。
活动:向同伴描述袋中的物体,让他(她)能准确地辨认物体。

---

① 〔美〕大卫·杰纳·马丁. 建构儿童的科学——探究过程导向的科学教育[M]. 杨彩霞,于开莲,洪秀敏,等译. 北京:北京师范大学出版社,2006:263-264.

（续表）

评价的过程能力:交流。 站点4:一块木块和一些硬币。 活动:发现这个木块有多少个硬币长。 评价的过程能力:测量。 站点5:一桶水,在旁边放上几个物体。 活动:预测每种物体在水中会下沉还是会上浮。 评价的过程能力:预测。 站点6:三个不透明小罐,里面装有不同的东西;在旁边放一个盘子,里面装有与小罐里相同的东西,以及一两个其他不同的东西。 活动:摇摇罐子,说说里边是什么。 评价的过程能力:推断。 站点7:三块不同的岩石。 活动:描述每块岩石的特征。说说三者之间的相同和不同之处。 评价的过程能力:观察。 站点8:收集10—12种贝壳。 活动:将这些贝壳分组,并给每个组命名。 评价的过程能力:分类。 站点9:两块木头和一个有两个盘子的简易天平。 活动:说说哪块木头重,并说出你是如何知道的。 评价的过程能力:测量。 站点10:一张有很多长阴影的户外景色图片。 活动:说说太阳在哪里。 评价的过程能力:推断。

表6-5 适合早期儿童科学教育项目实践过程能力评价的得分体系[①]

得分	标准
1	没有观察到
2	表现出最低水平
3	表现较好
4	表现突出
站点	过程能力	得分
1	观察	_____
2	分类	_____
3	交流	_____
4	测量	_____
5	预测	_____
6	推断	_____
7	观察	_____
8	分类	_____
9	测量	_____
10	推断	_____

---

① 〔美〕大卫·杰纳·马丁.建构儿童的科学——探究过程导向的科学教育[M].杨彩霞,于开莲,洪秀敏,等译.北京:北京师范大学出版社,2006:264.

表 6-6 评价儿童进行实践的过程能力的得分范例①

站点	过程能力	得分	得分原因
1	观察	2	没有使用嗅觉。
2	分类	4	形成了互相排斥的两个组。
3	交流	1	只能辨别物体,而不能描述它。
4	测量	3	能以硬币为单位进行整数测量,但没有进行四舍五入。
5	预测	4	作出了正确的预测并对每一项进行了验证。
6	推断	2	进行了有限的研究。
7	观察	3	描述了特点,但不能说出相同点和不同点。
8	分类	3	仅分成了两组,但彼此间是互相排斥的。
9	测量	4	正确地操作天平。
10	推断	2	能说出"太阳在天空中",但没有进行定位。
	总得分	28	
百分比			28÷40×100% =70%

(三) 对幼儿科学情感和态度的评价

由于科学已渗透到现代社会和技术的所有方面,因此发展儿童对科学和"做科学"的积极态度非常重要。儿童可通过许多间接的方式表现出他们对科学的态度。② 对幼儿科学情感和态度的评价主要是评价幼儿对周围世界的好奇心、学习科学的兴趣、尊重客观事实的科学态度、乐于思考创新和合作交流的习惯以及关心、爱护自然和环境的积极情感等。如在科学活动中,幼儿对周围环境中的新异刺激产生惊异并做出积极反应;对自然界和科学活动感兴趣,喜欢观察、探索自然界,积极参与科学活动并在科学活动中表现出愉悦的情绪状态;关心大自然,爱护、保护动植物与周围环境。

具体来说,积极态度的具体表现形式主要有:运用额外的时间进行科学探究;认为科学是有趣的、令人兴奋的和感兴趣的;用语言表达对科学的好奇;将校内的科学活动延伸到校外;自愿参加校外的科学活动;参观博物馆、植物园和其他科学性场所;寻找科学方面的额外工作;在维护班级科学中心、照料植物和动物的过程中扮演积极角色;选择观看与科学相关的电视节目;玩与科学相关的棋盘游戏或电脑游戏;阅读与科学相关的书籍和其他印刷材料;在家里参加与科学相关的活动。③

除此之外,幼儿教师对幼儿的合理评价能鼓励幼儿更加清晰地认识自己,并大胆想象,在一个轻松和谐的环境氛围中,积极主动地参与到科学教育课堂教学活动中,主动积极地表述自己的想法意愿。④ 在评价的过程中教师应注意以下几点:

---

① 〔美〕大卫·杰纳·马丁.建构儿童的科学——探究过程导向的科学教育[M].杨彩霞,于开莲,洪秀敏,等译.北京:北京师范大学出版社,2006:265.
② 〔美〕大卫·杰纳·马丁.建构儿童的科学——探究过程导向的科学教育[M].杨彩霞,于开莲,洪秀敏,等译.北京:北京师范大学出版社,2006:268.
③ 同上.
④ 宋雪雁.幼儿园科学教育课堂教学活动问题及对策研究——以西安市 A 幼儿园为例[D].西安:陕西师范大学硕士学位论文,2013:43.

第一,教师评价不但要注重幼儿活动的结果,还要注意活动过程的评价。教师在科学教育课堂教学活动中,不仅要评价幼儿最后的科学活动成果,还要对幼儿认真的探索科学奥秘的精神等进行评价。众所周知,学前儿童科学教育课堂教学活动不仅要鼓励幼儿探索科学知识,还希望他们形成科学的逻辑思维,对科学产生积极的兴趣。

第二,教师评价注重语言评价和非语言的评价。在科学教育课堂教学活动中,教师不但要用:"你真棒!""回答非常正确""你真聪明"等等诸类肯定性的语言评价幼儿的活动,还需要配合非语言的评价功能。例如:"微笑""抚摸""拥抱""点头"以及"和小朋友击掌"等都能激发幼儿探索科学的热情。

第三,尊重幼儿的答案。教师在评价的时候不能仅仅关注幼儿回答的答案是否和教师心中预设的答案相同,还要鼓励幼儿的发散性思维。即使幼儿的回答和正确答案有出入,但是幼儿的答案是其发散性思维的结果,那么,教师要抓住教育的契机,适时地鼓励、肯定幼儿的创造性思维。

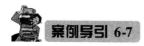

案例导引 6-7

> **运用情境观察的方法,评级幼儿好奇心的发展**①
>
> 我们根据好奇心的概念:"好奇心是对新异刺激的积极反应倾向",确定了好奇心的操作定义,即以一系列行为表现作为好奇心的指标,如接近新异刺激、观察刺激物、摆弄刺激物、自我发问、提出问题、长时间不愿离开等。
>
> 在评价过程中,我们设计了一个情境,让幼儿置身于新异刺激的环境中,观察幼儿在其中的行为反应,并做出评价。具体的方法是:
>
> 向幼儿演示一种新奇的玩具——惯性车(根据教师报告,幼儿平时没有见过这种玩具)。当幼儿明确了所见到的现象以后,主试就问他:"你想不想玩?如果你想玩,那你就玩吧。随便你想怎么玩就怎么玩。"在幼儿玩过5分钟以后,主试令其停止,并询问其有什么问题要问。
>
> 幼儿在此情境中可能会有不同的表现。如果幼儿明确表示不想玩,则说明他对新异的刺激没有好奇心,记零分。如果幼儿想玩,我们则观测其在规定时间(5分钟)内的探索行为并予以评分。如果幼儿在5分钟之内提出不想玩了,我们也可以根据其在这一段时间中的表现予以评分。
>
> 评分的项目及标准见表6-7(满分为20分,每项5分)。

---

① 李槐青,彭琦凡. 幼儿科学教育·科学[M]. 北京:北京师范大学出版社,2013:274.

表6-7 幼儿好奇心评级表

评分项目	好(5分)	中(3分)	差(1分)	无(0分)
探索时间	在规定时间的5分钟内一直探索玩具,直至观察者让其停止	探索行为坚持3分钟以上	探索行为维持1分钟以上	不愿意探索
探究动作	明确表现出探究和问题解决的行为	表现出不同的研究性动作	探究动作很少或单一	无探究动作
言语表现	过程中有较多语言伴随其问题及发现	过程中有较多语言	过程中有少量语言	过程中无言语表现
所提问题	能主动提出问题,或在主试询问时能提出两个以上与探索对象相关的问题	在主动询问时能提出两个与探索对象有关的问题	在主试询问时能提出一个与探索对象有关的问题	没有提出问题

第二节 学前儿童科学探究活动评价的方法

在评价的过程中,评价者必须遵循学前儿童科学教育的特点,用动态的、发展的眼光评价探究活动和儿童发展,这就需要科学的评价方法。本节将从收集评价资料和处理评价资料两方面来具体介绍评价的方法。

一、收集评价资料的方法

实施评价方案的过程主要是收集评价资料的过程,是学前儿童科学教育评价中工作量最大、技术性最强的一个步骤,是评价获得成功的关键。《纲要》中明确指出:"评价应自然地伴随着整个教育过程进行。综合采用观察、谈话、作品分析等多种方法。"在具体的评价资料收集中,主要采用观察法、谈话法、作品分析法和档案袋记录法。

(一)观察法

观察法是有目的、有计划地对评价对象的行为和言语进行系统和连续的考察、记录、分析,并对观测结果作出评定的方法。由于观察是在日常生活的自然状态下进行的,可以保证获得真实、具体的信息。根据观察控制程度,观察法可以分为自然观察法和情境观察法;根据观察取样对象的不同,观察法可以分为时间取样法和事件取样法;根据观察的性质,观察法可以分为行为核对法和轶事记录法。

1. 自然观察法

自然观察法是指在幼儿日常活动的自然条件下对幼儿行为和言语进行观察和记录以获取评价资料的方法。自然观察法的优点是不干涉或不影响幼儿的探究行为,在日常情境下能收集到较为真实、可靠的评价资料,但其不足之处是无法控制目标行为的出现。

2. 情境观察法

情境观察法则是设置一个特殊情境,人为控制无关变量,从而观察和记录目标行为和言语,收集评价资料的方法。情境观察法的优点在于能有效排除无关干扰因素,从而提高观察效率,但是不足的是特殊情境可能会引发幼儿的紧张和不适应,这样就无法保证观察资料的客观性、可靠性。

3. 时间取样法

时间取样法是将目标行为分类列表,在规定的单位时间内记录行为出现的次数和持续的时间。目标行为必须是经常发生的,且对观察者短时间内判断行为的能力提出了较高的要求。依此法记录的资料方便量化、适合观察大量样本,但是无法观察不经常发生的行为,也不关注行为发生的过程和因果。

 案例导引 6-8

时间取样观察法在幼儿园中的运用[①]

案例一

某幼儿园刘老师想要了解自己班级幼儿的探究行为及其发生的频率,但如果对发生在所有幼儿身上的探究行为进行观察和记录,时间和精力都是不允许的。为此刘老师很苦恼。

案例二

某幼儿园王老师同样想要了解幼儿的探究行为,她计划准备从上午9:30到11:00之间,从自己班级中抽取15名幼儿作为观察对象,观察记录幼儿探究行为及其频率。

观察的时间一共是90分钟,王老师将这90分钟平均分配在15名幼儿身上,即每名幼儿观察6分钟,在一星期内将此过程反复三次。观察结束后,每个幼儿有三次,每次6分钟的行为记录。

以上案例是两位教师在班级中进行科研活动的反映,两位教师都希望观察记录幼儿探究行为的发展情况,案例一中的刘老师遇到的情况在很多幼儿园中也都可能遇到。教师一个人对全班幼儿的探究活动进行细致观察和记录是不现实的。案例二中的王老师,成功地解决了这个难题,选择了班级内15个孩子进行观察,并在特定的时间段进行记录,并进行多次反复和验证,是很

[①] 王琼. 时间取样观察法在幼儿园中的运用[EB/OL]. (2013-11-26). http://www.yejs.com.cn/yjll/article/id/46159.htm. 内容在原文基础上有所改动。

有效的一个教育科研方法。

以王老师的时间取样为例,探讨在幼儿园科学教育工作中如何科学使用时间取样,有效地记录观察幼儿的行为。

一、确定观察的目标行为和操作性定义

(一) 观察的目标行为

王老师在确定的时间段上午9:30到11:00(自由活动和游戏活动)内,根据预观察将探究行为分为观察、分类、测量、实验、科技制作等五大类别,这些类别就是王老师观察的目标行为。

(二) 操作性定义的确定

王老师在9:30到11:00这段时间内观察,分类的操作性定义是"幼儿能按照颜色、形状、重量等某一种或某些共同特征对物体或材料进行分组",所观察的时间段是幼儿自由活动和游戏活动的时间,因此操作性定义一定是在这段时间可以观察到的行为表现。

二、选取具有代表性的时间

时距是一次观察时间的长度,它和行为发生的频率有关,王老师的观察时距为90分钟;时距间隔是指时距和时距之间间隔的时间,在时距间隔中,所选取的时距长度、在此时距内所要观察的对象数目以及所要记录的细节总数都会决定时距间隔,时距数目是指在观察中一共要观察多少个时距。

三、选择记录的方式

(一) 检核

通过观察,目标行为发生了,在相应的表格标注,没有发生就不记录。经过记录后分析检核表,可以了解幼儿哪些行为是经常发生的,哪些行为是偶然发生的,哪些行为是从不发生的,表6-8记录资料显示成成3月21日五种目标行为发生了四种,3月22日五种目标行为发生了三种,由此分析该幼儿哪种行为是经常发生的,这样就可以针对该幼儿的行为调整教育策略。

表6-8 探究行为检核记录表

儿童姓名:成成　年龄:5岁　性别:男　记录教师:王老师

时间段	日期	开始时间	结束时间	行为有否发生					备注
				观察	分类	测量	实验	科技制作	
1	3.21	9:30	11:00	●		●	●	●	
2	3.22	9:30	11:00		●	●	●		
3	……								

(二) 计数

计数表示在所观察的时间内,被观察行为出现的次数。在这样的研究中每次该行为出现都需要进行记录。探究行为计数记录表的形式可以按照表6-9 的形式设计,只要出现一次行为就在相应的表格中标注,最后可以通过记录了解单位时间内目标行为出现的次数。

表 6-9　探究行为计数记录表

儿童姓名:飞飞　年龄:5 岁　性别:女　记录教师:王老师

时间段	日期	开始时间	结束时间	行为有否发生					备注
				观察	分类	测量	实验	科技制作	
1	3.21	9:30	11:00	●●		●●			
2	3.22	9:30	11:00	●	●●				
3	……								

做好探究行为记数记录表后,在所观察的时间内,如果发生了目标行为,就马上记录,最后可以看到在单位时间内每一种目标行为出现的次数。如飞飞,在 3 月 21 日和 22 日都发生了探究行为,但发生的次数是不同的,21 日发生了四次,22 日发生了三次。通过计数记录表不仅可以知道出现目标行为的种类,而且可以了解幼儿行为出现的次数,这些结果通过表格显而易见。

(三) 计时

在王老师的研究中,每名幼儿选择 6 分钟为一个时距,教师想知道幼儿发生目标行为持续的时间,记录的方式可以是这样的:贝贝在 9:44—9:50(6 分钟)内,观察行为持续了 1 分钟,分类行为持续了 2 分钟。这样记录不仅可看出幼儿目标行为出现的频率,而且可以清楚地看出目标行为中每种行为持续的时间。

四、表格的设计

观察每个幼儿 6 分钟,通过预观察发现幼儿在上午(9:30 到 11:00)时间段内探究行为出现的频率是比较高的,因此把每 1 分钟分成 6 个时间段(以10 秒为一个单位)来观察幼儿的各个目标行为,最后在现场观察时可在表格相应的数字代号上画圈,观察第一个人 10 秒钟,将结果在第一栏适合的编码上画圈,接着观察第二个 10 秒钟,将结果在第二栏适合的编码上画圈,以此类推。如某幼儿在第二分钟 23 秒发生了观察行为,就在第二行第三列③上画圈。

表 6-10 中,目标行为的类别分别用①—⑤数字代替:① 代表观察;② 代表分类;③ 代表测量;④ 代表实验;⑤ 代表科技制作。

表 6-10　目标行为记录表

儿童姓名:飞飞　年龄:5 岁　性别:女　记录教师:王老师

分钟	0—10	11—20	21—30	31—40	41—50	51—60
1	①②③④⑤	①②③④⑤	①②③④⑤	①②③④⑤	①②③④⑤	①②③④⑤
2	①②③④⑤	①②③④⑤	①②③④⑤	①②③④⑤	①②③④⑤	①②③④⑤
……						
6	①②③④⑤	①②③④⑤	①②③④⑤	①②③④⑤	①②③④⑤	①②③④⑤

4. 事件取样法

事件取样法是在一整段时间内对目标行为进行观察和记录的一种观察取样法。它只关注预设要观察的事件本身,可以观察频率较低的行为,且能对事件发生的前因后果及其过程进行深入分析。但是事件取样更像片段的截取,会把目标事件与其他事件人为割裂,且不易整理获取的观察资料。

 案例导引 6-9

事件取样观察表示例

观察目的:

观察方法:事件取样法

背景资料:

观察者:

观察日期:

幼儿姓名及基本情况:

表 6-11　事件取样观察表

事件序号	时间和时长	地点及事件	评论
1			
2			
3			
……			

5. 行为核对法

行为核对法是指在观察前确定目标行为并制成行为核对表,从而按照表中行为观察和记录,以此收集资料的一种方法。它的优势在于简便易行,方便量化;不足之处是事先要确定有代表性的行为,且极有可能忽略低频典型性行为。

案例导引 6-10

观察法(行为核对法)——儿童好奇心检测表①

儿童姓名:　　　　日期:
(1) 注意到新的材料
(2) 调查新的事物
(3) 提问"是什么""何地""何时""怎么样"等问题
(4) 想要知道事情"为什么"会发生
(5) 喜欢做实验
(6) 能将一物体与另一物体做比较
(7) 使用科学工具(磁铁、放大镜、双筒望远镜)
(8) 使用数学工具(天平、卷尺、算盘、定时器、计数器)
(9) 玩匹配、计算的游戏
(10) 进行收集、制图表、记录的工作
(11) 对教室里的宠物、水族箱、植物和昆虫感兴趣
(12) 挑选关于科学、计算、动物、植物与生物的书

6. 轶事记录法

轶事记录法是根据观察者目的着重记录观察者认为有价值的信息,从而获取观察资料的一种方法。轶事记录法能较为完整地呈现观察对象的典型性行为或异常行为,但是观察者很难把自身主观判断和客观事实相区分。

案例导引 6-11

可爱的小金鱼②

星期一一进教室,懿懿小朋友就急急忙忙地跑来告诉我:"夏老师,鱼缸里脏了,金鱼要死了。""那我们赶快帮金鱼换水吧。"说着,我就端了两盆金鱼

---

① [美]贾妮斯·J.贝蒂. 学前教师技能[M]. 第八版. 嵇珺,译. 南京:江苏教育出版社,2011:133-134.
② 幼儿教师观察记录:可爱的小金鱼[EB/OL]. (2010-09-02)[2014-11-13]. http://www.06abc.com/topic/20100528/52417.html.

去卫生间换水,懿懿小朋友在旁边耐心地看着,看我把金鱼重新放入干净的鱼缸时,她开心地跳起来,嘴里还说着:"金鱼洗澡了,它又活了,我让其他金鱼也来洗澡。"正说着,手里已经拿起了柜上的鱼缸,突然她一个劲儿地喊:"老师,快来看,鱼缸里有东西。"我跑去一看,没什么特别的呀。"老师,你看它尾巴后面有一条长长的线一样的东西跟着它。"这回我仔细看了一下,原来,那条金鱼正在大便。我马上朝她笑了笑:"懿懿,你的小眼睛可真灵,那条长长的线是金鱼的大便,金鱼正在大便呢。"她像获得了新发现似的,向坐在位置上的小朋友喊起来:"你们快来看呀,金鱼在大便呢!"不一会儿,鱼缸周围挤满了脑袋。有的小朋友还跑去看其他柜上的鱼缸。

"这条鱼怎么不大便呀?"

"这条鱼在吃东西呢!"

"这条鱼怎么一动不动?它在睡觉吗?"

"没有睡,你看它眼睛睁开着呢!"

"金鱼眼睛一直睁开的!"

"不会的,它睡觉时和我们一样要闭眼睛的!"

一下子,金鱼成了孩子们唧唧喳喳议论的话题。"老师,你说这条金鱼是不是睡觉睁着眼睛的?"性急的朴朴希望从我这证实他的想法。对于他们的疑问,我并没有急着回答,而是让孩子们都回家和爸爸妈妈一起查金鱼的资料,找到答案后来幼儿园告诉老师和其他小朋友。

第二天一大早,朴朴就开心地告诉我:"夏老师,金鱼睡觉是睁着眼睛的,我昨天和妈妈一起上网查的答案。"我朝他笑了笑:"朴朴真能干,把老师的话都记在心里,还回家和妈妈一起找答案,等一下小朋友来了,你把答案告诉他们,好吗?"他开心的点了点头。在接下来的几天里,孩子们围绕着"金鱼"提出了各种问题,并积极地与家长一起找答案,忙得不亦乐乎!

生活中蕴藏着丰富的教材,要靠我们去发现。面对着一群可爱的金鱼,孩子们产生了极大的兴趣,提出各种各样的问题,并动脑筋考虑问题,这是他们探索的良好开端,作为引导者,要从孩子的认识角度出发去构建教育,应仔细观察、耐心倾听童声,同时鼓励幼儿自己去尝试、探索,从而获得感性经验。

(二)谈话法

谈话法,又称访谈法,是指评价者直接与访谈对象面对面交流以获取想要的评价信息的方法。访谈结构可以是有固定答案的封闭式结构化访谈,也可以是答案开放式的非结构化访谈。一般来说,开放式的问题留给幼儿回答的空间更大,鼓励幼儿同时出现不同的思维水平,也能使教师对幼儿的观点做出比较深入的分析和评价。访谈法所获取的信息会更加具体翔实,更富于个性,更能深入分析访谈对象的行为和言语。但是鉴于访谈比较费时费力,难于大范围实测和进行量化,一般与其他方法混合使用,或作为其他方法的辅助与补充。

 案例导引 6-12

生命与非生命的访谈提纲和实施范例①

访谈提纲

太阳是活的吗?

蜡烛是活的吗?

火是活的吗?

马是活的吗?

自行车是活的吗?

风是活的吗?

树是活的吗?

树叶是活的吗?

苹果是活的吗?

种子是活的吗?

闪电是活的吗?

火山是活的吗?

鸟是活的吗?

羽毛是活的吗?

蛋是活的吗?

注:不是每个问题都必须问,根据实际访谈情况确定,在每个问题后都可以深入追问"为什么是或为什么不是?"访谈中幼儿是如何判断某物是活的或者不是?哪些问题是幼儿回答感到有困难的?哪些问题引发了幼儿最多的思考?为什么?

访谈实例

Thomas(6岁)的访谈

Thomas,我想问你一些问题。我想知道你对一些事情的看法。首先,你能告诉我,太阳是活的吗?

不是,我认为它是死的。它只是在飘浮。它是死的。月亮让它变暗……是的,它是活的。我想它知道什么时候向前赶路,什么时候停下来。是的,我

---

① 〔美〕米歇尔·本特利,〔美〕克里斯汀·艾伯特,〔美〕爱德华·艾伯特. 科学的探索者——小学与中学科学教育新取向[M]. 洪秀敏,等译. 北京:北京师范大学出版社,2008:109,115-118.

认为它是活的。

蜡烛是活的吗？

不是。

为什么不是？

它只是被做出来的。我认为是有人做的它。

火是活的吗？

它只是能燃烧的热的材料。它非常危险。

狗是活的吗？

是的，当然，狗和猫都是活的。

为什么你说狗和猫都是活的？

它们能运动，能用它们自己的语言说话。让我看看能不能模仿它们（也像狗一样汪汪叫，像猫一样喵喵叫）。它们跑，它们必须是活的。

自行车是活的吗？

它能跑，但它不是活的。它的轮子是活的，方向盘是活的，但是其他部分不是。除了轮子，别的都不是活的。

为什么你认为轮子是活的？

因为它能跑但是其他的部分不是活的。

你认为风是活的吗？

这个问题挺难，让我考虑一下。我思考得很快。（他想了一会儿。）风能走但它不是活的……一阵风让另一阵风去吹它。我想是上帝用它的小手指尖发出风，然后用他的中指吹走了它。我就是这么想的。

水是活的吗？

（他略略地笑起来。）这个问题很难，你问得越来越难了。我会告诉你一些水的事情。当你跳到水中时，它就溅到顶上。我想那是喷水。当你洗澡的时候，它就一直流啊流。当你把一些东西放在水里面，它就溅起来而且满了。是的，我想是的。

你认为因为更满了它就是活的吗？

不是，我认为有一半是真的，有一半不是。它们之间必须有一个区别。有些水能这么做，有些不能。

它能做什么？

我认为在西弗吉尼亚的沼泽水和硫黄水不能做，但是我认为有些水是活的。因为它能移动所以是活的。

树是活的吗？

让我告诉你一个故事。有时在广告中他们能做一棵能用眼睛看,还能说话的活的树。外面的树是死的但是它们活着。它们每天都睡觉。它们想要散步、移动、谈话、看,但是它们不能因为他们是僵硬的。它是一个活的东西。如果有人将钉子钉进树里我会很难过的。

　　树叶是活的吗?

　　我想树叶是死的。

　　为什么?

　　我想是风吹动树叶。它只是一片你可以压碎的树叶。

　　苹果是活的吗?

　　让我讲一个故事。一个小男孩的妈妈问他,什么东西是红色的而且里面还有四个宝宝?他去散步来思考这个问题。他问邮递员,然而邮递员没能告诉他什么东西是红的而且里面有四五个红色的东西。后来,他问一个农民,农民也不知道但是给他一个苹果。男孩回到家中吃苹果。他告诉他妈妈,他不知道谜语的答案。妈妈说:"你正在吃它。"她把苹果切开,苹果的里面有五颗种子,她指给他看这些种子多像一颗星星。它是圆的,红色的。有种子的苹果是妈妈,没有种子的苹果是爸爸。他们是父母。当世界开始的时候,就有了苹果妈妈和苹果爸爸,而且我猜会一直继续下去。

　　种子是活的吗?

　　是的,我想上帝放了一颗有种子的小星星在苹果妈妈里面。

　　闪电是活的吗?

　　这是一个很难的问题。我恐怕帮不了你了,但是我知道它的声音是什么。声音是天使在喘气和搬家具。

　　火山是活的吗?

　　这很容易。我很高兴你问这个问题。恐龙有一个住的地方,我认为是火山杀了它们。我认为是火山杀了恐龙。恐龙来自于南卡罗来纳、北卡罗来纳,以及不同的地方。火山杀死了恐龙。火山被抓起来了这样它们就什么也做不了了。恐龙会破坏火山,而且如果只有恐龙打碎了火山,火山就死了,但是如果它没打碎,火山就活着。

　　鸟是活的吗?

　　这些都是恐龙的问题吗?是的,我认为鸟是活的。

　　为什么?

　　因为它能移动所以它必须是活着的。一些鸟是危险的,一些不是。如果它躺着不再移动,那它就死了。

　　羽毛是活的吗?

它们运动着以使它们能飞起来。如果狗的耳朵上长羽毛,它就能飞。它一直在运动所以如果长在翅膀上,它就是活的,如果不是,那它就是死的。

活意味着什么?

有点儿累了。这是最后一个问题。世界旋转的真的很快,所以我想文明和每件东西都是活的。

活意味着什么?

你是活的,你在讲话,你在散步,你在感觉。只要你的爸爸和妈妈允许,你可以做任何你想做的事情。

访谈分析

虽然 Thomas 在接受访谈的时候只有 6 岁,但是他已经有了许多关于"活"的观点。其中一些观点代表了他从别人那里获得的或者他接受的解释(如苹果的故事)。许多解释是他综合个人知识和经验的结果(如他认为"活"意味着能运动,但运动着的东西不一定都是活的,有可能只是部分是活的,而部分不是,也有可能是外力推动的)。他在对周围世界中"活"的概念进行解读时,思考和建构了自己的现实。

(三) 作品分析法

作品分析法指通过记录和分析幼儿作品来评价幼儿的科学探究能力和行为表现。在多个时间和场合内,通过有目的、有计划地搜集、记录儿童在科学探究活动中的各种相关作品,如科学观察记录本、绘画、制作等,分析和评价儿童在科学探究活动中表现出来的科学探究兴趣与情感态度、科学探究的能力以及科学经验的理解与掌握情况。

案例导引 6-13

作品分析法在教学活动中的有效运用[①]

案例一:要求幼儿观察小蝌蚪的生长变化并作观察记录,教师以此分析幼儿观察的细致型、准确性、系统性,同时了解幼儿坚持性、独立性等品质的发展情况。

案例二:小班数学活动中,要求幼儿比较图片中两个娃娃的不同点,并把不同点标注出来,却发现没有一个幼儿能够发现娃娃的所有不同点。教师据此

---

① 夏力. 学前儿童科学教育活动指导[M]. 第二版. 上海:复旦大学出版社,2009:150-151.

发现了教学中的失误——教师没有引导幼儿按顺序观察并找出不同。

案例三：要求两岁半左右的儿童分别画出圆形、三角形、正方形，但他们画出的却是三条分辨不出是什么图形的封闭曲线。由他们的作品我们可以分析出：这一年龄段的儿童不能够区分各种不同的图形，更无法认识各种图形的特征。在他们看来，三角形、圆形、正方形之间并没有什么区别，它们都是些封闭的曲线。他们还无法理解图形的边和角。另外，他们的小肌肉控制能力差，也无法精确地画出各种图形。因此，我们没有必要要求处于涂鸦阶段的儿童画出各种图形，重要的是引导他们对各种图形感兴趣，对各种封闭的曲线感到好奇即可。

（四）档案袋记录

教师可以通过建立档案袋的方式对幼儿的表现进行记录。科学档案袋收集了学生在科学领域中发展和学习的长期表现的信息。档案袋里可以包括幼儿的纸笔作品、参与科学探究活动的简单记录，还可以由教师通过便条、观察表、日记、照片、录音、录像等多种描述方式记录幼儿的学习过程、建构知识的方法、情绪变化以及与同伴、老师关系等方面的详细情况。

尽管档案袋评价与儿童作品取样评价的名称不同，但事实上这两种表现性评价的方法有实质性的相似之处。如提出儿童发展的具体指标和儿童作品的收集这两个核心要素是相同的。"好的档案袋讲述了一个有关儿童进步的非常好的故事"。档案袋本身也许并非是一种评价工具，它只是为储存和组织有关儿童的信息提供了方便。如果有一套如何收集、分析和利用所收集的信息的系统性方法，那么档案袋就变成了一种有可能为教师了解儿童提供很有价值的信息的手段。①

案例导引 6-14

早期儿童科学教育档案袋中的成就证明②

1. 教师对儿童过程能力的评价——定性和定量
2. 教师对儿童探究的评价——定性和定量
3. 儿童在科学调查中的活动成果样例，如：
（1）活动中所作的观察

---

① 周欣. 表现性评价及其在学前教育中的应用[J]. 学前教育研究，2009(12)：28-33.
② 〔美〕大卫·杰纳·马丁. 建构儿童的科学——探究过程导向的科学教育[M]. 杨彩霞，于开莲，洪秀敏，等译. 北京：北京师范大学出版社，2006：271.

(2) 所涉及的分类系统

(3) 调查研究的说明

(4) 完整的数据表

(5) 所准备的图和表

4. 完整的课堂作业范例

5. 课外科学活动的表现

6. 儿童日常生活中对科学的认识及其应用的表现

7. 轶事记录

8. 儿童开展的个人讨论记录

9. 儿童活动的照片

10. 科学日记

二、处理评价资料的方法

在对评价资料进行收集之后，教师如何根据这些信息对儿童的学习与发展做出评价以及如何根据评价结果改进课程教学、促进儿童的发展等问题，都与处理评价资料的方式息息相关。常见的方法有三角评定法、个案分析法和动态评价法。

（一）三角评定法

三角评定法是指综合运用多种评价方法，由多个评价人员参与评价，在不同的时间、空间内，在各层次上搜集同一被评对象的资料并借此作出判断，从而使评价结果更为客观、有效、可靠的资料收集方法。

 案例导引 6-15

幼儿——自我评价报告[①]

（教师提问并记录幼儿的回答）

1. 你今天到了哪个区域？
2. 你主要做了哪些探索工作？
3. 你在探索中发现了什么？
4. 你在探索中遇到哪些进行得不太顺利的事情？

---

① ［美］萨玛·沃泽曼，乔治·伊芙尼. 新小学科学教育[M]. 宋戈，袁慧，译. 北京：北京师范大学出版社，2006：80.

5. 你在探索中遇到了哪些麻烦事?
6. 你是怎么处理那些事的?
7. 你在探索中有哪些事情是你自己能做的事情?
8. 你需要帮助才能完成的一些事情是什么?
9. 你在探索后对自己工作区域的清理表现感觉如何?
10. 你感觉和组中其他成员相处得怎么样?
11. 你做了哪些新的尝试或者新的发明?
12. 你认为你在哪些方面需要我的帮助?
13. 对你所用的材料你有哪些发现?为什么会产生那些发现呢?
14. 你是怎样对那些物体进行分类的?
15. 你在探索中做了哪些决定?它们对你而言是如何起作用的?
16. 告诉我你做了哪些实验以及你在实验中有什么发现?
17. 就所发生的事情,你有什么想要问的吗?
18. 你在科学探究活动中的工作进展如何?
19. 你感觉你自己在科学探究活动中的工作怎么样?

教师或其他观察者——对幼儿学习经验的评价报告

1. 某某某(幼儿名字)今天到了哪个区域?
2. 他/她主要做了哪些探索工作?
3. 他/她在探索中发现了什么?
4. 他/她在探索中遇到哪些进行得不太顺利的事情?
5. 他/她在探索中遇到了哪些麻烦事?
6. 他/她是怎么处理那些事的?
7. 他/她在探索中有哪些事情是他/她自己能做的事情?
8. 他/她需要帮助才能完成的一些事情是什么?
9. 他/她在探索后对自己工作区域的清理表现如何?
10. 他/她和组中其他成员相处得怎么样?
11. 他/她做了哪些新的尝试或者新的发明?
12. 他/她在哪些方面需要你(教师)的帮助?
13. 对他/她所用的材料他/她有哪些发现?为什么会产生那些发现呢?
14. 他/她是怎样对那些物体进行分类的?
15. 他/她在探索中做了哪些决定?它们对他/她而言是如何起作用的?
16. 他/她做了哪些实验以及他/她在实验中有什么发现?
17. 就所发生的事情,他/她问了些什么问题?

18. 他/她在科学探究活动中的工作进展如何?
19. 他/她在科学探究活动中的工作怎么样?
(部分内容有改动)

(二) 个案分析法

个案分析是整理各种途径,包括对儿童的观察与访谈,并据此处理和分析评价信息的一种方法。它能帮助教师更为深入了解所研究的儿童个体的行为,它还包括分析与建议。这种详细的观察记录方法的主要目的是发现行为的原因和结果,进行儿童发展研究,并为儿童个体发展制订计划。①

案例导引 6-16

表 6-12 幼儿科学区个案观察记录②

幼儿姓名	董瑛	性别	女	观察人	沈利群
观察时间	游戏环节	观察地点	科学区		
观察记录	在科学区我们投放了沉浮的操作材料,今天区域游戏时,董瑛拿起一张挂历纸和一张餐巾纸放到水盆里,她对瑶瑶说:"你看挂历纸半天才湿,餐巾纸放进水就湿了。"瑶瑶说:"那咱们想个办法让它湿得慢一点。"董瑛自言自语说:"挂历纸厚餐巾纸薄。"瑶瑶说:"让挂历纸在下面餐巾纸在上面。"就见她俩拿起餐巾纸往水盆里的挂历纸上一放,餐巾纸还是湿得很快。瑶瑶说:"不行,还是一样会湿,再想想怎么办。"两个人又开始琢磨了,拿各种各样的纸试来试去。瑶瑶说:"咱们把它放到船里不就湿不了了。"两个人用牛皮纸、挂历纸、手工纸折了小船把餐巾纸放到船里,再小心翼翼地把小船放到水里,餐巾纸终于不湿了,两个人高兴极了。					
分析与说明			下阶段措施		
此次活动中,董瑛和瑶瑶能够根据科学区的操作材料大胆探索,不但发展了她们的观察能力,同时思维能力也有了很大的提高。			在以后的活动中,多让幼儿通过科学探索活动感受到科学探索的快乐和成功的喜悦。		

(三) 动态评价法

动态评价是以促进发展为目的,不仅要了解儿童当前能够做什么、知道什么,还要了解儿童将来在怎样的条件下可以做什么、知道什么,也就是要揭示儿童潜在的

---

① [美]杰克曼(Hilda L. Jackman). 早期教育课程——架起儿童通向世界的桥梁[M]. 杨巍,译. 北京:中国轻工业出版社,2002:42.
② 七都中心幼儿园幼儿个案记录表[EB/OL]. (2011-01-08)[2015-01-10]. http://www.wjqdyey.com/ReadNews.asp?NewsID=2189.

能力。与静态评价的本质区别在于评价者与儿童的互动、反馈的内容、重视过程而非结果。不同的动态评价模式在中介的方式、中介点、中介时间、中介强度、标准化等方面都存在较大差异。

本章小结

本章主要阐述了幼儿园科学探究活动的评价,主要包括评价的内容和评价的方法两个方面。在评价的内容上,主要关注对幼儿科学探究活动的评价和对幼儿发展的评价。其中,前者包括对学前儿童科学探究活动的计划、目标、内容、实施过程、环境与材料的创设和使用,以及活动过程中师幼关系的综合评价;后者包括对幼儿科学经验和概念的评价、对幼儿探究能力的评价和对幼儿科学情感和态度的评价。在评价的方法上,主要围绕收集评价资料和处理评价资料这两个方面展开论述。其中,收集评价资料的方法包括观察法、谈话法、作品分析法和档案袋记录法;处理评价资料的方法则包括三角评定法、个案分析法和动态评价法。

自我评量

1. 学前儿童科学探究活动评价的内容有哪些?请选择一个详细阐述。
2. 如何制订并实施学前儿童科学探究活动的评价方案?
3. 收集和处理评价资料的方法主要有哪些?
4. 阅读以下幼儿园大班科学探究活动《磁铁》的材料,并对这次活动作出评价。

活动目标:
(1)探究磁铁哪个地方吸得东西多。
(2)根据观察到的事实,用数据得出结论,形成解释。

活动准备:
小磁铁、条形磁铁(人手一块)、蝴蝶夹子、螺丝钉、螺丝母、个人记录表、集体记录表等。

活动过程:
1. 澄清错误认识,为开展探究进行铺垫

"小朋友们请看,这是什么?"当我手拿磁铁站在孩子们中间时,他们一下子就认出来了:"磁铁。""吸铁石。"我趁热打铁地继续问道:"你们知道磁铁能吸起什么东西吗?"在稍稍停顿之后,孩子们的回答五花八门:"铁的东西""纸""门""椅子"。从这些回答中,我发现,孩子们头脑中有关磁铁的概念是模糊的。于是,我给他们每人发了一块磁铁,让他们去吸一吸活动室里"你认为能吸起或不能吸起的东西",并鼓励他们报告磁铁能吸起的东西,引导他们鉴别和发现"它是什么材料做成的",使孩子们真切地认识到磁铁吸铁的特性。

2. 鼓励大胆猜想,并寻找公平的验证方法

我拿出一块有红、白标记的条形磁铁问:"小朋友们看一看,老师手里的这块条形磁铁和你们刚才用过的磁铁有什么不一样的地方?""这块比刚才的大。""它有红色、白色,还有黑线。"孩子们的观察很仔细,哪怕是一点儿细小的不同都被他们发现了。"那你们猜猜,条形磁铁红色部分、白色部分和中间的黑线部分,哪个地方吸得东西多?"为了让孩子们明白我们要探究的是两头和中间这三个地方,我边说边用手将这三个部分指给他们看。孩子们的猜想各不相同:"红色这头吸得多。""白色这头吸得多。""黑线那儿吸得多。""你们怎么证明哪个地方吸得多呢?"我不失时机地准备好螺钉、螺母、蝴蝶夹子,一边介绍、一边分别摆放在幼儿的桌子上,并再次提问:"你想怎样呢?""是不是用磁铁一头这样吸就行了?"我的引导使孩子们明确了:要把磁铁三个地方都试一试,每个地方都要用同一种方法试,这样实验才能准确、公平。

3. 记录实验数据,发现数字的意义

"怎样才能知道磁铁的每个部分吸了多少?"为了记录幼儿实验、思考的过程,我为幼儿的实验设计了个人记录表,并在实验前将记录表的使用方法介绍给他们,请他们将每个部分吸起东西的数量记在相应的空格中。

实验中,孩子们兴趣盎然,所用的方法也很巧妙。有的是把磁铁要实验的三个部分先后放在盛有铁制品的盘子里,然后分别数出每边吸起了多少,将结果记录在表中;有的则将磁铁全部放进盘子里,看哪头能吸起东西,再数一数分别吸起了多少;还有的将盘子中的铁制品一个一个地吸到磁铁的不同部位,比比哪个地方吸得多……

为了帮助幼儿进一步发现磁铁两极磁力大的特性,我还为他们准备了一张集体记录表,请他们将自己的实验数据汇总在集体记录表上。我请孩子们观察并思考:"从这个记录表中的数字,你们发现了什么?"面对一串串的数据,孩子们惊讶地叫了起来:"磁铁的两头吸起了很多东西,但中间位置几乎什么也没吸起来。"孩子们终于发现了隐藏在数字背后的磁铁两极磁力大的特性。

4. 运用新发现,引发进一步思考,将探究不断深入

幼儿通过实验已经得出"磁铁两头磁力大"的结论,为了引导他们进一步深入思考和探究,在活动结束时,我将两块条形磁铁的红、白两端接在一起,然后问孩子们:"我们已经知道磁铁两头吸得东西多,现在这两头接在一起了,会有什么变化?吸得东西更多了吗?接下来的磁铁到底哪个地方吸得东西多呢?"基于上一个实验的经验,孩子们的争议集中在了两块磁铁相接的地方:"接的地方吸得最多,因为接的两头都是吸得东西多的,加在一起会吸得更多。""接的地方吸得少了,因为它变成了大磁铁的中间,磁铁的中间吸得东西少。"……

新的问题已经再次激发了幼儿探究和学习的热情,活动得到了进一步的延伸和扩展。

第七章　国际学前阶段科学教育标准及课程模式

学习目标

1. 了解和比较国际学前阶段科学教育的新标准。
2. 了解和比较国际学前阶段具有代表性的科学课程模式。

随着以信息和通信技术为代表的科技发展的日新月异,知识经济时代预示着教育界将引发新的科学教育改革,而学前科学教育将成为接受改革的第一块试验田。为了更好地推进学前科学教育的发展,以及更好地为提高幼儿科学素质服务,有必要放眼世界,博采众长,历览国际学前阶段的科学教育新标准和具有典型性的科学教育课程模式。

第一节　国际学前阶段科学教育新标准

谈及科学教育标准,就会联想到美国。在当代教育标准制定的这一条路上,美国起步最早,制定的标准最多,标准内容和框架也最有"时代特色"。下面将从美国开启我们的国际学前阶段科学教育标准之旅。

一、美国《新一代科学教育标准》

从最开始的《科学素养的基础》,到如今的《新一代科学教育标准》,美国已经建立起了从标准制定到课程实践接轨等一系列完整的体系,逐渐形成自己的风格。美国的科学教育标准到底有何特色呢? 特色形成的背后又是什么? 这样特色的标准体现在学前阶段又如何? 让我们从著名的 2061 计划开始,共同寻找答案。

(一) 标准背后的故事

1. 来自哈雷彗星的 2061 计划

美国的科学教育标准,可以说源自于著名的"2061 计划"(project 2061)。美国科学促进会(AAAS)于 1985 年启动了这一计划,以期"帮助所有美国人提高他们的科学、数学及技术素养",被美国媒体誉为"美国历史上最显著的科学教育改革之一"[①]。计划启动当年,恰逢哈雷彗星现身,而彗星的下一个回归年正是 2061 年。于

---

① 详见美国科学促进会(AAAS)官方网站的介绍 http://2061.cast.org.cn/。

是美国人选择2061作为计划的名字,据说其中包含着这样的思考——"1985年入学的孩子,有生之年还能看到哈雷的归来,在彗星的一个来回之间,这些孩子的一生又会经历些什么,特别是将看到怎样的科技变化呢。我们现在提供的教育,是否能支持这些孩子,顺利地度过这彗星往来的时间,适应甚至创造一个科技变化迅速的时代呢。"计划者们期待通过科学和数学教育体系的调整,"培养这些孩子去认知这个世界的运转,批判地、独立地思考,并在一个科技日益塑造文化的社会里有意义、有责任、有收获地生活"[1],以至2061年彗星回归时,能看到这个国家的土地上,一幅如科幻作品般理想的科技生活画面。

这场教育改革运动声势浩大,动员了科学家、教育工作者、企业家等多方力量,发布了多份重量级的文件与报告。其中堪称奠基石的两份文件,分别是1989年的《面向全体美国人的科学》(以下简称《面向》)和1993年发布的《科学素养的基准》(以下简称《基准》)。《面向》界定了"科学素养",梳理了社会、科学、技术、自然等几方面的关系,从不同的学科对未来的发展进行了展望,并对学科内的核心范式进行了描述,由此打下了美国科学教育改革的理论基础。而《基准》则是将"理想的科学素养"置于教育框架中,落实成为循序渐进的教学目标,分年龄段(K—2、2—5、5—8、8—12)描述了学生掌握知识和技能后应有的表现,以期指导一线实践教学工作,并切实起到了非常大的作用。据说,这份《基准》凝聚了1300多人的力量,并成为随后美国《国家科学教育标准》(National Science Education Standard,简称NSES)和各州科学课程标准的"母版"。[2] 时至今日,在美国发布的各门类科学标准中,也常常会提及这份基础而关键的文件。

2. 从1996年到2013年,国家标准的"接力"

1996年,美国第一份《国家科学教育标准》在《基准》的基础上正式施行。这份标准由美国国家研究会(National Research Council)颁布,提出了"面向全体学生"以及"主动学习"两个核心的科学教育观点,对科学教师的素养、教学的方法、教学的评估等方面提出了建议,并将科学教育内容分为8类(科学概念与过程、科学探究、物质科学、生命科学、地球与空间科学、科学与技术、个人和社会视角中的科学、科学的历史和本质),每一类下分四个年龄段对学生的目标性表现进行描述。[3] 标准内容站在学科发展的高度上,环环相扣、层层递进、深入浅出地对每个学科的学习目标进行了分解。标准不仅注重"科学方法",更注重学生对"科学本质"以及"科学和自然、社会"关系的理解,可以说建立了在那一时代相对完整且具有前瞻性的科学教育标准体系。

---

[1] 美国科学促进会. 面向全体美国人的科学[EB/OL]. [2014-08-01]. http://2061.cast.org.cn/n11115958/n11117730/n11153356/11156960.html.

[2] 美国科学促进会. 科学素养的基准[EB/OL]. [2014-08-01]. http://2061.cast.org.cn/n11115958/n11117730/n11153294/11156911.html.

[3] 美国国家研究会. National Science Education Standards[EB/OL]. [2014-08-01]. http://www.nap.edu/catalog.php?record_id=4962.

不过这一标准体系建立在学科知识的基础上,在选择关键概念时更多会考虑哪些知识点对于学科体系是重要的,较少考虑学生的兴趣、差异与能力。如果让斯金纳来评价,这定是一份非常好的标准,对于皮亚杰来说可能就不尽然了。这份标准更多地从"教"的角度看问题,而较少考虑到"学";虽然架构了非常严谨的学科体系,却很少考虑学习者与知识点之间的关系。在第一份国家标准推行的十余年中,美国各机构和部门不断地通过各种方式对标准进行验证,结果并不尽如人意。其中,最为著名的是从 2000 年起 OECD 组织的"国际学生评估项目"(PISA 测试①),在与全球几十个国家和地区的科学、数学、阅读能力"测试比赛"中,美国学生鲜有排进前十。② 再加上近十年科技的飞速发展,新的科学技术发展让一些超乎想象的事情得以实现,用新标准编写者的话来说"在 1996 年基因测序还是一个非常狂妄的想法,但是现在已经可以实现了"③。此外,脑科学和认知科学的发展进一步揭示了孩子学习的本质与过程,这从根本上直指原有标准的问题所在。因此,教育工作者们开始对原有的标准进行反思,并进行了多次的修订,最后促成了新标准的出台。

2009 年秋,美国国家研究会开始着手酝酿新标准的前身——《科学教育框架》(以下简称《框架》),主要修正了已有标准的问题,创建了新的框架结构。2010 年《框架》草案发布后,交由美国科学促进会、全美科学教师协会等机构,收集公众、专家、教育工作者们的反馈意见。2011 年《框架》在吸收反馈意见修订完成后,新《标准》在这一基础上起草并几经修订。终于,2013 年,美国《新一代科学教育标准》(*Next Generation Science Standard*,简称 NGSS),接过了老标准的接力棒。

(二)《新一代科学教育标准》的框架与基本内容

NGSS 是在什么样的框架维度下进行编写的,与以前的标准相比又有什么深层次的转变呢?标准编写者认为,NGSS 与以前标准相比,有七条重要的"理念转变"。

- K-12④ 的科学教育应该反映科学在现实世界中的实践与关联。
- 新的标准是学生的"表现期待",不是课程。
- 标准中的科学概念是贯穿 K 12 的。
- 标准的内容更深刻,同时也更具有应用性。
- 标准包含了科学与工程实践。
- 标准的设置,是为了帮助学生为进入大学、开启职业生涯、成为公民做准备。
- 标准与国家语言和数学教育标准保持一致性。

如果仔细看这七条,会发现这些转变都围绕着两个字"实践"。无论是学生的"表现期待",还是标准"内容的应用性";无论是"工程学实践"还是"进入大学、成为

---

① 近几年的 PISA 测试中,美国大都排名在 15 上下,属于中游水平。更多内容,可查询 OECD 专门的 PISA 网页,http://www.oecd.org/pisa/aboutpisa/。

② 万东升,张红霞. 美国国家科学教育新标准制订过程的政策透视[J]. 外国教育研究,2011(9):26-31.

③ 〔美〕约瑟夫·科瑞柴科. 革命性的变化:美国确立新一代科学教育框架[J]. 基础教育课程,2013(Z1):82-85.

④ K-12 是指从幼儿园到 12 年级。

公民"——新一代的标准将出发点从学科转移到了学生的身上,从理论架构转移到了实践应用上。如果旧标准是一座严谨的学科宝塔,那么 NGSS 则应该是接地气儿的脚手架。但是接地气儿并不代表落后时代,NGSS 这个"脚手架"非常的"高科技",融入了很多最新的学科研究领域和一些当下的科学领域用语,体现美国标准的时代性和其独有的风格。

1. 标准的三层结构

新标准有三个关键的维度:科学与工程实践(Science and Engineering Practices)、学科核心概念(Disciplinary Core Ideas,简称 DCIs)、共通概念(Crosscutting Concepts)。与传统标准不同的是,标准的具体条目并不是一一分布在这三个维度中,而是作为"表现"浮现在三个维度之上。

具体说来,NGSS 制作了有三层结构的标准文本,在"表层"是传统的"学生应该能知道、做到什么"行为的表述;在"中层"是学生为了达到理想中的表现,需要在三个维度上分别掌握的(技术、知识和思维逻辑)能力;而"底层"则是这一条标准与其他标准的关系。

表 7-1 就是 NGSS 每一条标准的呈现方式。在第一层"表现期望"中,NGSS 对学生在这一标准层面应该知道、能够做到的事情进行了可评价的描述,是基础性的、要求所有学生都能够达到的。第二层"基础"包含了科学与工程实践、学科核心概念、共通概念三个维度,具体的解析了第一层"表现期望"中所涉及的、每三个维度中的关键概念;三个维度中同样采取了对学生的表现进行描述的方式。第三层"关联"也分三个方面,分别是标准与同一年级其他标准的联系、与跨年级相关标准的联系和与数学、阅读两份标准的联系。

表 7-1　NGSS 标准呈现方式

层级	表现期望 Performance Expectations 描述学生如果达到这一标准,能够在学习中展现出的可观察行为		
表层↓中层↓底层	科学与工程实践 Science and Engineering Practices	学科核心概念 Disciplinary Core Ideas	共通概念 Crosscutting Concepts
	与同一年级其他标准的联系		
	与跨年级相关标准的联系		
	与数学、阅读两份标准的联系		

通过这样的呈现方式,NGSS 成功地将三个维度的概念进行整合,并保证这些概念在每一条标准中的落实。标准被多面拆解,使得课程设计者与一线教师不仅能够明确学生应该达到的行为表现,还能直观地看到支撑这样表现的三维度核心概念,并能够看到这一表现在未来可能如何进行横向与纵向的延伸。这种三维度的呈现方式给教师提供了很好的支持,同样也对教师提出了较高的要求,要求教师在进行具体内容教学的同时,关注到内容背后的科学与工程实践、共通概念,并能够将这一个教学内容与未来的教学活动相联系。

2. 标准的三个"中层维度"

NGSS用了很多"高科技"的词汇,并且用了多个交叉维度的设计,但在解读其内容的时候,我们不能忘记其本质还是着眼实践的。或者说,三层标准的呈现、多个交叉维度的结构,就是为了让标准能够最深刻地被理解,最有效地被应用到课程与教学中。其中,最为关键的结构,就是中层的三个维度。

(1) 科学与工程实践:"升级实践版"的科学探究

"科学与工程实践"这一词读起来非常拗口,也很难理解。如果将之内容和其他相关标准进行对比,可能发现其与"科学探究"的概念类似。但是NGSS认为,科学与工程实践和科学探究有本质上的不同,在于工程(engineering)与技能(skill)、实践(practice)与探究(inquiry)有着根本的区别。从某种程度上来说,将科学运用于实践以达到某种目的的过程就可称为"工程",而工程本身对设计、流程、数学的运用有一定的要求。所以"科学与工程实践"一词,可以说是对"科学探究"中探究方法和过程的"升级"。

新的标准引入了流行的"工程"概念,其实是在关注"知识是如何在实践中运用的"。从最简单直接的角度来解释,即NGSS希望学生不仅做"理科"的实验,也做"工科"的实践;不仅关注培养未来的"科学家",也没有忘记培养"工程师"——毕竟科学还是要转化成为生产力的(见表7-2)。

表7-2 NGSS科学与工程实践维度

项目
科学问题的提出,工程问题的描述
创设和使用模型
计划并执行调查研究
分析和解释数据
运用数学和计算思维
进行(科学)解释并设计(工程)解决方案
有证据的进行论证
信息的获取、评估和交流

(2) 共通概念

共通概念也是一个不太容易理解的词汇,从字面意义上来讲,指"横断面的相关概念"。放置在NGSS的语境中,如果"科学与工程实践"是纵向的研究过程,那么横向的概念,则是在实践的每一个学科中都可能会遇到的概念,例如测量、能量的守恒等等,NGSS选用了"共通概念"一词。放置到具体活动中,例如:无论在哪一个学科中,都需要观察规律,并找到模式①(pattern),甚至包括问题解决本身也存在模式可寻;对因果关系的理解和分析,内含在每一次实践过程中,而大部分的科学实践目标也是寻找因果;能量的守恒不仅对物理学尤为关键,对生物、生态、地质等学科也同样关键……这些共通概念,一部分来源于个别学科基础,一部分来源于科学研究过程本身,都有着基础性、跨学科适用的特征,甚至在某种程度上构成现代科学的基本"范式"②,是科学领域的"上位概念"。NGSS认为对于学生来说,这些关键的概念需要花费特别的时间与精力进行学习,而且需要在不同的实际问题中积累丰富的经验,才能获得完整的概念。在考虑到学生的学习兴趣与能力的基础上,NGSS重点突出了以下七个共通概念(见表7-3)。

表7-3 NGSS共通概念维度

项目
模式
因果:机制与解释
规模、比例和数量
系统与系统模型
能量与物质:流动、循环与保存
结构与功能
稳定与变化

由于这些共通概念在科学学习中起着重要作用,NGSS对其也进行了"进阶式"的拆分,并且将学习目标有机地融合在了学科学习的过程中。这一方面使得关键概念的学习不再枯燥,一方面也增加了学习和练习的频率,可以说是一种用心良苦的设计。

(3)学科核心概念

学科核心概念是三个维度中的主体部分(以前称为"学科知识"的部分),也是以往教育工作者最为关注的部分。NGSS将科学学科划分为四个领域:物质科学,生命科学,地球与空间科学,工程、技术和科学运用。选取了每个领域学科中,最为关键的学科知识,构架成为巨大的"核心知识网络"。在筛选这些概念的时候,编写者提出下面五个原则:首先,要具有学科意义,核心概念应该具有跨越多个学科领域的广泛的重要性,或者是某个学科中组织相关知识的关键概念;第二,具有解释力,能够对许多现象进行有效的解释;第三,具有生成性,能够成为理解、探究更复杂的概念和解决问题的工具;第四,与生活相关,与社会和个人关注的问题有紧密的联系,特别是与学生的生活体验和兴趣相关;第五,能够从幼儿园贯穿到高中,可以在多个年

---

① 模式:英文原文为pattern,是比中文"模式"有着更多微观层面内涵的一个词汇,在学前教育领域,最常见的数学pattern,可能就是"红、黄、红、黄"这样的颜色规则模式了。

② 范式:现代科学哲学的关键词,详见托马斯·库恩《科学革命的结构》。

级教与学,并不断提升深度和复杂性。除此之外,这个知识网络中不仅包括了每个学科最为基础的知识点,还涉及了最新的科学研究进展,并包含了很多跨学科的研究领域,非常符合其"新一代"标准的名称。每个领域的项目内容正如表7-4所示,我们将一些有趣的领域名称和学习项目标注出来,突显这份框架的"新一代"特征。

表7-4 NGSS学科核心结构

物质科学	生命科学	地球与空间科学
PS1 物质与相互作用 PS1A 物质的结构与质量 PS1B 化学反应 PS1C 核反应过程 **PS2 运动与稳定性:力与相互作用** PS2A 力与运动 PS2B 各种类型的相互作用 PS2C 物质的稳定与不稳定 **PS3 能** PS3A 能的定义 PS3B 能的保持与转换 PS3C 能与力的关系 PS3D 生活中的能与化学 **PS4 信息传递中的波与波的应用技术** PS4A 波的性质 PS4B 电磁辐射 PS4C 信息技术与运用	**LS1 从分子到有机体:结构与过程** LS1A 结构与功能 LS1B 生物体的生长与发展 LS1C 生物体中的重要组织与能量流动 LS1D 信息加工 **LS2 生态系统:相互作用、能量与动力** LS2A 生态系统中的依存关系 LS2B 生态系统中物质的循环与能量的转换 LS2C 生态动力、生态系统功能与生态恢复能力 LS2D 社会互动与群体行为 **LS3 遗传:特征的遗传与变异** LS3A 特征的遗传 LS3B 特征的变异 **LS4 生物进化:统一与多样性** LS4A 共同祖先的证据 LS4B 自然选择 LS4C 适应 LS4D 生物多样性与人类	**ESS1 地球在宇宙中的位置** ESS1A 宇宙与恒星 ESS1B 地球与太阳系 ESS1C 地球的历史 **ESS2 地球的系统** ESS2A 地球物质与系统 ESS2B 板块构造与大陆漂移 ESS2C 水与地表结构 ESS2D 气象与气候 ESS2E 地质生物学 **ESS3 地球与人类活动** ESS3A 自然资源 ESS3B 自然灾害 ESS3C 人对地球系统的影响 ESS3D 全球气候变化
		工程、技术和科学运用 ETS1 工程设计 ETS2 工程、技术、科学与社会的联系

如果从传统学科分类的角度上来看,物质科学领域包括了物理、化学、信息科学的部分内容;生命科学包括了传统的生物学、生态学以及相关的分子层面的研究;地球与空间科学涉及了天文、地理、环境以及新型的地质生物学的内容;工程、技术和科学运用则集中在工程设计、对社会作用两个方面。

从新兴的学科内容上来看,物质科学领域添加了核反应、生活中的化学以及关于波在信息传递中运用的内容;生命科学领域新增了信息加工、生态动力系统方面的知识;地球与空间科学领域,地质生物学单独作为一个概念出现;工程、技术和科学运用中,工程设计专门将工程列为一项新的目标。可以说,这份学科核心概念展现了全新的科学学习领域划分,也突出了原有领域内新的重点知识项目;继承了旧标准"高屋建瓴"的学科设计,同时考虑了实践与操作,并融入了最新的学科发展观念,是面向"新一代"的科学学习大纲。

(三)幼儿园阶段的标准介绍

与旧标准不同的是,新标准认可早期教育的独特性,专门将幼儿园(kindergarten,简称 K)列出,为这一阶段的学习专门编写了一系列标准[1],内容涉及三个主要领域的五条具体标准。分别是物质科学的 **PS2** 运动与稳定性、**PS3** 能;生命科学的 **LS1** 从分子到有机体;地球与空间科学的 **ESS2** 地球的系统、**ESS3** 地球与人类活动。与以往的标准相比,K 阶段的学科核心概念的选择发生了较大的变化,并没有企图为所有的学科学习搭建知识基础,而是考虑到了这一阶段幼儿学习的特点。从具体的标准内容中可以看到,标准选择的 K 阶段核心概念并不是根据"哪些知识点是学科的关键基础",而是根据"哪些知识点幼儿园的孩子能够观察到、能够有兴趣"。

那么,看起来如此"高科技""新一代"的标准,既有复杂的三层结构,又有与实践操作接轨的导向——在幼儿园阶段又是如何体现的呢?让我们进入每一个学科领域,看看具体的标准内容。

1. 物质科学

物质科学部分有两条标准,涉及经典的物理内容"力"与"能"。NGSS 中的这两条标准都将重点放在了"调查""操作"上,要求幼儿能够有计划地进行实验研究,从操作中获得相关的知识。其中,"力"的标准对幼儿分析解释数据的能力提出了较高的要求,而"能"的标准则帮助幼儿将"知识"转化为"便利",为幼儿打下工程学的基础。

让我们先来看看 K-PS2 这一条标准的表格。首先,在第一层次"表现期望"中有对幼儿达到这一标准应有行为水平的描述,包括了完整的科学探究过程。随后,从三个维度对描述所涉及的关键概念与能力表现进行描述——这条标准中涉及了科学与工程实践维度的两个项目,分别描述了这一年龄段幼儿应该在计划执行调查研究、分析解释数据两方面能够达到的目标;从学科核心概念的角度分解这条标准,则得到表格中相关的概念点,并涉及了两个领域;如果要达到表现期望,在共同概念领域需要掌握与"因与果"相关的能力。

"力与相互作用"是经典物理学的命题,看起来非常传统的"改变物体的运动状态"这一实验任务,对于 K 阶段的幼儿来说很容易。于是 NGSS 将挑战性放到了"科学与工程实践"这一方面,要求幼儿和同伴一起计划、执行调查研究,收集、分析数据,与预期判断进行比较……而不是老师制订好试验计划,让幼儿按部就班的执行(见表 7-5)。

表 7-5 NGSS K-PS2

K-PS2 运动与稳定性:力与相互作用
表现期望
1. 计划并执行一项调查研究,比较用不同大小的力、从不同的方向来推拉物体,对物体的运动产生的不同影响
2. 通过对数据的分析来判断,通过推拉改变物体运动的速度与方向,是否产生预期的效果

---

[1] 旧标准将 K-2 看做一个完整的阶段,并没有具体针对 K 阶段编写。

(续表)

科学与工程实践	学科核心概念	共通概念
计划并执行调查研究：能与同伴一起，在教师的引导下计划并执行调查研究 **分析解释数据**：通过对数据的分析，验证是否达到预期结果	**PS2A 力与运动**：推拉可以有多重力度与方向；推拉一个物体可以改变其运动的速度与方向，也可以停止运动 **PS2B 各种类型的相互作用**：当物体相互接触、碰撞时，运动能发生改变 **PS3C 能与力的关系**：一个更大力的推或拉能使物体运动速度更快的发生变化 **ETS1A 判断工程问题**：一个人想要改变现状或创造，可以通过工程手段来解决问题而达到。而问题可以有很多种解决的方式	**因与果**：设计简单的实验，通过收集数据结果，支持或反驳关于原因的想法

"能"虽然是一个经典命题，却是应用研究很火热的一个领域。NGSS 选择了幼儿身边，也是应用最为广泛的"太阳能""热能"作为切入点，而且将活动拓展到了应用上——让身边的某块地方不被太阳晒热。这条标准需要幼儿真正地运用所学知识，去解决实际中的问题，富有非常强烈的应用导向，也暗合热能研究的发展趋势（见表7-6）。

表7-6 NGSS K-PS3

K-PS3 能		
表现期望		
1. 进行观察而后判断阳光对地面的作用 2. 利用工具与材料，设计并建造一个结构以减少某个范围内阳光带来的热效应		
科学与工程实践	学科核心概念	共通概念
计划并执行调查研究：观察（直接或间接）收集有用数据，进行对比 **进行解释与设计解决方案**：利用提供的工具和材料，设计并建构一种策略来解决某一个问题	**PS3B 能的保持与转换**：阳光能使地表的温度升高	**因与果**：事件中的起因会产生出可观察的模式（结果）

2. 生命科学

NGSS 在生命科学领域的整体框架非常宏大，不过在 K 阶段的选择却很基础、很简单。正如表 7-7 所示，NGSS 希望幼儿在 K 阶段做一件事——观察。观察自然世界，寻找其中的简单规律。

表7-7 NGSS K-LS1

K-LS1 从分子到有机体：结构与过程
表现期望
1. 通过观察，对植物和动物（包括人类）生存的必需条件及其规律进行描述

（续表）

科学与工程实践	学科核心概念	共通概念
分析解释数据：为了回答相应问题，通过观察（直接或间接）描述自然世界的规律	LS1C 生物体中的重要组织与能量流动：所有的动物需要食物才能生存与生长。它们从植物或其他动物身上获得食物。植物需要水和阳光才能生存与生长	模式：在自然与人工的世界中，可以观测到模式，并成为证据

3. 地球与空间科学

人类自古以来就对天地充满了敬畏，并抱有无尽的好奇和最美好的希冀；当代的科学研究，更是从未停止过对地球和太空的探索。不过 NGSS 在这一领域并没有走"高精尖"的路线，而是为 K 阶段的幼儿选择了"天气"这个核心，并鼓励幼儿观察、描述"环境和生物"之间的关系，引导幼儿批判地思考人对地球带来的影响。从表 7-8 和表 7-9 可知，前者聚焦在对天气、生物行为的观察；后者则更注重对"人与自然关系"的思考，并有强烈的批判意味。

表 7-8　NGSS K-ESS2

K-ESS2 地球的系统		
表现期望		
1. 运用并分享对当地天气状况的观察结果，以描述其中随时间变化而展现出的规律 2. 能够运用证据进行论证——动植物（包括人类）是如何为满足自己的需求而改变环境的		
科学与工程实践	学科核心概念	共通概念
分析解释数据：为了回答相应问题，通过观察（直接或间接）描述自然世界的规律 有证据的进行论证：运用证据进行论证，支持某一观点	ESS2D 气象与气候：天气包括了阳光、风、雪、雨，以及某一时段某一地区的气温。人们测量天气，描述并记录各种数值，从中寻找规律 ESS2E 地质生物学：植物和动物可以改变身边的环境 ESS3C 人对地球系统的影响：人类为了生活得更舒适而所做的事，会影响身边的环境。但是人可以进行选择，减少行为对土地、水源、空气和其他生物的冲击	模式：自然世界中的模式可以被观测到，成为对现象的描述以及证据 系统和系统模型：自然与人工世界的系统是由不同部分组合起来共同运转的

表 7-9　NGSS K-ESS3

K-ESS3 地球与人类活动
表现期望
1. 通过模型表现不同动植物（包括人类）的需求与它们所居住地方的关系 2. 通过提问获取天气预报的信息，并为天气的变化（特别是剧烈变化）做出准备 3. 交流讨论通过何种方法减少人类对当地土地、水源、空气和其他生物的负面影响

(续表)

科学与工程实践	学科核心概念	共通概念
提问并描述问题:在观察的基础上提问,以获得更多的信息 创设并运用模型:用模型表现自然世界中的关系 信息的获得、评估与交流:阅读适宜的文字或运用媒体获取科学信息,描述自然世界中的模式。通过口头或文字、绘画等方式与他人交流方案与其他科学想法	ESS3A 自然资源:生命需要水、空气以及其他土地中的资源,并在满足生命条件的地方生长。人类所做的一切都在利用自然资源 ESS3B 自然灾害:有一些难以预料的严峻的天气现象,气象学家对此进行研究,这样人们就可以有准备的应对 ESS3C 人对地球系统的影响:人类为了生活得更舒适而所做的事,会影响身边的环境。但是人可以进行选择,减少行为对土地、水源、空气和其他生物的冲击 ETS1A 界定工程问题:提出问题、进行观察、收集信息以帮助思考问题 ETS1B 开发可能的解决方案:设计可以通过草图、绘画或物理模型的方式传递给他人。这些表现形式能够帮助人们交流想法,解决问题	因与果:事件中的起因会产生出可观察的模式(结果) 系统和系统模型:自然与人工世界的系统是由不同部分组合起来共同运转的 与工程、技术和科学运用的联系 科学、工程和技术的相互依赖:人们每天都会遇到有关自然界的问题 工程、技术和科学对人类社会与自然世界的影响:人们的生活依赖于丰富的科技;如果没有科技,生活会发生巨大改变

如果按照这两条标准,对夏天进行观测。NGSS 会引导幼儿观察夏天的炎热,然后讨论人类如何用空调让屋子里变得凉快,随后说到空调对大气的影响,最后落脚点在人类如何改进这一问题上。我们可以想象,如果按照这样的标准,幼儿对于"人类活动""科技与生活"的初始思考,会抱有如何认真的批判倾向;在这样影响下成长的幼儿会有怎样的科学观、科技观。

(四) NGSS 标准的特点与启示(K 阶段)

1. 从新角度看身边的科学

从上文中我们可以看到,NGSS 在幼儿园阶段选择了幼儿身边的、会感兴趣的科学现象,作为需要掌握的学科核心概念,并没有将学科的基础知识点强加到幼儿身上,而是注重兴趣和体验。如果围绕这些标准进行课程设计的话,会发现材料非常容易获得,并且与幼儿的生活联系非常密切,如表 7-10 所示。这些来自于生活的经验,在教师的引导下进行总结与提升,自然可以再应用、回归到生活中去,具有非常好的实用性,可以说是来自身边的科学活动。

表 7-10 NGSS 标准与幼儿生活

标准	可能的材料与活动
PS2	皮球、轮胎、骑小车
PS3	夏天的影子游戏、沙坑游戏
LS1	种植豆苗,养蚂蚁、兔子等昆虫和小动物
ESS2	记录天气变化(风、雨、雪等),看天气预报,观察蚂蚁、蚯蚓等小动物
ESS3	旅游见闻的分享、收集垃圾和污水处理厂的信息等

对于我国的幼儿教育工作者来说，表 7-10 的活动并不新鲜，但 NGSS 要达到的标准、对幼儿作为主体完成任务的要求、解析幼儿科学活动的视角是全新的。看似相同的活动主题，可以获得不同的教学效果，达成不同的教学目标。例如沙坑游戏，在国内幼儿园屡见不鲜，常见的科学活动是用不同的容器装沙子来引导幼儿思考守恒的概念；而在 NGSS 的标准中，可以通过沙坑游戏考虑阳光与沙子温度的问题，并鼓励幼儿通过各种材料为一片沙地制造"遮阳伞"。思考阳光与温度是探寻身边现象之间的关系，而制造"遮阳伞"则是立即将对关系的认识转化为运用，并通过运用再次验证"阳光与沙子温度"的已有经验。虽然材料看起来很普通，来自身边和日常生活，但是 NGSS 用最新的科学理念和领域热点对其进行重新解释，使得身边的科学活动富有新意，并与时代发展接轨。

NGSS 用一种独特的方式，向我们展示了"接地气"与"高精尖"的融合，为发掘身边的科学活动提供了时代视角。

2. 强调通过实践过程获得科学知识

NGSS 在 K 阶段将重点放在了实践上。通过比较三个基础维度，我们可以看到 NGSS 在大量的学科核心概念中仅仅选择了 5 个知识点；与此相反，另外两个维度的概念得到了充分的关注。共通概念维度中，7 个项目出现了 3 个，其中"因果"和"模式"出现的频率非常高；而科学与工程实践维度中，8 个项目在 K 阶段的标准中出现了 7 个。这充分体现了 NGSS 在幼儿园阶段对科学实践，特别是实践的过程与方法的重视。

在 NGSS 中，实践不仅是过程更是目标，并体现在每一条标准的表现期望中。仔细阅读文本，会发现标准大量的采用观察法，鼓励幼儿设计调查研究、亲手操作进行对比验证，并利用收集到的信息对观点进行论证。NGSS 倡导的科学教学活动，不是教给幼儿某一个知识点，而是选择幼儿身边的核心概念，引导他们提问、建模、观察、操作、验证……通过自己的科学与工程实践过程，从经验中获得与核心概念相关的知识，并不断投入到新的实践中去。为了保证这样的过程，NGSS 干脆将实践操作的过程写到了表现期望中，切实保障了"科学知识"与"工程能力"的协同发展。通过这样的方式，幼儿在每一次实践过程中，不但获得了学科的知识，也获得了科学实践的知识与丰富的经验。将科学与工程实践内化成为一种思考问题与解决问题的思路，成为一种"科学本能"。

3. 呈现多层标准支持课程与教学

NGSS 的特色，在于其多层的标准设计和多维度的标准呈现，打破了以往教育标准的文本模式，更好地传递了标准的核心价值，也非常有效地支持了科学课程的研发与教师的教学活动。

以往的标准往往只提供描述性的学生行为，也就是 NGSS 的第一层"表现期望"的内容。而第二层的内容，往往作为独立的补充说明，列表放在标准的其他位置。这样就造成了几个层面内容的割裂，让读者很难透彻地理解几个层面之间的关系与联系。举例来说，以往的标准可能会列出"运用并分享对当地天气状况的观察结果，以描述其中随时间变化而展现出的规律"，但是其中涉及的核心概念是什么？幼儿需要掌握什么样的研究技能？这一部分的学习对于哪些科学上位概念的形成有影响？……这些都需要读者自行联系和分析，很可能会有缺漏和误解，不利于标准的有效应用。特别是容易忽视科学与工程实践方面的发展，更是很少会想到共通概念的促进上。

NGSS 为了彻底解决这一问题，直接将每一条标准的三层内容都直接呈现在表格里。这样读者会非常直观地感受到，第一层的行为水平背后，包含着第二层的知识、能力，并与第三层的其他标准有一些内在的联系。对于课程的研发者和教学一线的教师来说，这是非常有效的解读，也是有力的支持。课程与教学活动的设计，有了更加稳固的着力点，也有了更明确的评价参考，以及更广泛的延伸线索。

美国的《新一代科学教育标准》为我们展现了科学教育标准的全新架构与呈现方式，并成功地将每一个表现性标准，与三个关键维度紧紧地联系在了一起，具有较强的操作性。而在幼儿园阶段，这份标准选择了生活中的学科关键概念，并将科学与工程实践作为关键的过程与目标呈现在文本中，体现了其对科学应用的重视，并提供给我们新的幼儿园科学活动组织与设计思路。特别值得我们关注的是，这一份标准对"应用"的重视：在内容上，将重点从"科学理论的掌握"转移到了"科学与技术的运用"上，还专门列出了工程学的知识和技能；在呈现形式上，用实践者最容易理解的方式进行编写，有效地支持了标准本身的应用。这可能代表着工程学科地位的提升，也可能反映了编写组对未来一代的科技发展的判断，以及当代美国社会发展对科学教育的关键诉求。

二、英国《国家科学教育课程标准》

说到伟大的科学家，你会想到谁？被称为"唯物主义和整个现代实验科学的真正始祖"的培根？奠定了三个世纪物理学基础的牛顿？还是让人类重新认识自己的达尔文？这三位伟大的现代科学奠基者，都来自英国。英国是第一次工业革命和科技革命的摇篮，是直接受益于并推动现代科学发展的国家。英国对于科学有着深入的哲学思考，英国的科学教育闪现着独特的人文情怀，这些都体现在英国的科学标准之中。

（一）标准背后的故事

1. 充满人文思想的科学教育

英国是现代科学教育的传统强国，其科学教育的传统可以追溯至工业革命时期。19 世纪中期，英国社会又兴起了一场重要的"科学运动"（scientific movement），提高了科学在国民生活中的重要地位，推动科技教育的发展。[①] 于此同时完成了英

---

① 徐辉，郑继伟. 英国教育史[M]. 长春：吉林人民出版社，1993：191.

国教育重点的转移——从古典文科教育到现代科学教育,被称为推动英国近现代化历程,被视为推动工业经济和国家实力发展的教育革命。① 进入20世纪,随着科学技术的不断发展,英国的科学教育也积累了丰富的经验,并形成了英式科学教育特色。到如今,英国科学教育界对科学本质的独特看法,对科学、技术、社会(STS)的深刻理解持续影响着欧洲乃至世界科学教育的发展。而英国教育界对于信息技术的敏感,使其在ICT(Information and Communication Technology,指信息交流技术)领域的教育走在世界前列。

英国同行们认为,科学教育应该培养学生批判的思维与视角,能够在发展运用科学技术的同时,清醒地认识到科学的负面影响及其局限性。学习科学不仅仅是获取知识和科学方法,也要从精神、道德、社会、文化四个方面保证相应的发展。一如在学习生物领域内容时思考生命的本源、反思自身的作用;进行公正、有证据的论证,并对意料之外的结果坦然接受;关注社会问题,并尝试用科学方法解决;反思文化对科学研究的影响;等等。简言之,英国的科学教育渗透着人文的思考与批判,注重科学价值观与态度的培养。

2.《国家课程(科学)》

英国的第一份科学教育标准《国家科学教育课程标准》(*Science in the National Curriculum*)发布于1989年,提出了科学教育应担负的六项任务:使学生了解科学概念;掌握科学研究的方法;建立科学和其他知识的联系;理解科学对社会的贡献;认识科学教育对个人发展的贡献;认识科学知识的本质。② 这份标准为随后的英国科学教育继续夯实了"人文主义"的思考路线。随后的几年间,这一版本的标准经过了几次修改,对目标、内容、评估等方面进行调整。面对科学发展的迅速变化,旧有版本的标准不再适用,2000年,英国资格与课程委员会(QCA)联合其他部门,发布了新的英国《国家课程(科学)》③(*Science—The National Curriculum of England*,简称S-NCE)。这份新标准又在收集意见与试行后,在2004年发布修订版,并于2006年正式施行。

到了2013年年末,《国家课程》进入了调整修改阶段,其管理部门也直接升格为英国教育部。新的标准还未发布完整版,高中阶段的内容仍在修订,因此本节我们主要围绕相对成熟的2004版标准进行讨论。

(二)标准框架和基本内容

2004版《国家课程(科学)》包括概述、科学学习项目、教学要求、目标达成四个部分。第一部分对国家课程标准进行了简要的介绍。第二部分是主体部分,是对学生学习内容的要求。第三部分提出了教学的建议,并明确"为每一个学生提供有意

---

① 高志良. 19世纪中后期英国科技教育发展研究[D]. 保定:河北大学博士学位论文,2010:1-5.
② 胡献忠. 新版英国《国家科学教育课程标准》及其启示[J]. 全球教育展望,2001(3):44-49.
③ Qualifications and Curriculum Authority. Science:The National Curriculum for England [EB/OL]. [2014-08-01]. http://www.qca.org.uk/nc/.

义的学习机会"的教育价值观,并鼓励教师在标准的基础上进行调整,为每一个学生提供适宜的、有挑战性的教学内容和目标,特别强调了语言交流、ICT、健康等方面的要求。第四部分则描述了学生的表现目标。

下文将主要围绕第二部分"科学学习项目"进行介绍,了解标准的结构框架和基本内容。而在此之前要先认识一下这份标准的一些核心价值与观念。

1. 核心价值与观念

S-NCE 的编写者们对"科学教育的作用""科学学习的价值"有着独特的理解,并将之隐含到了整个标准中,渗透在字里行间。通过 S-NCE 在篇首对这些价值观念的澄清,我们能更好地感受英国标准的人文关怀,更深刻地理解标准文本背后的含义。

(1) 科学课程不仅是科学知识与方法,还是人格的塑造

S-NCE 有着强烈的人文情怀,因此其理想中的科学教育不仅仅应该局限于科学知识和方法技能上。S-NCE 希望科学课程的设计者和活动的组织者,应该有更深远的目光,通过科学教育达到更广泛的效能。S-NCE 希望科学教育能够帮助学生塑造一个更加健康的人格,至少通过科学教育能够达到以下几个方面的效果。

- 促进学生的精神、道德、社会和文化方面的发展。

    精神发展:学生通过感知自己所生活的自然、物质、物理世界,反思自己在这些世界中的角色,并探索问题,如"生命是什么时候开始的""生命从哪里来";

    道德发展:帮助学生认识到,要通过观察和证据下结论,而不能依靠先入为主的观念与偏见;引导学生对科学知识的运用进行讨论,包括科学技术的利与弊;

    社会发展:帮助学生认识到,实践证据可以有力地支撑观点与决定,并意识到对科学证据的不同解读在社会问题讨论中的作用;

    文化发展:帮助学生理解,科学发现和观点是如何影响人们的思考、感受、创造、行为与生活,并意识到文化差异会影响到科学观点的认可程度。

- 促进关键技能的发展。

    交流:通过多种方式,交流各种各样的发现、想法和观点;
    数字的运用:通过收集、整理、分析一手和二手的资料;
    IT:通过运用丰富的 ICT 手段;
    合作:通过合作共同进行科学调查研究;
    促进个人学习和成就:通过反思自己已经做了什么,评价自己的成就;
    问题解决:通过解决科学问题,寻找有创意的解决方式。

- 促进其他与科学相关的能力的发展。

    思维能力:通过科学探究的过程;
    专门技能:通过了解科学家的工作,以及科学观点是如何转化成为科技产品的;

交流能力：通过对科学产业和企业的了解，以及与当地科学家、工程师的交流；

可持续发展教育：发展学生在全面考虑科学、技术价值和伦理的基础上做判断的能力，促进学生在一些关键概念上的理解，如生态系统的"多样性"和"依赖性"。

我们可以看出，S-NCE 希望通过科学教育，发展能让学生受益终身的能力与品性，例如进行判断的时候要有根据，而不是依赖偏见；通过反思自己的成就获得成长动力；等等。这些目标与发展导向都不是短期的教育活动可以完成的，而是需要长期的潜移默化的培养。可以说，从立意与出发点来说，英国的科学课程更为高远；跳出科学的学科圈子，审视科学教育与其他领域教育的异同，更能发掘其独特的价值（例如实事求是的科学精神、对数学的多方面运用等）；不仅实现科学领域的教学目标，还要让科学教育为完整的教育体系目标服务。

(2) 科学学习对学生的重要影响

S-NCE 对于科学学习的独特认识，还体现在其对科学重要性的解读上。标准中这样说道："科学会激发、促生学生对周围世界中事物与现象的好奇心，并用知识回报这份好奇。由于科学将实践经验与观念直接连在一起，因此能吸引不同水平的学习者。科学方法是通过实验证据和模型，不断对解释进行发展与评估，是对批判性思维和创造性思维的刺激。通过科学，学生理解科学观点是如何为科技发展作出贡献的，是如何影响工业、商业和医学发展，提升生活质量的。学生认识到科学在文化中的重要性，并追溯科学在世界中的发展。学生学会讨论科学，能够对科学提问——基于他们在自己生活中遇到的问题，指向社会的发展和世界的未来。"可见，在 S-NCE 中，科学学习的价值是多元的，其意义和影响是深远的。学习科学能促进好奇心，培养批判与创造性思维，理解科技与生活的关系，增长文化方面的知识，积极地面对现在与未来生活中的科学问题。

无论是对科学学习，还是对科学教育，S-NCE 都站在了更"高远"的位置进行评价，着眼于学生的终身发展。在这样的观点下，英国 S-NCE 会呈现出什么样的标准结构与内容呢？

2."科学学习项目"部分的结构与基本内容

(1) 基本结构

"科学学习项目"包括两方面的内容。一是知识、技能与理解能力，分为四个学习领域：科学探究、生命进程与生物、物质及其属性、物理过程。二是学习扩展，是从其他非科学领域，对标准进行补充说明。在每一个学习领域中，标准按照年龄阶段分为四个不同层次，每层称一个关键阶段（Key Stage，简称 KS）。表 7-11 是不同阶段与年龄的对照表，其中的 KS1 基本对照我国幼儿园中班到小学一年级的幼儿年龄。

表 7-11　英标准的 KS 对照

阶段	年龄	英国年级	我国年级
KS1	5—7	1—2	幼儿园—小 1
KS2	7—11	3—6	小 2—小 5
KS3	11—14	7—9	小 6—初 2
KS4	14—16	10—11	初 2—高 1

标准的要求在四个年龄阶段中是连续的、逐渐加深的、逐步增强的。例如在科学探究领域中，"制订计划"子项目中的标准 **2a**，其内容四阶段如表 7-12 所示。可以看到这一项内容随着年龄阶段的变化，从"提出问题寻找答案"一步步加深到"计划并实施策略"。其他的标准内容也遵循这样的规律，不断在原有基础上加深，当然在一些关键阶段也会增加新的知识点。

表 7-12　英国标准内容在不同阶段的变迁

KS1	KS2	KS3	KS4
提出问题并决定寻找答案的方法	提出能借助科学手段进行调查的问题，决定发现问题的方法	将想法变成可实施的计划	将想法变成计划，并计划实施策略

（2）富有特色的科学探究领域目标

英国标准的一个特点，就是将科学探究也作为独立的科学学习领域，并为之列出了层次丰富、逻辑严密的标准。正如表 7-13 所示，这一标准非常强调科学价值观念与态度，并且时时提醒学生对自己的行为进行反思，"思考局限性""精确度的判断""思考反常"经常被提及。而科学精神，如"实事求是""用实例和证据支持""一致性"也占据显著的位置。与 S-NCE 在开篇陈述的相关价值取向，保持了高度的一致。

表 7-13　英标准的科学探究领域[1]

KS 内容	KS1	KS2	KS3	KS4
科学思想和证据	1a. 认识通过观察和测量收集证据回答问题的重要性	1a. 科学的本质 1b. 利用证据检验科学思想的重要性	1a. 运用事例说明经验性问题、证据和科学解释 1b. 预测并检验预测结果与证据的一致性 1c. 了解科学家们的工作方法	1a. 如何提出、评价和传播科学思想 1b. 科学观点因证据的不同会产生不同的解释 1c. 科学工作的背景对工作方式和科学思想传播的影响

---

[1] 胡献忠. 新版英国《国家科学教育课程标准》及其启示[J]. 全球教育展望，2001(3)：44-49.

(续表)

内容 \ KS	KS1	KS2	KS3	KS4
调查研究技能 / 制订计划	2a. 提供问题并决定寻找答案的方法 2b. 利用第一手经验和简单资料回答问题 2c. 行动前预测可能发生的事情 2d. 当实验或比较不合理时，能够识别	2a. 提出能借助科学手段进行调查的问题，决定发现问题的方法 2b. 思考发现问题的途径 2c. 预测或决定要做什么、收集何种证据、使用何种设备和材料 2d. 改变一个实验因素(变量)，而保持其他因素不变，观察并测量其影响	2a. 将想法变成可实施的计划 2b. 决定是否使用经验或二手资料获取证据 2c. 做预备工作，适当时做预测 2d. 收集资料时考虑关键因素和无法控制的情况 2e. 决定收集证据的程度和范围，要使用的技术、设备和材料	2a. 将想法变成计划，并计划实施策略 2b. (同左2b) 2c. (同左2c) 2d. (同左2d) 2e. (同左2e)
调查研究技能 / 制定和提出证据	2e. 根据简单的说明控制危险 2f. 利用感觉、探索、观察、测量并记录结果 2g. 使用包括ICT在内的多种方式表达结果	2e. 正确使用简单设备和材料并控制危险 2f. 系统观察和测量 2g. 适当时重复观察和测量，验证正误 2h. 使用各种图表和ICT表达数据	2f. (同左2e) 2g. 观察和测量，使用ICT分析数据达到精确无误 2h. 进行相关联的观察和测量以获得可靠证据 2i. 使用各种图表和ICT，表达定性和定量的数据	2f. (同左2f) 2g. (同左2g) 2h. (同左2h) 2i. 判断观察和测量的精确性程度 2j. (同左2i)
调查研究技能 / 思考和评估证据	2h. 简单比较结果，分辨简单模式和联系 2i. 将已发生的事情和预测做比较并加以解释	2i. 比较数据，分辨其中的简单模式和联系 2j. 推导结论 2k. 判断结论与预测的一致性，并做进一步预测 2l. 解释数据和结论 2m. 再检查自己和他人的研究结果，并描述其意义和局限	2j. 利用各种图表，辨认并解释数据可构成的模式和联系 2k. (同左2j) 2l. (同左2k) 2m. (同左2l) 2n. 思考观察和测量中的反常现象并加以解释 2o. 思考证据能否支持上述解释 2p. 适当时，提出改进方法的建议	2k. (同左2j) 2l. 提出精确无误的计算结果 2m. (同左2k) 2n. (同左2l) 2o. (同左2m) 2p. 思考反常数据并给出拒绝或接受的理由；就观察和测量的不确定性,思考数据的可信度 2q. 思考证据能否支持结论和解释 2r. (同左2p) 2s. 提出更深入的调查研究的建议

(3) 三个学习领域的框架

除了科学探究，S-NCE还有三个学习领域：生命进程与生物、物质及其属性、物理过程，三个领域的基本内容框架如表7-14所示。值得一提的是，S-NCE在KS4阶段提供两个不同难度的科学课程，供学生选择。

表 7-14 英国三个学习领域的框架①

KS 内容	KS1	KS2	KS3	KS4 单一的科学课程	KS4 双重的科学课程
生命进程与生物	1. 生命进程 2. 人类和其他动物 3. 绿色植物 4. 变异的分类 5. 周围环境中的生物	1. 生命进程 2. 人类和其他动物 • 营养 • 运动 • 呼吸 • 呼吸作用 • 健康 3. 作为生命体的绿色植物 • 营养 • 生长 • 呼吸 4. 变异、分类和遗传 5. 周围环境中的生物 • 适应 • 给养关系 • 微生物	1. 细胞及其功能 2. 作为生命体的人类营养 • 运动 • 繁殖 • 呼吸 • 呼吸作用 • 健康 3. 作为生命体的绿色植物 • 营养 • 生长 • 呼吸 4. 变异、分类和遗传 5. 周围环境中的生物适应和竞争 • 给养关系	1. 细胞的活动 2. 作用生命体的人类营养 • 循环 • 激素 • 神经系统 • 健康 • 体内平衡 3. 变异、分类和进化 4. 周围环境中的生物 • 适应和竞争	1. 细胞的活动 2. 作为生命体的人类营养 • 循环 • 激素 • 神经系统 • 健康 • 呼吸运动 • 呼吸作用 • 体内平衡 3. 作为生命体的绿色植物 • 营养 • 激素 • 物质运输和水 4. 变异 • 遗传和进化 5. 周围环境中的生物适应和竞争 • 能量和营养的转换
物质及其属性	1. 物质的分类 2. 物质的变化	1. 物质的分类 2. 物质的变化 3. 混合物的分离	1. 物质的分类 • 固体、液体和气体 • 元素、化合物和混合物 2. 物质的变化 • 物理变化 • 地质变化 • 化学变化 3. 物质的典型特性 • 金属 • 酸基和卤素	1. 物质的分类 • 原子结构 2. 物质的变化 • 从有机资源中获得有用的产品 3. 物质的典型特性 • 元素周期表 • 化学反应 • 反应率 • 添加催化剂的反应	1. 物质的分类 • 原子的结构 • 化学键 2. 物质的变化 • 分别从有机资源、金属矿石、岩石和空气中获得有用的产品 • 定量化学 • 地球及大气变化 3. 物质的典型特性 • 元素周期表 • 化学反应 • 反应率 • 添加催化剂的反应 • 可逆反应 • 反应中的能量转换

---

① 胡献忠. 新版英国《国家科学教育课程标准》及其启示[J]. 全球教育展望, 2001(3): 44-49.

(续表)

KS 内容	KS1	KS2	KS3	KS4 单一的科学课程	KS4 双重的科学课程
物理过程	1. 电 2. 力和运动 3. 光和声	1. 电 ● 简单电路 2. 力和运动 ● 力的种类 3. 光和声 ● 光的日常影响 ● 光的可视性 ● 振动和声 4. 地球和其他星体 ● 太阳 ● 地球和月亮周期变化	1. 光和磁 ● 电路 ● 磁场 2. 力和运动 ● 力和线性运动 ● 力和旋转 ● 力和压力 3. 光和声 ● 光的特性 ● 听力 ● 振动和声音 4. 地球和其他星体 ● 太阳系 5. 能源和能量转换 ● 能源 ● 能量守恒	1. 电 ● 电路 ● 电源 2. 波 ● 波的特点 ● 电磁波谱 ● 声波和超声波 3. 地球和其他星体 ● 太阳系和宇宙 4. 能源和能量转换 ● 能量转换 ● 电磁的影响 5. 放射现象	1. 电 ● 电路 ● 电源 ● 电荷 2. 力和运动 ● 力和加速度 ● 力和不规则运动 3. 波 ● 波的特点 ● 电磁波谱 ● 声波和超声波 ● 地震波 4. 地球和其他星体 ● 太阳系和宇宙 5. 能源和能量转换 ● 能源转换 ● 电磁的影响 6. 放射现象

(三) 幼儿园阶段的内容介绍

下面,我们来看看 S-NCE 幼儿园阶段的具体标准是什么,看看其人文关怀如何在这一阶段的科学教育目标中体现。S-NCE 标准在 KS1 这一阶段的内容分为探究、基本学科内容以及学习扩展三方面。其中前两部分共同组成了"知识、技能与理解力"这一维度,与"学习扩展"相并列。但由于科学探究部分的内容较为翔实,也是一份标准的核心所在,所以下文会进行相对详细的说明。

1. 科学探究

英国的这份标准中,专门将探究放在学科内容的前面,以此表示"科学探究是科学知识学习的重要前提与手段"的理念。还特别提出,教师应该保证,关于科学探究的教学应该贯穿所有学科内容的学习过程中。科学探究被分为两个部分,一是科学思想和证据,二是调查研究的能力。其中后者又被分为制订计划、获取与展现证据、分析和评估证据三个方面,结构与具体标准内容正如表 7-15 所示。

表 7-15 英国标准 KS1 科学探究

SC1 科学探究				
1. 科学思想和证据	2. 调查研究的能力		
^	制订计划	获取与展现证据	分析和评估证据
a. 认识通过观察和测量收集证据回答问题的重要性	a. 提出问题并选择方法寻找答案(运用ICT) b. 利用第一手经验或简单来源的信息回答问题 c. 行动前想一想可能发生的事情 d. 当实验或比较的结果不符合预期,能够承认	e. 根据简单的指导控制过程中对自己和他人可能产生的危险 f. 利用直觉与感官(听、嗅、触、味),探索、观察、测量并记录结果 g. 使用包括ICT在内的多种方式,与他人交流身边发生的事情	h. 简单地进行比较,分辨简单的模式和事物间的联系 i. 将已发生的事件和预期做比较,并运用已有的经验和知识加以解释 j. 对自己的行动进行回顾,并对他人进行说明

标准鼓励幼儿观察、探索、提出问题,欢迎他们对产生兴趣的生命体、物质、现象进行探究。并且鼓励幼儿通过合作,共同收集"证据"(evidence),以解决问题,并掌握一些简单的科学理念。关于证据,标准花了较大的篇幅,要求幼儿在解决问题的过程中要收集证据,并非常关注证据评估和比较的过程。而英国特色的ICT也在这部分标准中有所体现,成为幼儿应该接触并尝试使用的关键信息来源。与此相呼应的,2004版的标准还专门提出了目标,指出"幼儿应该与他人交流自己关于科学的想法和实践过程",突出了探究过程中的交流环节。

有趣的是,在科学探究这一看似流程性的过程中,英标准也展现了它的人文风格。标准要求这一阶段的幼儿能够从一开始就坦然地面对结果,"当实验或比较的结果不符合预期,能够承认";还要求幼儿能够对自己和他人的安全负责,提出"根据简单的指导控制过程中对自己和他人可能产生的危险"等。

2. 基本学科内容

基本学科内容,包括SC2生命进程与生物、SC3物质及其属性、SC4物理过程三个学科领域。仅从篇幅来看,在KS1这一年龄段,生命与生物领域的内容最多,充分考虑了幼儿的兴趣特点与学习能力。这份标准用语非常简单直白,甚至朴素。与美国标准相比(NGSS),英国标准很少涉及"高精尖"的学科专业词汇,但是内容更加广泛,并且透露出英国特色的"人情味"。

(1) 生命进程与生物

S-NCE的风格在生命领域显得尤为突出,例如标准对健康非常关注,将"坚持锻炼、合理饮食保持身体健康""了解药物在医学治疗中的作用"列为科学领域的知识目标;标准还要求幼儿学会关怀周围的生命,直接提出"知道如何关心、有耐心地照顾动物""关心环境""能友善的与人相处"等目标。此外,由于其内容贴近幼儿的每日生活,是幼儿的兴趣所在,生命领域也是S-NCE在幼儿阶段着墨最多的部分(见表7-16)。

表 7-16 英标准 KS1 SC2 生命进程与生物

SC2 生命进程与生物	
1. 生命进程 a. 生命与非生命体的区别 b. 动物(包括人类)迁移、进食、生长,运用它们的感官并不断繁殖 c. 了解当地相关的动物与植物的生命进程	**3. 绿色植物** a. 了解植物生长需要阳光与水 b. 认识开花植物的叶、花、茎与根 c. 种子会长成开花植物
2. 人类和其他动物 a. 认识并比较人类和其他动物身体上的主要外部结构 b. 人与动物依靠食物和水生存 c. 坚持锻炼、合理饮食保持身体健康 d. 了解药物在医学治疗中的作用 e. 如何关心、有耐心地照顾动物 f. 人和动物繁殖后代,这些后代会逐渐成年 g. 人与动物通过感官认识周围的世界	**4. 变化与类别** a. 认识自己与他人的相似与差异,并敏感友善的与人相处 b. 通过观察异同对身边的事物进行分类 **5. 周围环境中的生物** a. 发现当地环境中的各种动植物 b. 分辨当地环境的异同,并了解其对当地动植物的影响 c. 关心环境

(2) 物质属性以及物理变化

S-NCE 非常注重感官的运用,在物质相关的两个领域得到了非常好的体现。物质的分类与变化、对声光的辨认,都是以充分感知为基础的。SC3 物质及其属性,SC4 物理过程两部分的具体内容如表 7-17 和表 7-18 所示。

表 7-17 英标准 KS1 SC3 物质及其属性

SC3 物质及其属性
1. 物质的分类 a. 运用感官探索与认知物体之间的差异 b. 根据简单的物质特征差异对物品进行分类(如柔软度、闪亮度、是否能漂浮等) c. 认识并说出物品的材质(金属、塑料、纸),并了解部分材质能在自然界中找到 d. 发现不同材质物品的用途,以及这些材料被选用的理由
2. 物质的变化 a. 了解一些材质的物品外形会通过某些过程发生变化,包括挤压、折、拧和拉 b. 探索并描述生活中的物质在加热或冷却中的变化(如巧克力、水、面包等)

表 7-18 英标准 KS1 SC4 物理过程

SC4 物理过程		
1. 电 a. 日常生活中的电 b. 简单的电路,包括电池、导线、灯泡和其他结构 c. 开关如何在电路中起作用	**2. 力和运动** a. 调查并描述熟悉物品的运动(如车的加速减速、方向改变) b. 拉和推都是力的一种 c. 了解加速、减速和方向改变,都有原因	**3. 光与声** a. 辨认不同的光源,包括太阳 b. 黑暗是因为缺少光 c. 有各种各样的声音和声源 d. 声音从声源处传来,逐渐减弱,通过耳朵被人听见

可以看出,这两个领域的标准不仅停留在自然学科的范畴上,还渗透了道德伦理和对科学、技术、社会三者关系(STS)的认识。在物质及其属性、物理过程两个领

域中,标准则体现出了其内容与生活的紧密联系。如对"认识周围物质材料"的强调;对"加热物体会有什么变化,如巧克力"的补充说明;对身边天天接触的开关"如何在电路中起作用"的揭示……此外,有趣的是,虽然这份标准将科学探究作为重要的第一部分,并且进行了充分的说明。但是在基本学科内容的标准中却很少用"科学探究专门词汇"(如 investigate, inquire, observe 等),而是用了更加生活化的描述如"寻找""发现""辨别"(find out, explore, identify)等等,与幼儿的日常生活更贴近一些,也更容易理解。

总的来说,这份标准从内容选择、难度界定到方法选择、表述方式,处处都考虑到了幼儿的发展特点与兴趣。

3. 学习的扩展

"学习的扩展"是从其他领域对标准进行补充的部分。这里分为两个部分,第一部分对幼儿在学习上述标准内容时,教师应该使用的教学方法提出了建议;第二部分则对学习过程中,应该同步贯彻的其他领域教育内容进行了描述,如表7-19所示。前者再次凸显了英国标准对生活、实践的注重,并体现了ICT在其教育体系中的独特地位;后者则再次展现了标准的人文关怀,对沟通交流、健康安全着重进行了要求。

表 7-19　英国标准学习扩展

教学的方式和方法	其他应该渗透的教育内容
a. 提供一系列日常、当地、学生感兴趣的材料 b. 发掘科学是如何在生活中起作用的 c. 运用一系列的信息资源,包括ICT d. 运用直接、间接的数据,进行一系列的科学调查	a. 交流:运用简单的语言交流想法,说出或描述生物、物质、现象和过程 b. 健康与安全:认识到生物、物质和物理过程可能产生危害,能够评估危险并采取行动减少对自己和他人的危害

(四) 英国标准的特点与启示

1. 退一步看"科学"

首先,标准从学科地位上退了一步看科学。从始至终,S-NCE 并没有因为本身是一份科学课程标准就将科学放在"宇宙的中心",而是将科学视为一个普通的教育部分,与数学、语言、体育等并列,共同服务于整体的教学目标。正因如此,才能更客观地评价科学对学生的价值,更好地联系不同学科之间的关系,更深刻地挖掘科学教育的特殊价值——如一些珍贵的科学精神(坦然面对错误,用事实证据说话等),一些让人受益终身的重要能力(批判能力、团队合作能力)等。

其次,标准从科学知识、方法、运用等现象上退了一步,从社会与文化的本质上来看科学与技术。将深奥的科学原理,还原为对未知世界的猜想与验证;将高深的科学研究方法,还原为猜想、验证;将绚烂的科技,还原为人类"为了生活更方便"而进行的努力。正因如此,标准将感官的能量放大,这是人类探究世界最为原始的工具,也是幼儿最佳的科学研究通道;亦因如此,对科学和科技才能有客观的评价与批判的思考,毕竟科学不代表绝对正确、科技也不代表利大于弊。退一步,澄清科学教育的价值与关键所在,才能确保发展方向的正确。

2. 科学教育的人文情怀

如果说,美国 NGSS 标准是走在科技尖端的未来标准,那么英国国家课程标准则更像是"久在樊笼里,复得返自然"。大量的与自然、生命相关的内容,不仅仅证明了其对生命科学的关注、对幼儿兴趣点和能力限制的考虑,同样展现了其对科学本质的思考,即通过科学手段去探索"人"和"生命"的终极问题。在英国标准中,可以看到非常朴素的人与自然观点,例如"人和动物一样通过感官认识世界""动物(包括人)产生后代,后代又逐渐成年,再产生后代……"等。在与自然和生活的对话中,培养幼儿最为质朴的对科学的认识。

标准中对"人"和"生命"的尊敬更值得我们学习。在实验之前首先要"注意减少对自己和他人的伤害",认识自己要从"自己与他人的差异,并友善而敏感的相处"等等。S-NCE 还专门在学习扩展中将"交流"和"安全"问题拿出来反复要求。这些点滴之处向我们展现了英国科学教育独特而又宝贵的"人情味",让阅读标准的人感受到温暖。当然,人文思考也不乏尖锐的一面,英国标准永远不缺乏对科学和科技局限性的批判,在较高的年龄阶段,要求学生学会"思考自己实验研究的局限性""思考科学本身的局限性"等。

简言之,英国的《国家课程(科学)》是一份具有人文情怀的科学教育标准,并落脚在学生的终身全面发展上。其中的早期教育阶段部分内容,以生命领域为重点,围绕幼儿身边的自然和物质世界,选择了富有趣味和生活气息的知识点。

三、澳大利亚《科学课程标准》

说到澳大利亚,可能多数人会想到美好的自然风光、可爱的野生动物和毛利人的茅草房。作为一个移民和原住民混居的国家,澳大利亚的教育也混合了英伦与本土的风格。如何协调多元文化、如何均衡不同群体之间的巨大差异、满足不同文化社区成员的教育需求,成为了澳大利亚教育需要面对的关键问题。通过不懈的努力,当前的澳大利亚正在教育领域崭露头角,就像一个充满朝气的年轻人,积极地面对问题、克服挫折,走出属于自己的道路。这样的朝气蓬勃,也体现在其科学课程标准之中。

(一)标准背后的故事

澳大利亚科学课程改革,基本上紧紧跟随着"欧美大哥"的脚步。在第二次世界大战之前,澳大利亚的科学课基本等于自然课;战争后,科学技术的"威力"得到世界各国的重视,澳大利亚也启动了专门的科学教学,不过与欧美一样,走的是"教会学生科学知识"的路子。20 世纪六七十年代,澳大利亚的学校里开始普及科学课程,可是课程过于"理论化",很少与实践相联系,无法满足社会和个人发展的需求。于是,在 1985 年,澳大利亚的科学教师们在协会的组织下聚集到了一起,对当时已经施行的各类科学课程进行评估,并总结了当时科学教育的三个主要问题:一是科学教育缺乏公众的认可,也没有得到家长们的支持;二是科学教育缺乏政府的认可,澳大利亚联邦政府并没有从政策和制度上对科学课提供支持与保障;三是当时的科学课程无法满足学生和社会的需求,学生学到的科学知识难以应用到实际工作中,特别是过于强调知识而忽视了科学方法、态度、精神方面的培养。[1]

一年之后,澳大利亚成立了教育理事会(AEC),负责联络各州的教育行政部门开展全国性的合作,共同制定统一的教育大纲。1989 年,AEC 签署了《澳大利亚学校教育的共同目标》,正式宣布了澳大利亚教育进入了"国家标准"的阶段。在随后的几年间,澳大利亚分别对艺术、英语、健康、外语、数学、社会和环境、技术、科学共八个领域的教学进行了统一的规划,发表了一些草案和标准。这份 1991 年的科学领域草案,可以被视为澳大利亚的第一版科学标准。[2]

随后,各个州分别对草案进行扩充,形成了各自的教学大纲,并以此引领当地的教育改革活动。而为了编制一份全国统一、世界一流的课程标准,澳大利亚专门建立了"课程设置、考评与报告管理局(ACARA)",负责国家课程标准的相关事宜。2010 年,澳大利亚推出了涵盖从幼儿园到高中,囊括八个教学领域的课程标准,并于 2011 年正式实施。其中,幼儿园到十年级的科学课程标准(The Australian Curriculum: Science,后文简称澳标准),就是接下来我们要介绍的对象。

(二)《澳大利亚课程:科学》[3]

澳大利亚的这份科学标准设定过程中,参考了往年的 PISA 测试成绩。不过,标准编写者们认为,问题的关键并不在于 PISA 成绩如何,而在于澳大利亚的学生是否喜欢科学,是否能在这个学科中投入热情。所以,这份标准非常注重学生兴趣、理论与实践的联系,以及科学在生活中的应用。

1. 基本理念

澳标准在开篇提出了对科学课程的看法,并列出了科学课程的目标。希望通过科学课程能够确保学生发展。

- 对**科学的兴趣**,拓展他们的好奇心和乐于探索,对他们所生活的不断变化的世界提出问题、进行猜测;
- 对**科学视角**的理解,科学对生物、地球、宇宙,以及物质和化学的变化等物质变化的解释;
- 对**科学探究**本质的理解和运用的能力,使用一系列的科学探究方法:计划和开展实验,基于道德原则进行调查,收集和分析数据,评估结果,并批判的、有依据的下结论;
- 科学**交流**能力,能够就科学理解和发现与各种群体交流,根据实证进行判断观点,并讨论、评估与科学相关的问题和观点;

---

[1] 阮晓菁. 简析澳大利亚中小学科学教育[J]. 福建教育学院学报,2002(10):57.
[2] 戴霞兰. 中澳小学科学课程标准比较研究[D]. 扬州:扬州大学硕士学位论文,2013:10-16.
[3] 本节主要内容来自澳大利亚课程网:http://www.australiancurriculum.edu.au.

- **问题解决**的能力,在知识和信息的支持下,对科学在现在与未来的应用做出符合社会伦理的判断;
- 理解科学的**历史性**、**文化性**贡献,了解当代科学的问题,知道与科学相关的多种职业;
- 坚实的**科学知识**基础,包括生物、化学、物理、地球与空间科学,能够选择运用合适的科学知识与方法对现象进行解释和预测,能够灵活地将知识和方法在新的问题中迁移,并欣赏科学知识不断变化的本质。

澳标准把"兴趣"放在了目标的首位,而"知识"放在了最后,产生了非常大的对比。并提出了科学是一种视角(vision)的理解,希望学生通过学习能够得到这种看待世界、解释世界的角度,并能从中获益。而且目标如同英国标准一样,强调"有依据的下判断",将之视为科学教育的关键目标。此外,标准还在最后强调了科学知识本身,是在不断变化的,希望学生能够欣赏这一点,对科学领域的"更新"保持开放的心态。

2. 框架与内容

澳标准将5—18岁的学习过程分为四个阶段,并对每一个阶段的科学学习提出了不同的课程重点。这些学习重点是根据学习者的特点以及学科的需要制定的,具体划分如表7-20所示。

表7-20 澳标准K—12科学学习阶段划分[①]

	学制	年龄	课程重点
第一阶段	K—2	5—8岁	自我及当地环境的认知
第二阶段	3—6	8—12岁	识别科学问题,并进行研究
第三阶段	7—10	12—15岁	解释科学及其应用的现象
第四阶段	11—12	15—18岁	学科科学

在学科划分上,澳大利亚将"科技"(包括电子科技、设计与技术两个领域)独立出来,列为专门的学习标准。而科学学习则被分为三个领域——科学理解、人类科学史、科学探究能力。三个领域协同发展,促进学生科学知识、技能、观念上的成长,并为学生提供一个通过科学看世界的角度,帮助学生发现科学的概念、本质与应用。

科学理解领域,包含四个学科领域:生物、化学、地球与空间科学、物理。人类科学史[②],包含两个分支:科学的本质与发展、科学的运用与影响,充分体现了科学史、科学社会学和科学哲学即"HPS"的教育思想。科学探究领域有五个部分:提问与预测、计划与执行、数据加工与分析、评价、交流。

(三) 幼儿园阶段的《澳大利亚课程:科学》

考虑到第一个年龄阶段幼儿的发展与兴趣特点,澳标准将课程的重点放在了

---

① 徐玉红,高芳,周华松. 澳大利亚科学课程标准分析与启示[J]. 当代教育论坛,2011(4):126-127.
② 原文为Science as Human Endeavour,直译为"科学作为人类的一种努力(成果/过程)",由于不方便理解,借用国内流行的翻译方式,意译为"人类科学史"。

"对自我和当地环境的认知"上。标准还进一步说明,幼儿对周围的世界有着发自内心的好奇,他们提出问题、根据问题进行观察、根据观察验证自己的想法,对于幼儿园的孩子来说,调查研究就是探索的、有目的游戏。这样的看法,也贯穿到了整个K阶段的具体标准内容中。

1. 三个领域的标准内容

(1) 科学理解(Science Understanding)

科学理解领域中,澳标准在四个学科领域,分别列出了一条目标,并附有三四条细则进行补充。这些标准内容,都围绕着幼儿的周围环境展开,贴近幼儿的日常生活。而且,在标准细则中,还能看到对土著居民、多元文化的关注(见表7-21)。

表7-21 澳标准 K 科学理解

子领域	目标	细则
1. 生物	生物有基本的需求,包括食物和水	a. 结合自己的经验,辨识人类的基本需求,如温暖、食物、水 b. 认识周围一些生物的基本需求,如家中的宠物、花园中的植物等,或原始林区的动植物 c. 对比植物和动物的需求
2. 化学	物品是有不同材质的,不同材质有各自的可以观察到的属性	a. 对材料进行分类和排序,依据可观测的属性,如颜色、柔软度、延展性 b. 思考材料是如何在当地的建筑中运用的 c. 调查用于不同活动场合的不同衣服类型 d. 对比世界各地衣服中运用的传统材料
3. 地球与空间科学	我们环境中每天的和季节的变化,包括天气对日常生活的影响	a. 将每日的天气变化与我们行为和衣着联系起来,包括不同文化群体的习惯 b. 调查天气变化会怎样影响动物,如宠物、畜牧或迁徙的动物 c. 了解土著居民和托雷斯海峡岛民对时间和天气的理解,以及对他们周围世界事物的看法
4. 物理	物体运动方式取决于多种因素,包括形状和大小	a. 观察不同形状物体的运动,如球、砖、管子 b. 对比形状相似物品的大小,如网球、高尔夫球、弹球、篮球 c. 观察不同大小和形态的生物是如何运动的

从"家里的宠物"到"建筑用的材料",我们可以看到澳标准非常积极地引导幼儿认识身边的事物,扩展对周围世界的认识。而且由于澳大利亚的特殊文化氛围,标准还倡导幼儿去认识土著居民,了解不同文化在衣物、生活环境甚至对世界看法上的差异,为幼儿构建了一个开放、和谐的多元文化环境。

(2) 人类科学史(Science as Human Endeavour)

这一部分的内容,是澳标准最具有特色,也是最富有批判意味的。在幼儿园阶段,标准引导幼儿认识科学的本质,反思自己科学探究的过程,并以此为了解科学的本质打下基础。与英标准类似的是,澳标准也非常注重感官的开发,为幼儿提供多通道发展的机会(见表7-22)。

表 7-22　澳标准 K 人类科学史

子领域	目标	细则
1. 科学的本质与发展	科学需要用感官来探索和观察这个世界	a. 认识到观察是一种重要的方式,帮助我们探索、调查周围的事物 b. 与他人分享观察的结果,并了解他人的经验 c. 通过多种感官探索,包括听、嗅、触、看、尝

（3）科学探究能力（Scientific Inquiry Skill）

科学探究能力的培养,已经成为当下科学教育的核心;而如何在早期为幼儿奠定一个良好的探究基础,每个科学标准都给出了不同的回答。澳标准稳扎稳打,走了一条最能得到共识的路。该阶段的探究标准有四个部分——提问、计划执行、数据分析、经验交流,与高年级相比缺少一个评价环节,相信是考虑到幼儿能力发展进行的调整。具体标准内容如表 7-23 所示。

表 7-23　澳标准科学探究能力

子领域	项目目标	细则
1. 提问	对熟悉的事物有兴趣,并能提出相关的问题	a. 思考与家、幼儿园有关的问题,思考与日常生活用品相关的问题
2. 计划并执行	运用自己的感官,进行观察和探索	a. 运用多种感官收集信息,包括视觉、听觉、触觉、味觉和嗅觉
3. 处理分析数据	参与和观察活动相关的讨论,并能够运用各种方法（如画画）表达自己的观点	a. 在教师的引导下,围绕观察得到的信息进行讨论 b. 运用图画的方式展现自己的观察和观点,并和他人据此进行讨论
4. 交流	分享自己的观察和观点	a. 进行小组讨论,描述自己做了什么、发现了什么 b. 通过角色扮演和绘画,交流自己的想法

2. 评价

编写组专门在每一个年龄阶段的标准最后,附上了对学生学习的评价,幼儿园阶段也不例外。针对上文如此多的标准内容,评价则相对简单,只有下面几句话:"在这一学段末,学生能够表述熟悉对象的属性和行为,他们能说出环境对自己和生活的影响;学生会分享自己对熟悉对象和事件的观察。"标准附上了几份评估案例,以此对这一部分的操作进行说明。

在评价标准中,有"说出环境对自己和生活的影响"这样的内容,图 7-1 是澳标准的建议评估方式。由于标准本身大力倡导用绘画等方式进行交流,所以评估经常通过绘画的方式进行。在这个案例中,教师会先提供给幼儿天气预报,请幼儿画出在这样天气情况下的自己。教师需要观察幼儿的画上,天气与衣着是否相符合。随后,教师提问如果天气变化,幼儿会如何。在这个案例中,教师的问题是"如果太阳被云彩遮挡住,我觉得有点儿冷,我应该怎么办?"孩子的回答是"我会加上一件外套"。

图 7-1 澳标准的建议评估方式

除了绘画方式,澳标准还提供一些实践操作、表格填写的评估案例。值得我们学习的是,评价不仅内容与标准相统一,在方式方法上也非常注重与标准的一致。这会非常有效地为教师平时对幼儿活动的反馈提供支持,也能很好地将标准推行的"多种途径进行观点表达"这一科学探究方法落到实处。

(四)澳大利亚标准的特色与启示

澳大利亚这份科学课程标准,非常具有多元文化国家的特色。作为刚刚开始施行的国家统一标准,澳大利亚非常体贴地考虑到不同文化群体的诉求,不仅为原住民提供学习支持,还为亚洲背景的学生、有特殊需求的学生提供相应的帮助。

多元文化的相处,永远不是一方帮助另一方,而是多方的认可和接纳。澳大利亚标准从幼儿阶段就为这样的认可、接纳打下基础。标准鼓励幼儿观察周围的人、事、物,并积极地进行对比和思考。观察不同文化的衣服材料,观察不同的建筑材料……通过这些生活中的点滴观察,幼儿会接触到更丰富的材料,看到更灵活的材料应用方式,并从其中萌发对文化差异的思考。标准还鼓励幼儿从原住民的角度思考问题,了解他们是如何看这个世界的,在早期接触的时候就打好认可和接纳的基础。

众所周知的是,多元文化背景可能带来巨大的价值差异,包括对待科学的态度。澳大利亚标准从来没有要求学生"信奉"科学,而是给学生提供一个"科学视角"。因此标准更注重兴趣的培养、科学方法的应用,淡化知识方面的内容。标准要求学生能够"欣赏科学知识不断变化的本质",对待科学像对待文化一样,有着很开明的态度。不得不说,这样的开明使得学习目标直指科学本质,构成了独特的大洋洲风格。

第二节 国际学前阶段代表性科学课程模式

国际目前比较知名的科学课程模式当属美国的 FOSS——国家科学基金会赞助的"官方"课程,和"动手做"的法国 LAMAP。它们各具特色,又有着追求学生科学素养发展的共性,在了解了新科学教育标准的基础上,一同来看一看课程模式是如何将理念转化为现实、将标准推向实践的。

一、美国 FOSS

(一) 简介

1. 美国国家科学基金会赞助的"官方"课程

Full Option Science System 简称 FOSS,是由美国国家科学基金会资助,旨在推进美国国家科学教育发展的重要科学教育项目之一[①],也是美国基础教育现行的科学课程(教材)之一。该项目涵盖幼儿园到八年级(K-8)的科学活动,并与美国的国家科学标准相互呼应。这个项目的一大特色,就是提供了完备的课程文本、与课程相关的所有操作材料,以及丰富的与科学课堂教学有关的所有指导性材料。这个项目由美国劳伦斯科学馆发起,旨在普及科学、发展科学教育。随后美国国家科学基金会和加州大学伯克利分校等机构逐渐加入,共同研发,近 25 年来逐渐形成独特的课程风格与体系。

由于是美国国家科学基金会赞助的"官方"课程,所以课程内容与历代美国国家科学基金会指定的科学教育标准紧密相连。根据国家科学标准的更新,也会及时地更新教材。因而现在也呼应美国的新"下一代科学标准",进行课程的改版。

2. 建构主义风格,强调科学概念的提升

这一课程以幼儿如何学习、思考的相关研究理论为基础,并坚持多感觉通道的科学学习方式。FOSS 称其课程中吸收了脑科学、认知科学以及人工智能研究等方面的科学成果,建立在建构主义关于学习本质的认识基础上,强调经验、强调探究、强调教师与学生共同参与,注重提供给学生通过自主探索以及分析、交流来建构科学概念的机会。[②]

FOSS 注重科学概念的完整的形成过程,致力于塑造一个立体多元的科学概念,因此课程不仅非常重视探究、对比、模型,还注重与科学相关的阅读和书写。希望能够通过丰富具体感受,将幼儿的经验逐渐提升到抽象科学概念的水平上。课程要求教师对幼儿现有经验水平、对科学概念的掌握情况能够敏感、及时的察觉,并在必要的时候推动幼儿学习更上位的科学概念,从而更好地搭建起科学学习大厦的地基。

---

① 本章内容,主要来自 FOSS 网站 http://www.fossweb.com.
② 盛桂兴.美国 FOSS 科学课程及其对我国科学教育的启示[J].湖北教育:科学课,2011(4):48-51.

3. 丰富的资源支持

此外，这一项目是三方参与的结果，也就是有科学家、教师和出版商参与的课程设置，所以非常细致，易于教师操作。提供给教师和幼儿（学生）的材料非常丰富，从课本、笔记到科学活动需要用到的材料很是详尽，以至于国内有研究者称之为"教学资源包"[①]，而 FOSS 自己则干脆称之为"工具箱"（Equipment Kit），也不愧其"Full Option"的名字。

如果使用 FOSS，教师会获得以下资源。

其一，教师指导手册：每一个模块的具体内容、如何进行教学，以及一些教学辅助性资源，每个模块有单独的教师指导手册。有趣的是，在辅助性资源材料中，还包括了幼儿（学生）科学记录纸的模版、评价标准表格等。

其二，工具箱：最有特色的 FOSS 箱子，包括一个班级需要使用的材料。但凡能够长期保存的、不容易获得的、又在课程中涉及的材料，FOSS 都悉心准备好。教师只要偶尔提供一些活物、食物或伸手可得的材料即可。

其三，视频资料：每个模块，有经验的教师是如何从准备活动一直到活动结束的，还包括了如何保证活动安全的内容。

其四，FOSS 科学资源书：是与幼儿（学生）的拓展阅读相配套的材料，大多数是帮助幼儿（学生）丰富相关的科学知识，建立更立体的认识的。

其五，FOSS 网站：有非常丰富的科学教育资源，对每一个模块的教学活动都有很多的资源支持。不仅有所有模块文本资料的电子版，还有很多视频、音频、电子书的资源以及相关科学网站的链接等。

（二）主要核心理念与内容

FOSS 经历了几次改版，目前第四版的部分内容已经发布，与美国最新的国家科学教育标准（Next Generation 标准）相适应。由于幼儿园阶段和小学 1、2 年级阶段的新内容还在研制过程中，所以下面主要介绍使用最为广泛、也获得我国研究者好评的 FOSS 第二版中的 K 阶段内容。

1. 总体内容和结构

FOSS 的课程按**模块**（Modules）划分。每个**模块**中有四个**调查**（investigation）活动，每个调查活动又分为不同的**部分**（parts）。调查的各个部分都与**焦点问题**（focus question）紧密联系。焦点问题会在每个部分的开头展现，是活动中幼儿面临的挑战、需要解决的问题或者等待被发现的规律。焦点问题指导着幼儿的行为和思维，也帮助教师明晰每一个部分的学习目标。每个部分的回答，都应在幼儿（学生）的**科学笔记**（Scientific Notebook）上展现。

K-2 阶段有三个模块——"我们世界中的物质""树和天气""成对的动物"。每个模块的总目标分别见表 7-24。

---

① 王凌诗. FOSS 项目评价系统的特点及其教育价值[J]. 北京教育学院学报，2011（4）：41-46.

表 7-24 FOSS K-2 课程框架

模块	目标
我们世界中的物质	• 观察对比不同的木材样本的各种物理属性 • 观察对比不同的纸、布料的属性和结构 • 观察木材、纸和布料与水的相互作用 • 探索制造木制品的工艺技术 • 观察并描述我们是如何、在哪里使用布料的 • 观察、描述各种来自土地的材料与水混合的状况 • 用口头语言或图画与同伴交流,分享对不同物质的观察 • 运用与物质属性相关的知识,创造有用的或美的物品
树和天气	• 运用感官,观察对比各种树 • 观察对比树叶的形状,将叶子的形状与几何图形相对比 • 辨识树在我们日常生活中的种种用途 • 运用感官和简单的工具观测天气 • 用口头语言或图画与同伴交流,分享对各种树、叶、天气状况的观察 • 观察并记录生物的季节性变化
成对的动物	• 观察描述各种各样的常见动物——鱼、鸟、蜗牛、蚯蚓和等足类动物(如潮虫) • 成对比较动物的结构和行为差异 • 观察动物和环境的互动 • 描述目标的特性,对比并按照特性分类 • 用口头语言或图画与同伴交流,分享对不同动物的观察 • 温柔的与动物接触,参与照顾和喂养室内小动物

可以说,FOSS 的早期科学课程主要集中在自然、生物和周围环境材料上,并没有学科传统的"力""电""溶解"等高深的内容,而是贴近幼儿生活,让幼儿可以直接体验操作,而且每天都能够接触到的内容。从科学方法的角度上来看,FOSS 在早期非常重视自然的观察、对比和交流分享,而相对淡化标准的实验操作。与国内的教学内容相比,FOSS 的课程看起来有点儿太"简约"了,然而深入到课程的每一个调查活动的设置和教学过程中,则会发现 FOSS 的"复杂"之处。

2. 教学过程

通过表 7-24 我们能够看出,每一个 FOSS 的"调查"活动都有类似的设计,例如一开始都是运用感官观察对比,后面都有交流的环节等。而将目标落实到教学中,FOSS 的教学过程也非常有特色地分为四个部分。

- 进行调查活动,包括户外体验;
- 根据科学笔记上的内容回答焦点问题;
- 阅读 FOSS 科学资源;
- 通过评估监控进程并促进幼儿(学生)反思他们的学习。

课程的目标性和程序性是比较强的。以"树和天气"(见图 7-2)这一模块为例,表 7-25 列出了具体的调查活动,调查活动包含的不同部分,及其对应的焦点问题。以第一个调查活动的第一部分"观察学校的树"为例,按照 FOSS 的教学过程应该:第一步,带幼儿去户外调查学校的树;第二步,根据户外笔记上的内容,回答焦点问题

"我们从学校院子里的树中学到了什么",并引导幼儿的经验和科学概念向学习内容的"植物的一种""结构""不同的形状"靠拢;第三步,阅读资料《树长在哪》;第四步,教师回收幼儿的科学笔记并就其中内容与幼儿交流。看似简单的四个步骤,却能较为有效地保证教育目标的达成。

图 7-2　FOSS 模块手册

表 7-25　FOSS 树和天气

	部分	焦点问题	学习内容	阅读资源
1. 观察树	1) 观察学校的树 2) 树的部分 3) 树的拼图 4) 树的剪影卡 5) 领养学校的树 6) 来到课堂的树	—我们从学校院子里的树中学到了什么? —树有什么部分? —树的形状是什么样子的? —对领养的树我们有什么发现? —树的成长需要什么?	—树是植物的一种 —树的结构:枝、叶、树干、根 —树有不同的形状和大小 —树有基本的需求:光、空气、营养、水和空间	《树长在哪里》
2. 观察树叶	1) 收集树叶 2) 叶的形状 3) 对比树叶 4) 树叶剪影配对 5) 树叶书	—我们能观察树叶的什么? —树叶的形状是什么样子的? —树叶有什么样的区别? —树叶的边缘有什么区别?	—不同的树有不同的叶子 —树叶的性状:大小、形状、尖、边、质感、颜色 —树叶有不同的特征 —可以用不同的特征描述、对比树叶	《我们如何学习》 《我自己的那棵树》
3. 观察天气	1) 天气日历 2) 记录天气 3) 风的方向	—今天的天气怎么样? —我们怎样测量气温? —风向袋能告诉我们什么关于风的事情?	—天气是可以描述的,是户外空气的状况 —温度是对冷热的描述,温度计可以测量 —天气是变化的 —太阳、月亮、云彩是我们能看到的天上的物体	《直达天空》 《天气》

（续表）

	部分	焦点问题	学习内容	阅读资源
4. 树的四季	秋 1) 什么从树上来 2) 从树上来的食物 3) 探访领养的树 冬 4) 寻找常青树 5) 枝丫 6) 探访领养的树 春 7) 有力的树枝 8) 寻找芽 9) 探访领养的树	—秋天的树是什么样子的？ —冬天的树是什么样子的？ —春天的树是什么样子的？	—季节在每一年的变换规律：秋、冬、春、夏 —树皮、枝丫、叶、芽、花、果实和种子都是树的一部分 —枝丫上的芽长成叶子和花 —树在四季中变化着 —有些树结出的种子可以长成同类型的树 —一些树冬天时掉光树叶，一些则不会 —树是有生命的、不断成长的生物	《我的苹果树》 《橘子树》 《枫树》

如果仔细地看表7-25中每个调查活动的结构，会有几个发现：① 调查活动的各个部分，与焦点问题和学习内容并不是一一对应，而是不断重复、覆盖的。每一个活动部分都是后一个部分的前提和经验准备，学习内容并不是一蹴而就，而是在调查活动中螺旋式的被幼儿理解和内化的。这正是FOSS课程设计的用心之处，帮助幼儿积累丰富的经验，并进行有导向的循序渐进的提升，不断生成上位的科学概念。② 每一个活动都精心设计，富有趣味性和挑战性，充分体现了建构主义教学风范。例如，在对树、树叶的观察时，FOSS设计了各种益智游戏类型的活动，如拼图、剪影卡、剪影配对等。这些活动不但承上启下，富有趣味，而且切实地帮助幼儿将之前活动积累的感性经验提升到理性层面，从而一步步地获得学习内容中的科学概念。

3. 有趣的户外活动和富有深意的科学笔记

（1）到户外去学科学

FOSS建议教师将科学课堂放置在自然环境下，让幼儿在户外进行科学探索。因此每一个单元都有相应的"户外活动"设置，还非常贴心地将户外需要的材料、教师所需要的特殊工具都准备好。为了进一步支持教师与幼儿的户外探索，专门为教师提供了详尽的户外指导用书，书中有关教师所需要准备的时间空间材料、对幼儿的安排、教学策略的选择、活动延伸以及与小学衔接等内容都非常翔实。如FOSS连户外的时间和环节安排都已经为教师搭建好框架了（见表7-26）。

表7-26 FOSS户外调查活动

时间建议：户外活动可能需要15分钟到一个小时不止	
旅行时间	从教室一路走到要探索的地点，包括路上说明、更换合适的衣物、排队等时间。大概需要10分钟左右
指导时间	幼儿在户外围拢成圈，为了更方便的分享信息。教师讲解活动的规则和界限，讲明活动的挑战目标，分发材料等。需要2—4分钟时间
探索时间	幼儿分组进行户外探索。时间短则8—10分钟，长则30—40分钟
总结时间	幼儿回到圈上，分享所得。几分钟即可
教室延伸	幼儿将作品带回教室，在教室内展示，或保存起来继续观察

FOSS 鼓励幼儿在户外探索,并记录,所以建议教师将孩子的"户外设备"准备好。FOSS 建议的户外包中可能有:铅笔(多只备用);拴着亮色线的放大镜;彩色铅笔或蜡笔;测量工具;带盖的瓶子;坐垫;记录用本。老师们的装备 FOSS 也非常细致的列了出来,这里就不一一列举了。

FOSS 对户外探索如此支持,是因为这是切切实实的"自然调查",幼儿在充分感受、亲近自然的同时,要完成既定的调查目标,完成科学笔记,带回教室作为下一步教学的重要基础。这样的户外调查,一方面符合幼儿的学习与发展特点,也符合幼儿的兴趣和天性;另一方面能够有效地丰富幼儿的感受,将日常的所见提升成为观察和笔记,甚至总结成为一些科学概念,再顺利地回归到日常生活中去;最后,如果一个人对"科学"的最初印象是秋天在落叶中画画,在土地中寻找蚯蚓,那么这个人对科学一定有亲切人文的初始感受。

(2) 科学笔记——不仅仅是记录

从上面的装备中我们也能看出,FOSS 非常重视"笔记"(note),也就是我们常说的科学探究的记录。幼儿的户外活动,总是离不开笔记本(Science Notebook),这也是老师们评价幼儿活动过程和结果的重要对象。有意思的是,FOSS 将之看成是有人情味的个人笔记,而不是我们印象中非常严谨的记录(至少在 K-2 这个阶段)。FOSS 在专门的科学笔记指导书中是这样说的,"科学家的笔记本是他们探索科学现象时详细的记录,是对经验、观察和思考的个性化的陈述,也是科学工作的一个重要部分和过程……FOSS 的学生们是年轻的科学家,他们将笔记融入到科学学习中"①。FOSS 还将一份 K-2 阶段幼儿做的科学笔记,与诺贝尔奖获奖者在获奖之前的笔记进行了对比,用直观和震撼的方式告诉教师们,如何看待科学笔记,如何珍视这样的过程和结果(见图 7-3)。

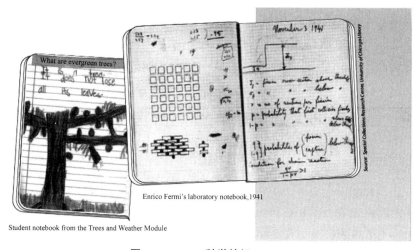

图 7-3 FOSS 科学笔记

---

① FOSS. Science Notebooks in Grades K-2[BE/OL]. http://www.fossweb.com/delegate/ssi-wdf-ucm-webContent/groups/public/@guestmktgfoss/documents/document/d567879.pdf?MappedFolderRedirect.

笔记可以有多种形式,如图画、标记、文字、图表、辅助线和箭头等等,只要有利于理解,能够帮助幼儿回忆、再加工自己的第一手探索资料即可。幼儿可以按照自己的喜好进行绘画,加上装饰线条,写上一两个自己会的字或者画一些符号。FOSS的科学笔记不是让所有人都看得懂的、可复制的、严谨的实验报告,而是属于孩子自己的科学"随笔记",帮助孩子自己加工已有经验的重要材料。

(三) 主要的借鉴与启示

1. 丰富资源支持教学

我国的幼儿园领域的课程新理念总是难以推广,其中关键的障碍就是理念与实践的脱节。只有理念,如"通过幼儿自主探究进行科学领域教学活动",却没有判断标准;只有目标,如"了解天气",却缺乏具体的内容和教学指导。教师参加新的课程培训,学了很多"理念"却不知道如何"落实"。即使是一些团体编写的教材,也很少有丰富的配套资源。FOSS不仅为教师提供教学目标、内容、方法、步骤,还为班级准备好了优质的材料等资源。使得刚接触这一课程的教师,能够集中精力在开展活动上;而经验丰富的教师,能够利用其提供的网络资源,获得专业支持与提升。如果要进行新课程的推广,那么FOSS的资源支持方式值得我们借鉴。

2. 层层递进,有效提升经验

FOSS通过层层递进、由浅入深的方式进行科学教学,是非常具有建构主义风格的课程设计,这样的严密设计体现在课程的内外两个部分上。外部指课程整体的结构设计,FOSS的课程是从幼儿园贯穿到高年级的,不仅保持了内容的一致性,而且低年级所学的科学概念,不断地在高年级的学习过程中获得提升,"升级"为更加上位的科学概念。如表7-27所示,生命科学领域是这样安排的。首先在幼儿园阶段观察树和身边的动物,一二年级在此基础上观察更广泛的植物和昆虫,三四年级上升到更为深刻的生命结构和更为复杂的人体,五六年级则引入了更为宏观的环境概念。科学思维的锻炼也从最初始的"比较、观察、交流"一步步上升到"联系、组织"等更为抽象的层面。

表7-27 FOSS K-6 的课程结构[①]

年级	生命科学	物理科学	地球科学	科学推理和技术	科学思维技能
5—6 年级	食物和营养	杠杆和滑轮	太阳能	模型和设计	**联系** 组织 比较 表达交流 观察
	环境	混合和溶解	地形	变量	
3—4 年级	人的身体	磁和电	水	想象和发明	**高级组织** 比较 表达交流 观察
	生命的结构	声音的物理性质	地球物质	测量	

---

① 柏灵. 美国FOSS(K-6)教材的简介[J]. 比较教育研究,2002(9):36-40.

(续表)

年级	生命科学		物理科学			地球科学	科学推理和技术	科学思维技能
1—2年级	新的植物		固体和液体			空气和天气		初级组织 比较 表达交流 观察
	昆虫		平衡和运动			卵石、沙和淤泥		
幼儿园	树	两两成对的动物	木	纸	纤维			比较 表达交流 观察

内部是指每一个调查活动本身，都是首先帮助幼儿获得丰富的感性经验；随后通过科学笔记、完成观察对比等挑战活动，形成相对理性的认知，达到一般性科学概念的层面；最后通过多个活动部分的立体构建，在教师的支持下将理性认知再"升一级"，达到核心科学概念的层次。步步推进，且指向幼儿未来的学习，恰如图7-4所示。

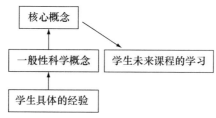

图7-4　FOSS科学概念的形成①

3. 早期科学的"户外自然"风格

关于幼儿在科学领域中应该学什么、如何学等早期科学教育的核心问题，FOSS给出了非常直接的答案——学身边的！从自然中学！到户外去学！FOSS放弃了覆盖所有科学领域，并没有涉及过于高深的理论，甚至放弃了一些常见的早期科学活动（如斜坡和滚动等）。选择了最为基础，最为"身边"的对象，从自然和户外开展活动。与国内的一般科学活动相比，FOSS的课程内容好似过于简单。然而FOSS的每一个科学概念都通过户外的方式丰富了感知、挖掘了调查活动的深度、通过多次活动立体地进行了建构，使得幼儿能够扎实地掌握既定目标。FOSS的户外活动，通过巧妙的安排，很好地协调了科学课程的趣味性和有效性，同时富有强烈的自然和人文关怀。也许在探寻"如何让孩子快乐而有效的学习科学"这一问题时，FOSS是一个有力的答案。

二、法国动手做②——LAMAP

（一）简介

1. 从美国Hands-on到法国LAMAP

"动手做"起源于美国的"Hands-on"课程。同上文的FOSS一样，是美国科学教

---

① 陈莉,丁邦平.美国科学教材对"科学概念"的处理及其借鉴——以FOSS教材为例[J].全球教育展望,2012(6):88-91.
② 注：本章法国做中学相关信息，主要来源为汉博网,www.handsbrain.com,该网站是中国"做中学"的官方支持网站，链接有法国做中学LAMAP的中文镜像 http://lamap.handsbrain.com/。

育浪潮的产物之一。其初衷是为了解决孩子厌学、学业不良、暴力倾向等问题,并涉及芝加哥的40所公立学校。随着2061计划、国家科学标准的出台,Hands-on被纳入到美国国家科学研究会的推广名单上。其活动主要强调从生活中取材、引导幼儿观察和提问,教师不直接给出答案而是引导幼儿通过探究寻找答案、注重学习过程甚于结果、注重同伴交流和知识共享、强调社会力量特别是科学家的参与指导。[①] 但是由于美国各州的教育独立,以及国家科学研究会同时支持的FOSS、Insight等其他科学活动之间的资源争夺,Hands-on的动手操作思想被接受,而课程本身并没有在美国的公立学校中占据绝对的优势地位。

在美国科学教育"全面开花""三足鼎立"迅速发展的时候,1994年法国著名物理学家、诺贝尔奖获得者乔治·夏尔帕(Goerge ChraPak)访问美国,并从美国的Hands-on等科学活动中受到启发,并萌发了在法国开展"动手做"的设想。[②] 两年后,他举行了小范围的科学家、教育家"高端会议",发起了法国科学教育计划LAMAP。LAMAP(La Main à la pâte)在法语的原意是"动手和面团",意味着实际操作。从1996年到1999年,短短三年间,LAMAP思想和课程模式迅速得到了法国科学教育权威机构(如国家教育研究院、教育部学校教育司)的认可,并逐步在中小学进行大规模的推广。

LAMAP开展的初衷,是将实验科学教育带回幼儿园和小学的科学课中,消除原有的"科学课是为了扫盲""科学课就是由教师讲授科学常识"的教学观念,让幼儿(学生)通过实际的调查和操作,认识周围的事物和现象,构建属于自己的映射真实世界的科学知识。由于尊重幼儿的个人知识建构,LAMAP采用小组教学的方式,从题目选定到实验结束进行交流,整个过程都由幼儿相互讨论着进行。因而,充满了理想色彩的LAMAP并没有固定的科学课程大纲,其活动的主题也经常天马行空、出乎意料,给人以全新的科学教育视角,并提供了大量鲜活的教学案例。21世纪以来,LAMAP不仅在法国获得了巨大的认可和成功,还影响到了我国的幼儿园、小学的科学教育。

2. 我国的"做中学"科学教育改革实验项目

2001年中国教育部和中国科协共同发起了"做中学"科学教育改革实验项目,其目的在于提高全民科学素养,为21世纪的中国培养具有良好科学素养的合格公民。以建构主义学习理论和神经教育学为其理论基础,"做中学"试图对幼儿园和小学的学习观念和学习方式、教育观念和教育方式等进行改革,以使幼儿科学教育更加符合幼儿的认知和学习规律。[③] 我国的"做中学"的学习资料、师资培训等都来自于法国,并对法国的LAMAP进行了模仿和借鉴,汉博网也为此而建立的。"动手做"在国内刚开始推行时获得了不少业内的认可,在教学一线也进行了大量的实践,积累了

---

① 刘佳. Hands-on(动手做)在小学数学学习中的运用[D]. 上海:上海师范大学硕士学位论文,2012:13-14.
② 王晓辉. "动手做"——法国科学教育的新举措[J]. 全球教育展望,2003(4):69-72.
③ 钟晓舒. "做中学"与中国当代幼儿科学教育变革[D]. 上海:华东师范大学硕士学位论文,2012:26-28.

一些有趣的活动案例。但是由于缺乏后续资源的有力支持(例如有专业背景的科学志愿者、科学家、教育家等),教学模式与国内幼儿园日常工作条件冲突等现实问题的存在,热度逐渐消退。然而LAMAP带来的"亲身操作""动起来"的科学教育思想获得了普遍的接受与认可,并影响了近几年本土科学课程标准与教程的编写。

(二)法国"动手做"(LAMAP)项目

1. 理念:构建个体科学经验和知识

法国"动手做"项目是以幼儿为中心的科学教学,非常重视个体的科学体验、知识建构,尊重幼儿的求知欲。该课程认为,幼儿的求知欲是宝贵的财富,如果被挫伤可能影响其未来的心理发展和知识建构。因此不但要保护,而且还要通过各种活动激发幼儿的求知欲和好奇心,引导幼儿对自然界、对周围世界、特别是对科学的兴趣。幼儿的好奇心不能单纯通过文字满足,幼儿需要观看、触摸、制造、活动,需要直接的感官刺激和感性经验的丰富。所以要通过大量的操作活动,满足幼儿这样的发展需求。要在自然和真实现象面前,让幼儿感到"惊喜",反复的尝试,认真观察,大胆假设,小心求证。[①]

LAMAP中幼儿的学习方式是发现学习,是幼儿在学习情境中通过自己的探索寻找获得问题答案的学习方式,使得每一个幼儿都能遵循他自己特有的认识程序。当问题提出来以后,老师不是直接给出答案,甚至设计好实验,让幼儿去操作以验证老师给出的结论,而是强调一定要引导幼儿自己去探索。在探索过程中,幼儿根据自己以往的经验自己提出假说,设计实验,进行说理和辩论,老师不轻易否定幼儿的想法,而是鼓励他们进行讨论和尝试。在发现学习过程中,学习者在问题情境面前激活了相关的知识经验,把这些知识映射到问题情境中去,生成对问题情境及其内部关系的理解,建立起关于关系变量的假设,形成对活动结果的预期。这些想法和假设又会在之后的实际结果中得到检验。[②]

LAMAP认为,科学不仅仅包括科学知识,还包括科学的探究方法、科学的论证态度和科学道德。因而在教学活动中,教师并不急于纠正幼儿的认知错误,而是仔细观察引导幼儿的探究过程,鼓励他们执行自己的实验方案,坦诚面对自己的实验成果,并在与同伴的讨论交流中获得经验的提升。

2. 教学原则和步骤

(1)十条基本原则

正如上文所提及的,自由浪漫的LAMAP没有专门的教学大纲和教材,对于哪个年级必须学习哪些科学内容并不强求,多数课程为生成性的。因此,为了说明理想的科学教学活动如何开展,以及教师可以在日常教学中获得怎样的支持,LAMAP提出了以下十条原则(见表7-28)。

[①] 钟晓舒."做中学"与中国当代幼儿科学教育变革[D].上海:华东师范大学硕士学位论文,2012:26-28.
[②] 孙冬颖."做中学"活动中幼儿的学习过程及其特点研究[D].长春:东北师范大学硕士学位论文,2007:3-4.

表 7-28　LAMAP 的十条基本原则

- 孩子们先观察一个物品,或观察现实世界中身边发生的一件事,然后对该物品或该事件进行实验。
- 在探索的过程中,孩子们进行辩论和说理,将自己的想法和结论告诉别人,一起参与讨论,从而构建自己的知识体系,因为纯粹的手工制作并不能达到这一目的。
- 教师给学生建议一些活动,并把各种活动分为不同的阶段,在学习中循序渐进。这些活动应该是教学计划的一部分,但又要给学生以足够的自主性。
- 在对某个主题进行教学时,一般应安排若干个星期的时间,每星期至少 2 个小时,整个小学阶段的"动手做"活动的内容与教学方法要有连贯性和整体安排。
- 孩子们每人准备一本实验本,并用他们自己的语言记录活动的过程。
- 实验活动的主要目标是让学生们逐步掌握科学概念与操作技术,同时学会用书面语和口语进行表述,对所学的知识加以巩固。
- 学生家长和学校所在街区应该参与课堂教学与实验活动。
- 各学校所在地的科研伙伴(大学、著名学府)为学生的活动提供相应的帮助及所需的设备。
- 学校所在地的专门教师培训机构(IUFM)将提供他们的教育和教学经验。
- 教师们可以从网络下载可直接使用的教学模块、活动思路及问题答案;他们也可以和其他同行、其他教师或科学家进行合作和对话,共同探讨教学方法。

这十条原则,包括了教学方面的流程、环节作用、教师作用、时间安排、记录方式、价值取向与目标;还涉及了课堂之外的社会参与、教师培训、资源支持等方面。[①]

(2) 六个教学步骤

LAMAP 认为,一般的科学活动应该包括六个基本环节[②](见表 7-29)。

表 7-29　LAMAP 的六个教学步骤

- **确定主题、内容和任务**:从身边常见的事物出发,教师用巧妙设计的情境和方式引入。每个主题都是由浅入深、有连贯性和整体性的一系列活动,帮助幼儿在活动中形成内在联系。教师应先亲身体验探索的过程,对幼儿可能遇到的问题进行预测。
- **提出问题**:幼儿自主提问,教师进行记录并选择一些有趣、利于科学概念形成的问题。LAMAP 鼓励教师对问题说"不知道",对孩子说"我们一起寻找答案吧"。
- **猜想和假设**:幼儿运用自己的已有经验进行猜想,提出自己的想法,并自己搜集材料设计实验,用绘画的方式进行记录。教师不要指出幼儿的对错,而是鼓励幼儿大胆尝试。
- **实验验证**:幼儿亲自对猜想进行验证,并记录猜想的结果。教师对这一过程进行观察和记录。
- **记录与描述**:幼儿自己进行记录,建立个人、小组和集体的实验档案。每一个幼儿都被要求诚实地对实验结果进行记录,每个人的实验记录本上都记录着假设、过程和讨论后的共同结论。由幼儿自己去发现错误并纠正,教师并不订正。
- **结果与讨论**:幼儿不仅要操作,更要交流。教师引导幼儿以实验为依据,通过集体讨论得到结论,形成科学知识。

---

① 注:LAMAP 的法国官网是:http://www.fondation-lamap.org,最近推出了英文版的网站,并与 UNESCO 合作,地址为 http://www.istic-ibse.org/?q=en。与中文版相比,资源更为丰富。
② 刘占兰. 法国"动手做"科学教学实验计划[J]. 幼儿教育,2003 (7):26-28.

案例导引 7-1

蚂蚁吃什么①

1. **问题确定**

我们在学校的院子里寻找小动物,找到了一些甲虫、很多蚂蚁和一只七星瓢虫。我们把甲虫带回来,但是却死了,可能是环境不够潮湿。我带回了一个蚂蚁山,里面是院子里不同位置的蚂蚁。幼儿观察了两天后,一名幼儿提出应该喂喂蚂蚁。

幼儿提议的蚂蚁食物有:豆子、沙拉、种子、虫子、瓢虫、面包、奶酪、果酱、土、糖、火腿、石头。而且幼儿还提出"我们应该把食物切成小块,要不蚂蚁会胃疼"。

2. **猜想**

教师提出问题"我们怎么知道蚂蚁到底吃什么?"幼儿回答如下:

"把食物放进蚂蚁山里。"

"我们把食物放进盒子里,这样打开就更容易了。"

"我们看看蚂蚁喜欢什么。"

"我们在蚂蚁吃东西的时候观察它们。"

3. **实验**

我建议把食物放到小的开口盒子里,在每个盒子的底部写上里面所装食物的名称,小盒子被放到蚂蚁山的"餐厅"中。

4. **每天不同时间段的自由观察**

5. **发现**

我们做了表格(见表7-30),来记录蚂蚁吃了什么。

表7-30 LAMAP 蚂蚁案例汇总表格

蚂蚁山的蚂蚁吃什么? 我们的期望			
	是	?	否
糖	×		
沙拉			×
死昆虫			×
糕点	×		
土			×
种子			×
果酱	×		
火腿	×		
奶酪		×	
面包		×	

① LAMAP. What do ants eat[EB/OL]. [2014-09-27]. http://www.istic-ibse.org/?q=en/node/11014.

"很多蚂蚁吃果酱,几乎吃完了。"

"蚂蚁搬运种子,但是没有吃。"

"蚂蚁吃了一点点奶酪。"

"蚂蚁吃了一点点火腿。"

"所有的糖都被吃完了。"

6. 我们的记录怎么说

幼儿分成小组,共同完成报告文件,写并画下蚂蚁吃了什么。每个小组展示他们的文件,最后做成汇总表格。

我们还查阅了文献,知道蚂蚁能够吃的其他东西,例如死的苍蝇、蜜蜂、毛毛虫、蜂蜜等。

7. 让我们把书上说的和我们看到的比一比

我们尝试了其他食物的投放,"蚂蚁没有吃死苍蝇""蚂蚁没有吃种子""书里没有说蚂蚁吃果酱"。

8. 评估:请在我们班蚂蚁山里的蚂蚁愿意吃的东西上画圆(图略)

(三) 启示与借鉴

1. 幼儿中心的科学课程

LAMAP 为我们非常好的回答了"何为幼儿中心"的科学课程这一问题。为了让每一个幼儿在自己的已有经验之上,建构属于自己的科学知识,LAMAP 将科学探究的整个过程(从问题发现到交流讨论)都交给了幼儿。可以想象,在确定问题、设计实验、收集材料的过程中,幼儿的头脑需要多么努力的运转,独立完成任务目标的意识和能力得到了多么充分的锻炼。当然,在幼儿阶段想要达到全自主的目标相对较难,离不开教师的大力支持和不断的反复操作。此外,LAMAP 为幼儿预留了充分的时间和空间,让幼儿能够充分地去体验和操作。传统的科学活动,大多数卡着以3—5分钟为单位的教学环节,幼儿实际动手操作的时间非常少,幼儿也常常会遗憾地表示没有"玩儿够"。而 LAMAP 则能保证幼儿在大部分活动时间中,都在与材料进行积极的互动。毕竟,只有感知经验足够丰富了,才有可能向抽象的理性概念过渡。LAMAP 将操作的空间和时间交给幼儿,耐心等待着幼儿的成长,也许这才是尊重的体现,也是"幼儿中心"的最好诠释。

2. 高要求的教师角色

在与教学一线打交道的过程中,研究者发现在教师群体中存在着这样的误区,即"幼儿中心"约等于"教师不作为"甚至约等于"幼儿学不到东西"。但是 LAMAP 用事实和丰富的案例,"证伪"了上述命题。幼儿中心的科学课程,需要教师做更为充分的教学准备——如 LAMAP 的教师在引入主题之前,就已经自己进行了实践操作，以预期幼儿的感受和反应，提供足够丰富的材料；意味着教师观察幼儿更为仔细——如 LAMAP 的教师要从幼儿的探究过程中提取经验，并将之向科学概念的方向推进；要求更高的教师专业素养——如 LAMAP 的教师要克服对繁杂科学知识无法驾驭的恐惧，自主地进行层层推进的活动设计，并确保这些活动的一致性、整体性，对幼儿能在其中获得的关键经验和科学概念做到心中有数……

在 LAMAP 中，"教师是发现之旅的领航员"①。教师是幼儿探索科学、发现科学、观察世界的陪伴者，陪伴孩子对这个世界进行探寻。教师的价值在于减少盲目的尝试，为幼儿创造有利于科学探究的环境并保证足够的自由空间，通过情境、材料及问题把孩子的探究引向一个明确的方向。

本章小结

本章重点介绍了国际学前阶段科学教育的新标准及具有典型性的课程模式。在国际学前阶段科学教育标准上，主要选择了美国、英国和澳大利亚三个国家，从标准背后的故事、标准框架和基本内容、幼儿园阶段的标准介绍、标准的特点与启示这四个方面重点介绍了美国的《新一代科学教育标准》、英国的《国家科学教育课程标准》和澳大利亚的《科学课程标准》。在国际学前阶段具有代表性的科学课程模式上，则选择了美国的 FOSS 课程模式和法国的 LAMAP 课程模式。课程模式介绍围绕这些课程模式是什么，它们为什么能取得成功（核心理念、关键步骤），我们能从这些课程模式中获得什么（启示与借鉴）展开，引导读者更好地了解课程模式的来龙去脉、比较各种课程模式，并由此引发对中国学前科学教育的反思。

自我评量

1. 各国的科学教育标准都有哪些共性和特性？如何看待和评价这些教育标准？
2. 试比较美国的 FOSS 课程模式和法国的 LAMAP 课程模式，并谈谈它们对我国学前阶段科学教育的启示。
3. 联系实际，思考我国学前科学教育标准和课程模式需要涵盖哪些内容。

---

① 陈沁芳．"动手做"——法国小学科学教育改革及其对我国的启示[J]．法制与社会，2008(4)：234．

结语:如何做一名有准备的教师

幼儿园科学探究活动的组织与实施依靠有准备的环境和有准备的教师。这种准备性不仅指在活动之前做好合理的安排,实际上还贯穿整个科学探究活动过程的始终。因此,环境和教师的准备需要随时根据具体的组织和实施情况作出及时、必要和灵活的调整与更新。

一、有准备的环境

有准备的环境是为了给幼儿科学探究提供相应的材料、场地、心理和人际交往上所需要的支持,主要分为物理环境和社会性交往环境的创设。

(一)物理环境

1. 空间的可流通性和灵活性

幼儿园科学探究活动极有可能被教师限制在某一固定的区域内进行,但是这会阻隔幼儿与其他区域的互动。通常情况下,幼儿在探究过程中想要融合其他区域的要素,适宜的做法是合理地划分教室区域的布局,使区角与区角之间的通道是畅通的,同时又不妨碍到区角内其他幼儿的活动。根据探究活动的性质和特点,空间布置能够进行灵活的调整,如在进行小范围的探究活动时,可以用可移动的间隔物将其与教室的其他空间隔开,而当进行集体的探究活动时,又可以自由恢复原有的空间。流通和灵活不仅可以维持区角的相对独立性,同时也可以促成区角之间的合作。

2. 设备的可折叠性和多功能性

对于有限的教室空间来说,许多设备可能无处可放,不过并不是每一个活动都会用到那些设备的。关键是如何合理选择教室内所放的设备,比较适宜的做法是选择可折叠或可拆卸的设备,这样一来,除了一些常设必需的设备外,其余设备都可以在不用的时候收起来,那么就不会挤占教室太多的空间。对于设备置办的另一项需要考虑的因素就是设备本身的多功能性,即我们往往可以利用简单的东西去替代很多不必要的设备,如美术区供幼儿画画的桌子可以用铺上桌布的木头箱子替代,在不画画的时候,木头箱子还可以被摆到娃娃家,去充当电视机、冰箱之类的家电。一物多用既实用又经济,不占地方还能充分发挥师生的想象力。

3. 材料的可获得性和适宜性

在科学探究活动前教师准备好必要的材料是十分重要的。但是,需要注意的是,材料最好放置在储物盒里并分别贴上标签,放在幼儿所熟悉的相关材料应放的位置上,且保证每个幼儿都能不用垫脚就能获得自己所需的探究材料。探究材料可以尽量准备得丰富些,但是要适度,太过眼花缭乱可能会使幼儿不知所措,这样就起不到投放材料的目的。此外,针对年龄较大的幼儿,不足的材料有可能引发合作探究行为。所以材料并不是越多越好,也不是越多样越好,关键是提供与科学探究活动主题相关、与幼儿年龄特征和兴趣需要相符的材料,并且能让幼儿方便地取放那些材料。

> **材料的分层投放——幼儿自由探究浮沉**[①]
>
> (1)第一层材料,教师为幼儿投放:一盆水、一个软木塞、一块小石头、一颗子弹壳和一只橡皮泥做的小球。
>
> 教师介绍:"这里有一些东西,看看哪些会沉?哪些会漂浮?"
>
> 幼儿通过操作会发现:重的东西下沉,轻的东西漂浮。
>
> (2)第二层材料,教师又加上一块比那个软木塞和木块都轻的橡皮泥,还可以加上一个乒乓球、一个和乒乓球同样大小的泥球、一团揉成拳头一样大小的铝箔、一块石头以及一块切成与石头同样大小且一样形状的海绵。
>
> 幼儿通过操作会发现:同样大小的东西重的会下沉,轻的浮着。
>
> (3)第三层材料,教师为幼儿选择既会沉又会浮的东西,比如海绵、泡沫塑料,开始是浮的,慢慢会沉下去。还需要选择要它沉它就沉,要它浮它就浮的东西,如开口的乒乓球,有盖子的透明小瓶子。
>
> 幼儿通过操作会发现:有些东西总是沉或浮,有些东西开始浮后来沉。

(二)社会性交往环境

1. 营造民主、平等、宽松的心理氛围

科学探究活动不仅需要物理支持,还需要心理支持。民主、平等、宽松的环境能使幼儿更加主动地进行建构式的科学探索,以及减少活动中可能会发生的摩擦和矛盾。如何营造这种心理氛围,不仅需要合理的空间布局和材料供给,还需要给幼儿提供充分的自主权和选择权。教师需要维护幼儿的自尊,以平等的姿态与幼儿交流,善于倾听并提供适时的指导,促进师幼关系、幼幼关系的和谐发展。这种和谐心理氛围的营造并非朝夕就可以形成,所以教师需要耐心创设一种促进社会性发展的班级环境,以便幼儿能更好地进行科学探究。

[①] 陈晓芳.幼儿科学活动设计与指导[M].北京:北京师范大学出版社,2013:196.

构建良好的心理氛围①

下午区域活动时,浩浩很快就发现益智区又新添了物品——两张图片。要求从两张图片中找到5处不同。只见她把两张图片从框里拿出,立刻找了起来。大约过了两分钟,她发现两张图片上的纽扣形状不同,便迅速用水彩笔把它们圈了出来。又过了约两分钟,浩浩在图片的草丛里又发现一处不同。她马上开始找第三处,可是这一次浩浩遇到了困难,不论怎么努力找,就是找不到。时间已经过去了五分钟,浩浩抬起头来正好看到了我,说:"老师,我找不到了。""确实有点难找,刚开始我也找不到,可是我一直找,后来终于找到了,我相信你也一定能找到的。找到了,你就成功了。"听了我的话后,浩浩迟疑地点了点头,大约又过了三分钟,她终于找到了第三处不同。这时响起了"玩具进行曲"的音乐,收玩具的时间到了。浩浩依依不舍地把图片放回了筐里,这时候,我鼓励她说:"不要紧的,虽然你还有两处没有找到,但是刚才那一处你已经找到了,说明你已经成功了。下次你还可以继续玩。"

浩浩高兴地点了点头。

点评:

在教育过程中,教师要保护幼儿探索的积极性,为幼儿创设良好的学习环境。在案例中,当浩浩遇到困难时,教师适时地介入,真诚地帮助,给了浩浩很大的信心,激起了孩子继续游戏的兴趣。在游戏后期,浩浩未能全部完成游戏任务,教师给予孩子肯定的同时也提出了要求,鼓励她下一次继续完成任务,为活动的推进做好了铺垫。

2. 接纳适度的"窃窃私语"和"喧哗"

当幼儿在探究活动中说话和躁动时,一般只有两种情况:其一是幼儿对活动本身没有兴趣,另外一种则是幼儿抑制不住自己的兴奋、渴望与他人交流自己的探究过程。针对这两种情况,教师需要区别对待。对于前者,教师有必要考虑更换活动或者增加活动的趣味性,有时活动缺乏挑战性也是幼儿感到无聊的原因,适当的提升难度也能有效缓解这种情况。对于后者,教师应该以一种包容的态度去看待,只要幼儿的说话声不会影响到别人或幼儿的躁动不会伤害到他们自己或者他人,那么教师就没有必要去干涉。但是当情况升级成困扰时,教师就有必要考虑是由什么原因引发的,并对症下药。

---

① 张亚军,方明惠.幼儿园活动设计与经典案例[M].上海:华东师范大学出版社,2013:45-46.

3. 提供合作学习和分享的机会

社会性环境的创设主要是为了幼儿能更好地进行探究并表现出更多的亲社会性行为,如合作与分享。鼓励幼儿探究的方式可以有很多种,有显性的教师鼓励,也有在材料和活动上动脑筋,比如提供较少的材料和不能独自完成的活动任务,还可以通过拓展探究活动以融合其他领域来促进幼儿的分工合作。分享行为并不是简单说教就可以让幼儿体会到的,而是需要让幼儿产生分享的需求和倾向,有时可以借助教师的陈设来实现这一点,如在教室中央放置各区域间共通的材料,这样可以促进幼儿更多地产生分享行为,但是如果把地点换到隐蔽处就不会产生同样的效果了。反过来,合作和分享又能有效促进科学探究的拓展与延伸。

 案例导引

在活动中与幼儿的交流①

有一位幼儿由于家庭的原因入园后基本不说话,日常的生活只是靠眼神、动作或教师的猜测进行。在科学活动中,每一次的活动我都找机会与他交流。一次,在"电动玩具"活动中,当他发现其他幼儿的电动玩具都动起来,小朋友都玩得很高兴时,他也急切地想让自己的电动玩具动起来。当他用期待的眼神看我时,我没有马上帮忙。最后他实在忍不住了,在幼儿园主动说了第一句话:"我的飞机怎么不动呢?"在活动的过程中,我会鼓励幼儿去交流。一次,在安装电池的活动中,毛毛和萱萱分别安装着自己的电动玩具。萱萱的电动玩具动了起来,毛毛也将电池装了进去,但电动玩具一动不动。毛毛忙问萱萱:"我的玩具怎么不动呢?"萱萱赶紧将电池倒过来,玩具动了起来,两个人高兴地一起玩了起来。一段时间过后,幼儿遇到问题,不会是简单地向老师求救了。他们会自己思考,会开动脑筋想,会向同伴求助并与同伴商量。

4. 建立规则帮助幼儿进行自我管理

在探究前建立清晰明确的探究规则,能使幼儿更加明确探究过程中该做什么和不该做什么。探究规则的建立需要教师和幼儿一同参与,这样才能体现对幼儿的尊重,同时也能使幼儿更主动地去遵守规则。规则的建立是为了幼儿能更好地自我管理。促进幼儿在探究过程中规则意识的建立可以借助张贴在班级公告栏里的探究规则条例,还可以在相应的操作区角张贴由幼儿规范操作构成的系列图片,此外,必要的探究流程表、探究材料标签、探究区角提示图标也能很好地起到提示作用。当然,教师的言传身教和对幼儿的行为强化能更好地促进幼儿自我管理意识的内化并

---

① 陈晓芳.幼儿科学活动设计与指导[M].北京:北京师范大学出版社,2013:39.

逐渐提升自我管理能力。

二、有准备的教师

（一）专业理念与师德

1. 将保护幼儿生命安全放在首位

有准备的教师最重要的专业理念就是保护幼儿的生命安全。一般来说，常规的科学探究活动不会涉及危险的材料和程序，但是为了避免幼儿在探究过程中受到伤害，教师有必要做好防护措施。教师时刻都应该具有一种安全意识，并把保护幼儿安全印刻在脑中。为了让幼儿也意识到安全的重要性，教师有必要向幼儿介绍和讲解相应的安全规定和防护措施，还可以让幼儿参与实际的安全演习、讨论潜在的安全危险和相应的预防及处理措施。

2. 维护儿童尊严和尊重个体差异

幼儿在探究活动中可能会因为行为不当而打乱活动，教师应该让幼儿意识到自己的问题，并且不伤及他的自尊。相应地，教师可以对幼儿说明其行为所产生的不良影响，让他停止那种行为，或者参照他之前的表现，做个比较，让他意识到问题出在哪儿，这和他之前做的有什么不同，这样，他就会调整自己的行为。值得注意的是，教师处理这些时最好在私底下和幼儿交谈而不是当着全班的面指责他，这样可以有效维护幼儿的自尊，那么，相对地，他也更容易接受教师对其行为纠正的处理方式。当然，每个孩子都有自己的特点，很可能发生的是一种处理方式不可能应对所有孩子，因此，教师才需要让幼儿以自己为参照体系进行对照，不与其他幼儿比较或是不完全按照外在标准来对待幼儿将是比较明智的做法。

3. 表达自己对科学的热爱并相信幼儿能完成探究

科学探究活动能否成功有相当一部分受教师的影响。教师的行为和情感往往能牵动幼儿的心，所以教师的科学情感和对幼儿行为的预期将会影响科学探究活动的质量。作为组织和实施科学教育的教师，首先自己就得对科学怀有热情，这才有可能让幼儿对教师组织的科学活动感兴趣。同时，教师应该坚信幼儿有能力独立完成科学探究活动，这种预期不仅是对幼儿能力的肯定，还能使幼儿对探究活动更加自信。教师的热爱与肯定是通过言行和表情表现出来的，所以教师在幼儿面前一定要保持积极向上的形象，而这种持久的形象是依靠教师的信念而实现的。

4. 重视"家—园—社"合作，综合利用各种资源

科学教育并不是教师一人的责任，教师需要具备资源整合的意识，集众人之力共育。对于幼儿来说，除了幼儿园之外，接触最多的就是自己的家和自己家所处的社区了。那么基于熟悉和便捷原则，教师需要成为"家—园—社"合作的牵头人。教师可以借助家长之力准备活动材料，邀请家长参与，甚至和家长一起探讨活动的设计与实施；对于社区，教师可以带幼儿去参观社区附设的医院、超市等地方，还可以请社区里的住户——医生、工程师、科学家等专业人士帮忙提供一些与他们专业相

关的探究活动。如果想要充分运用这些资源,那么教师需要事先了解有哪些资源以及做好沟通工作。

(二) 专业知识

1. 实现幼儿身心发展规律与班级实际的有机结合

作为一名幼儿教师,需要掌握不同年龄幼儿发展特点和规律的知识,同时能灵活地与自己所在班级幼儿的情况相结合。班级情况的了解依赖于幼儿教师平时对幼儿的观察、与幼儿的交谈、和家长的沟通,有时还包括从前任带班老师那里了解情况。如何使共性的知识适应具体的班级情况,教师需要用已有的知识储备去判断现实的情况。因为现实情况比较具体、多变,教师只通过一次甄别与整合不可能得到很好的成效。适宜的做法是,对班级幼儿情况保持持续的关注,并不断尝试与掌握的规律性知识建立联系。

2. 了解幼儿探究活动中容易出现的问题与适宜的对策

无论探究的主动权掌握在谁手中,教师都应该对全局有着较为清晰的把握,这依赖于教师的已有经验(直接经验或者间接经验)。教师的经验能帮助教师预先估计可能会在探究活动中出现的问题。针对常见的问题,教师需要做好预防性措施,同时在问题实际发生时,最好能拿出几套应对的方案进行处理。此外,对这些问题的认识和解决还有赖于教师平时对探究活动的及时反思,为了避免遗忘,教师最好用笔、纸记录下来,虽然相较打字比较传统,但是能加深记忆并预防存储设备故障带来的问题。

3. 掌握安全防护与救助的基本方法

为了保障在科学探究活动中幼儿和教师的人身安全,教师必须掌握相关的安全防护与救助的基本方法,以备不时之需。除此之外,对这些基本安全守则的掌握,还可以有效指导科学探究活动的安全开展,如事先跟幼儿讲清楚科学探究活动所须注意的安全事项,做好预防性措施,科学探究过程中能够识别潜在的安全危机并及时处理,探究活动后能妥善安置可能引发安全问题的材料和器材。

4. 掌握观察、谈话、记录等了解幼儿的基本方法

想要及时了解班级动向和探究情况,教师必须成为主动探究者。教师让幼儿自主探究并不就是万事大吉了,在这个过程中,教师也是一个参与者。相应地,教师应掌握观察、谈话、记录等了解幼儿的基本方法。这些方法不光是用于平时了解幼儿的兴趣点、需要、发展情况和出现的问题,还可以用于探究过程中系统观察幼儿的操作、提出启发式的问题以便引导探究活动的深入,并随时记录有价值的事件(以及作为发展评价的参考)。

5. 具有一定的自然科学和现代信息技术知识

开展科学探究活动,教师自己得懂科学。所谓的懂科学,就是具有一定的自然科学和现代信息技术知识。基本的自然科学知识能辅助教师做好有关幼儿经验准备的工作,帮助教师分析探究过程中的问题(有时探究停滞很可能是对事物或现象

的相关属性不熟悉所造成的),并引导教师建构一整套科学教育的知识框架。此外,必要的信息技术知识不仅可以作为课堂教学的内容,还可以用于实际的探究操作。

美国《国家科学教育标准》建议从事科学教育的教师要有扎实的、广泛的科学知识基础。

1. 理解科学探究的本质及其在科学中的核心作用,理解如何运用科学探究的能力与过程。

2. 理解主要的科学学科里的基本事实与概念。

3. 能在科学学科之内及学科(如数学、技术和其他学校科目)之间建立概念性的联系。

4. 在处理个人与社会事务时,能运用科学探究的方式并具备科学探究的能力。

(三) 专业能力

1. 活动前事先建立起探究活动规则

建立规则是保证科学探究活动有序进行的一种方法。规则意识需要教师常常提醒幼儿,不然他们很有可能遗忘,但是这不能用来作为评价幼儿的直接依据。探究活动规则最好能在活动前就予以制定,制定的过程需要全体幼儿参加,他们有权利了解并参与规则的制定。教师需要做的是列出必要的条款和幼儿一同讨论,有些规则是必须遵守的,这时,教师需要向幼儿介绍条款内容并说明理由。规则的建立一方面能使师幼有实施探究的参照标准,另一方面也有助于幼儿规则意识的形成,还能降低发生冲突和安全问题的可能性。

2. 观察幼儿,并以此作为活动开展和调整的依据

教师既是科学探究活动的参与者,更应是科学探究活动中敏锐的观察者。对于一个善于观察和分析的教师来说,科学探究活动的主题很可能是通过捕捉幼儿的兴趣点而确定的。在实际的探究过程中,教师更需要关注区域内的每名幼儿:他们在干什么?他们是否进行的顺利?过程中遇到了什么问题?需不需要介入?如何介入?观察获得的信息是教师采取下一步行动的依据。当幼儿对活动兴趣索然的时候,教师得考虑提供的材料是否太过于单一,还是活动难度较低而缺乏挑战性;当幼

---

① 〔美〕大卫·杰纳·马丁. 建构儿童的科学——探究过程导向的科学教育[M]. 杨彩霞,于开莲,洪秀敏,等译. 北京:北京师范大学出版社,2006:7.

儿之间出现冲突的时候,教师得考虑空间布局是不是不合理,还是材料的数量不足引发了争抢……这些都依赖于教师对整个活动的观察。

 **案例导引**

> **将幼儿的反应作为活动开展和调整的依据**[①]
>
> 在认识电的活动中,教师设计了这样的程序,首先让幼儿操作电动玩具,接着修理坏的电动玩具,启发幼儿发现电池有电、电流有方向性的道理。过后就可以让幼儿展开想象"我发明的电器是什么样子的"及使用电的安全常识……然而,孩子们在修理坏玩具的时候却向老师质疑:"是不是只要装对了电池,玩具就能动起来?"面对全班幼儿顿时睁大了的眼睛,教师愣了一下,原先设计好的教学思路已完全被打断,机灵的老师顿时灵光一闪,带着怀疑的眼神说道:"是呀,究竟会不会这样呢?小朋友,你们能告诉老师吗?"问题又弹了回来。幼儿的兴致顿时高涨起来,他们热烈地讨论,并把答案分别记录在黑板上,究竟谁的正确?带着疑问,孩子们拆开玩具又开始认真研究起来……
>
> **点评:**
>
> 这个活动,教师为了帮助幼儿自己发现问题,自己寻找解决问题的途径,自己研究解决问题的过程。在不知不觉中把幼儿一个小小的兴趣"焦点"拓展成为一个引导幼儿进行科学探究的过程,从而使幼儿的兴趣变成了使他们能够终身受益的"能量"源泉。

3. 与有经验和感兴趣的同事建立合作关系

众人拾柴火焰高。仅凭一己之力,教师很难持续地开展高质量的科学探究活动,很有可能面临资源不足、才思耗尽、心力交瘁的困境。适宜的做法是寻找有过组织科学探究活动经验并对合作感兴趣的教师建立小型的团队,这样,双方可以交换和共享资源。集合几人之力共同设计活动和准备材料,活动可以在不同班级重复开展,既节省人力、财力和物力,又能不断地打磨和研讨活动本身,这有利于形成科学探究活动的教师资源库,激发更多思想和实践的碰撞。

4. 引导幼儿合作探究和自我管理

科学探究活动不是为了探究而探究,而是注重科学素质的生成。在这一过程中,幼儿的社会性发展同样重要,也能加快科学素质的形成。幼儿独立探究是可取的,但如果能促使幼儿之间合作探究,则更有可能提高探究的效率和深度。一方面,合作并不影响幼儿的自主探究,他们都可以参与探究的全过程,教师没必要让所有

[①] 陈晓芳.幼儿科学活动设计与指导[M].北京:北京师范大学出版社,2013:252.

孩子在团队里有固定的职责,他们可以自由选择和决定;另一方面,他们还能共享材料和想法,这很可能解决一人探究时所解决不了的问题,同时还能引发更深入的探究。不过,人多可能会引发摩擦,这时,教师不是立刻上前干预,而是观察幼儿能否自己处理矛盾。幼儿需要学会自我管理,而尝试化解冲突就是个不错的锻炼机会。当然,如果冲突升级为攻击时,教师就必须得介入,在不牵涉当事人的情况下客观地描述行为,并引导幼儿参照自己的行为和情绪对问题作出合理的判断。只有幼儿自己意识到问题出在哪里以及问题带来的影响,他们才会真正自我反省,而内省也有助于自我管理的形成。

5. 不断提升自我科学素质

终身教育理念的提出无疑对教师的专业化成长提出了更高的要求。不过,即使没有这一理念,科技巨变所带来的知识爆炸也不允许教师能够置身事外。教师必须不断地自我提升以保持科学素质的"新鲜",这样做的目的是为了能紧跟科学教育的前沿,时刻把握住学前儿童科学教育的动向。只有教师不断加强科学素质的拓展,才能有源源不断的"背景资源"支持教师组织和实施活动,才能保持教师对幼儿需要的敏感性,才能帮助教师有效地解决探究中遇到的问题,才能使教师胜任科学教育工作。

参 考 文 献

著作

[1] 教育部基础教育司组织编写.《幼儿园教育指导纲要(试行)》解读[M].南京:江苏教育出版社,2002.

[2] 李季湄,冯晓霞.《3—6岁儿童学习与发展指南》解读[M].北京:人民教育出版社,2013.

[3] 刘占兰.学前儿童科学教育[M].北京:北京师范大学出版社,2008.

[4] 施燕.学前儿童科学教育[M].上海:华东师范大学出版社,2006.

[5] 王冬兰.学前儿童科学教育[M].上海:华东师范大学出版社,2010.

[6] 贾洪亮.学前儿童科学教育[M].上海:复旦大学出版社,2012.

[7] 夏力.学前儿童科学教育活动指导[M].第二版.上海:复旦大学出版社,2009.

[8] 张俊.幼儿园科学教育[M].北京:人民教育出版社,2004.

[9] 王春燕,赵一仑.学前儿童科学教育[M].北京:高等教育出版社,2012.

[10] 周京峰.学前儿童科学教育新体系[M].济南:山东人民出版社,2012.

[11] 唐燕.幼儿园教育活动设计与实施[M].上海:华东师范大学出版社,2013.

[12] 陈晓芳.幼儿科学活动设计与指导[M].北京:北京师范大学出版社,2013.

[13] 陆兰,杭梅.幼儿科学教育与活动指导[M].北京:北京师范大学出版社,2011.

[14] 李槐青,彭琦凡.幼儿科学教育·科学[M].北京:北京师范大学出版社,2013.

[15] 陈虹.幼儿科学教育与活动指导[M].北京:高等教育出版社,2013.

[16] 祁海芹.幼儿科学教育教学方法[M].北京:高等教育出版社,2012.

[17] 韦钰,〔加〕P. Rowell.探究式科学教育教学指导[M].北京:教育科学出版社,2005.

[18] 沈颖洁.与孩子共成长:《幼儿园教育指导纲要》的实践性解读[M].杭州:浙江大学出版社,2013.

[19] 唐元毅,钟永强,朱莉玲,等.幼儿园的社会与科学教育活动[M].成都:四川大学出版社,2011.

[20] 教育部教育管理信息中心组.全国优秀幼儿科学教育活动课例评析[M].重庆:西南师范大学出版社,2011.

[21] 胡箭.幼儿园教育活动案例点评[M].武汉:武汉理工大学出版社,2012.

[22] 董旭花.幼儿园优秀科学活动设计88例[M].北京:中国轻工业出版社,2013.

[23] 成尚荣.引领孩子们亲历科学:小学科学教学案例解读[M].南京:江苏教育出版社,2001.

[24] 朱家雄.幼儿园教育活动设计与实施[M].北京:高等教育出版社,2009.

[25] 胡惠闵,郭良菁.幼儿园教育评价[M].上海:华东师范大学出版社,2009.

[26] 刘丽湘.幼儿园课程评价[M].太原:山西人民出版社,2006.

[27] 刘占兰.有趣的幼儿科学小实验[M].北京:教育科学出版社,2011.

[28] 马娥,闫悦.幼儿园教育活动设计与实践[M].西安:陕西师范大学出版社,2012.

[29] 张澜.园本课程的实践研究——北京师范大学实验幼儿园发展课程初探[M].北京:北京师范大

学出版社,2006.

[30] 张亚军,方明惠.幼儿园活动设计与经典案例[M].上海:华东师范大学出版社,2013.

[31] 郑金洲.基于新课程的课堂教学改革[M].福州:福建教育出版社,2003.

[32] 美国科学促进协会.面前全体美国人的科学[M].中国科学技术协会,译.北京:科学普及出版社,2001.

[33] 美国科学促进协会.科学教育改革的蓝本[M].中国科学技术协会,译.北京:科学普及出版社,2002.

[34] 美国科学促进协会.科学素养的基准[M].中国科学技术协会,译.北京:科学普及出版社,2002.

[35] 〔美〕国家研究理事会.美国国家科学教育标准[M].戢守志,等译.北京:科学技术文献出版社,1999.

[36] 〔美〕国家研究理事会科学、数学及技术教育中心,等.科学探究与国家科学教育标准——教与学的指南[M].罗星凯,等译.北京:科学普及出版社,2004.

[37] 〔美〕国家科学基金会教育与人力资源部中小学及校外教育处.探究——小学科学教学的思想、观点与策略[M].罗星凯,等译.北京:人民教育出版社,2003.

[38] 〔美〕吉恩·D.哈兰,玛丽·S.瑞维金.儿童早期的科学活动——一种认知与情感相整合的学习模式[M].许倩倩,译.南京:江苏教育出版社,2012.

[39] 〔美〕米歇尔·本特利,〔美〕克里斯汀·艾伯特,〔美〕爱德华·艾伯特.科学的探索者——小学与中学科学教育新取向[M].洪秀敏,夏婧,邓亚男,等译.北京:北京师范大学出版社,2008.

[40] 〔美〕罗伯特·E.洛克威尔,等.科学发现:幼儿的探究活动之一[M].曾盼盼,译.北京:北京师范大学出版社,2005.

[41] 〔美〕萨玛·沃泽曼,乔治·伊芙尼.新小学科学教育[M].宋戈,袁慧,译.北京:北京师范大学出版社,2006.

[42] 〔美〕戈波尼克,〔美〕梅尔佐夫,〔美〕库尔.摇篮里的科学家:心智、大脑和儿童学习[M].袁爱玲,廖莉,任智茹,等译.上海:华东师范大学出版社,2004.

[43] 〔美〕克里斯汀·夏洛,等.儿童像科学家一样——儿童科学教育的建构主义方法[M].高潇怡,等译.北京:北京师范大学出版社,2006.

[44] 〔美〕大卫·杰纳·马丁.建构儿童的科学——探究过程导向的科学教育[M].杨彩霞,于开莲,洪秀敏,等译.北京:北京师范大学出版社,2006.

[45] 〔美〕贾妮斯·J.贝蒂.学前教师技能[M].第八版.嵇珺,译.南京:江苏教育出版社,2011.

[46] 〔英〕简·约翰斯顿.儿童早期的科学探究[M].朱方,朱进宁,译.上海:上海科技教育出版社,2008.

[47] 〔美〕卡米洛夫·史密斯.超越模块性——认知科学的发展观[M].缪小春,译.上海:华东师范大学出版社,2001.

期刊

[1] 张德银."探究性学习"的实践与探讨[J].教学与管理,2001(21).

[2] 李亦菲,杨宝山.如何认识探究学习与研究性学习的关系[J].学科教育,2002(12).

[3] 柏灵.美国FOSS(K-6)教材的简介[J].比较教育研究,2002(9).

[4] 李高峰.科学教育中的"前科学概念"[J].教育学术月刊,2010(9).

[5] 蔡其勇.中英小学科学课程标准中的科学探究比较[J].重庆教育学院学报,2009(5).

[6] 陈飞,黄炜.大班系列探究活动——金属[J].学前课程研究,2007(3).

[7] 陈琴,庞丽娟.科学探究:本质、特征与过程的思考[J].教育科学,2005(1).

[8] 陈彦芬.英国国家科学课程标准中的科学探究[J].上海教育科研,2005(6).

[9] 陈彦芬.科学本质教育及其教学研究与实践——以英国国家科学课程标准为例[J].衡水学院学报,2007(12).

[10] 楚江亭.科学内涵的解读与科学教育创新[J].教育研究,2010(3).

[11] 郭玉英.美国新一代科学教育标准述评[J].课程·教材·教法,2013(8).

[12] 胡献忠.新版英国《国家科学教育课程标准》及其启示[J].全球教育展望,2001(3).

[13] 李高峰,刘恩山.前科学概念的研究进展[J].内蒙古师范大学学报:哲学社会科学版,2007(4).

[14] 李槐青.对幼儿科学教育资源的再思考[J].内蒙古师范大学学报:教育科学版,2010(8).

[15] 李宇泓.科学学习中的错误概念及其对学习的影响[J].新课程(教师),2008(10).

[16] 刘兴然.美国新一代科学教育标准的编制框架与特点[J].外国教育研究,2014(5).

[17] 刘占兰.法国"动手做"科学教学实验计划[J].幼儿教育,2003(7).

[18] 倪俊超.美国加州学前科学课程标准的特点及启示[J].中国校外教育,2014(12).

[19] 彭炳忠.论科学精神[J].自然辩证法研究,1998(10).

[20] 彭琦凡.3—6岁幼儿科学探究的年龄特点及其引导[J].学前教育研究,2010(12).

[21] 阮晓菁.简析澳大利亚中小学科学教育[J].福建教育学院学报,2002(10).

[22] 田宇,亢云洁.幼儿园集体科学教学活动设计中存在的问题与对策[J].教育与教学研究,2013(1).

[23] 万东升,张红霞.美国国家科学教育新标准制订过程的政策透视[J].外国教育研究,2011(9).

[24] 王春燕.以幼儿探究学习为核心的科学教育活动基本理念[J].幼儿教育:教育科学版,2008(5).

[25] 王凌诗.FOSS项目评价系统的特点及其教育价值[J].北京教育学院学报,2011(12).

[26] 王晓辉."动手做"——法国科学教育的新举措[J].全球教育展望,2003(4).

[27] 魏冰.关于西方四国的国家科学教育标准的比较研究[J].上海师范大学学报:哲学社会科学版,2001(10).

[28] 吴荔红.《3—6岁儿童学习与发展指南》科学教育部分的理解与思考[J].福建教育,2013(11).

[29] 徐玉红,高芳,周华松.澳大利亚科学课程标准分析与启示[J].比较教育研究,2011(4).

[30] 鄢超云.儿童朴素理论及其学前教育意义[J].上海教育科研,2003(4).

[31] 杨向东.教育中的"科学探究":理论问题与实践策略[J].全球教育展望,2011(5).

[32] 杨欣.美国初级科学课程 FOSS 项目评介[J].外国教育研究,2003(8).

[33] 姚敏莉.充分运用偶发事件,引发幼儿探究活动——变偶发事件为教育资源的实践与思考[J].学前课程研究,2009(3).

[34] 张红霞.建构主义对科学教育理论的贡献与局限[J].教育研究,2003(7).

[35] 张维倩.儿童科学学习的心理年龄特征研究综述[J].学前教育研究,2007(1).

[36] 郑洁,陈水平.国际科学教育发展趋势及其对我国幼儿园科学课程的启示[J].教育视野,2008(35).

[37] 郑永爱.幼儿科学概念的获得及其对科学教育的启示[J].学前教育研究,2004(9).

[38] 周欣.表现性评价及其在学前教育中的应用[J].学前教育研究,2009(12).

[39] Bell,R.L.,Blair,L.M.,Crawford,B.A.,et al.Just do it? Impact of a science apprenticeship program

on high school students' understandings of the nature of science and scientific inquiry[J]. Journal of Research in Science Teaching,2003,40 (5).

[40] Buckleitner,W. Liven up your math program——With a touch of teach![J]. Scholastic Early Childhood Today, 2003,17(4).

[41] Byers,A. & Mary,A. F. Networking for leadership,inquiry,and systemic thinking: a new approach to inquiry-based learning[J]. Journal of Science and Technology,2002,11(1).

[42] Metz,K. E. Children's understanding of scientific inquiry: Their conceptualization of uncertainty in investigations of their own design[J]. Cognition and Instruction,2004,22 (2).

[43] Patrick,H. & Yoon,C. Early adolescents' motivation during science investigation[J]. Journal of Educational Research,2004,97 (6).

[44] Renee,S. & Schwart,Z. "It is the nature of the beast": the influence of knowledge and intentions on learning and teaching nature of science[J]. Journal of Research in Science Teaching,2002(39).

[45] Robin,L. H. & Lynette S. Families engagement with young children's science and technology learning at home[J]. Science Education,2001,85 (2).

[46] Ronald,D. A. Reforming science teaching: what research says about inquiry[J]. Journal of Science Teacher Education,2002,13 (1).

[47] Sandoval,W. A. & Reiser,B. J. Explanation-driven inquiry: Integrating conceptual and epistemic scaffolds for scientific inquiry[J]. Science Education,2004,88 (3).

[48] Schwartz,R. S.,Lederman,N. G. & Crawford,B. A. Developing views of nature of science in an authentic context: An explicit approach to bridging the gap between nature of science and scientific inquiry[J]. Science Education,2004,88 (4).

[49] Windschitl,M. Inquiry projects in science teacher education: What can investigative experiences reveal about teacher thinking and eventual classroom practice?[J]. Science Education,2003,87 (1).

电子资源网站

[1] 澳大利亚国家课程网.科学课程标准评估案例说明[EB/OL]. http://www. acara. edu. au/curriculum/worksamples/Foundation_Year_Science_Portfolio_Satisfactory. pdf.

[2] 澳大利亚教育部 http://www. education. gov. au.

[3] 汉博·中国科学教育网 http://www. handsbrain. com.

[4] 法国 LAMAP. http://www. fondation-lamap. org.

[5] 法国 LAMAP 与 UNISCO 合作的英文网站 http://www. istic-ibse. org/? q = en.

[6] FOSS. Investigations Guide: Trees and Weather[EB/OL]. http://www. fossweb. com/delegate/ssi-wdf-ucm-webContent/Contribution%20Folders/FOSS/ebooks/Trees_Weather_TE_FB/files/mobile/index. html.

[7] FOSS. Science Notebooks in Grades K-2[EB/OL]. http://www. fossweb. com/delegate/ssi-wdf-ucm-webContent/groups/public/@ guestmktgfoss/documents/document/d567879. pdf? MappedFolderRedirect.

[8] FOSS. Taking FOSS Outdoor[EB/OL]. http://www. fossweb. com/delegate/ssi-wdf-ucm-webContent/groups/public/@ guestmktgfoss/documents/document/d567152. pdf? MappedFolderRedirect.

[9] LAMAP. What do ants eat[EB/OL]. http://www. istic-ibse. org/? q = en/node/11014.

[10] 美国 FOSS http://www. fossweb. com.

[11] 美国国家研究会. http://www.nationalacademies.org/nrc.
[12] 美国科学促进会. 科学素养的基准[EB/OL]. http://2061.cast.org.cn/n11115958/n11117730/n11153294/11156911.html.
[13] 美国科学促进会. 面向全体美国人的科学[EB/OL]. http://2061.cast.org.cn/n11115958/n11117730/n11153356/11156960.html.
[14] 英国教育部. http://www.education.gov.uk.
[15] 英国资格与课程委员会. http://www.qca.org.uk.
[16] 英国资格与课程委员会. Science: The National Curriculum for England [EB/OL]. http://www.qca.org.uk/nc/.

学位论文

[1] 徐学福. 模拟视野下的探究教学研究[D]. 重庆: 西南师范大学博士学位论文, 2003.
[2] 刘云艳. 幼儿好奇心发展与教育促进研究[D]. 重庆: 西南师范大学博士学位论文, 2004.
[3] 洪秀敏. 幼儿科学探究特点、类型与影响因素研究[D]. 北京: 北京师范大学博士学位论文, 2005.
[4] 戴霞兰. 中澳小学科学课程标准比较研究[D]. 扬州: 扬州大学硕士学位论文, 2013.
[5] 高志良. 19世纪中后期英国科技教育发展研究[D]. 保定: 河北大学博士学位论文, 2010.
[6] 李淑淑. 国内外小学科学课程标准目标和内容的比较研究[D]. 重庆: 西南大学硕士学位论文, 2013.
[7] 刘佳. Hands-on(动手做)在小学数学学习中的运用[D]. 上海: 上海师范大学硕士学位论文, 2012.
[8] 周升群. 科学教育中幼儿的探索性行为研究[D]. 重庆: 西南师范大学硕士学位论文, 2003.
[9] 阮晓菁. 英国和澳大利亚中小学科学教育比较研究[D]. 福州: 福建师范大学硕士学位论文, 2002.
[10] 孙冬颖. "做中学"活动中幼儿的学习过程及其特点研究[D]. 长春: 东北师范大学硕士学位论文, 2007.
[11] 钟晓舒. "做中学"与中国当代幼儿科学教育变革[D]. 上海: 华东师范大学硕士学位论文, 2012.

北京大学出版社

教育出版中心 精品图书

大学之道丛书

哈佛：谁说了算	[美] 理查德·布瑞德利 著	48元
麻省理工学院如何追求卓越	[美] 查尔斯·维斯特 著	35元
理性捍卫大学	眭依凡 著	49元
大学与市场的悖论	[美] 罗杰·盖格 著	48元
现代大学及其图新	[美] 谢尔顿·罗斯布莱特 著	60元
美国文理学院的兴衰——凯尼恩学院纪实	[美] P. F. 克鲁格 著	42元
教育的终结：大学何以放弃了对人生意义的追求	[美] 安东尼·T. 克龙曼 著	35元
大学的逻辑（第三版）	张维迎 著	38元
我的科大十年（续集）	孔宪铎 著	35元
高等教育理念	[英] 罗纳德·巴尼特 著	45元
美国现代大学的崛起	[美] 劳伦斯·维赛 著	66元
美国大学时代的学术自由	[美] 沃特·梅兹格 著	39元
美国高等教育通史	[美] 亚瑟·科恩 著	59元
哈佛通识教育红皮书	哈佛委员会撰	38元
高等教育何以为"高"——牛津导师制教学反思	[英] 大卫·帕尔菲曼 著	39元
印度理工学院的精英们	[印] 桑迪潘·德布 著	39元
知识社会中的大学	[英] 杰勒德·德兰迪 著	32元
高等教育的未来：浮言、现实与市场风险	[美] 弗兰克·纽曼等 著	39元
后现代大学来临？	[英] 安东尼·史密斯等 主编	32元
美国大学之魂	[美] 乔治·M.马斯登 著	58元
大学理念重审：与纽曼对话	[美] 雅罗斯拉夫·帕利坎 著	35元
学术部落及其领地——知识探索与学科文化	[英] 托尼·比彻 保罗·特罗勒尔 著	33元
德国古典大学观及其对中国大学的影响	陈洪捷 著	22元
大学校长遴选：理念与实务	黄俊杰 主编	28元
转变中的大学：传统、议题与前景	郭为藩 著	23元
学术资本主义：政治、政策和创业型大学	[美] 希拉·斯劳特 拉里·莱斯利 著	36元
什么是世界一流大学	丁学良 著	23元
21世纪的大学	[美] 詹姆斯·杜德斯达 著	38元
公司文化中的大学	[美] 埃里克·古尔德 著	23元
美国公立大学的未来	[美] 詹姆斯·杜德斯达 弗瑞斯·沃马克 著	30元
高等教育公司：营利性大学的崛起	[美] 理查德·鲁克 著	24元
东西象牙塔	孔宪铎 著	32元

北大开放教育文丛

教育：让人成为人——西方大思想家谈人文和科学教育	杨自伍 编译	30元
教育究竟是什么?100位思想家论教育	[英] 乔伊·帕尔默	45元
人文主义教育经典文选	C.W.凯林道夫	40元
雄辩家与哲学家：博雅教育观念史	布鲁斯·金博尔	45元

国外教育科学基本文献讲读丛书

国外教学论基本文献讲读	陈晓端 主编	49元
国外学前教育学基本文献讲读	姜勇 主编	45元
国外高等教育学基本文献讲读	陈洪捷 等主编	42元
国外教育政策研究基本文献讲读	刘复兴 主编	42元
国外特殊教育学基本文献讲读	邓猛 主编	49元

西方心理学名著译丛

拓扑心理学原理	[德] 库尔德·勒温	32元
系统心理学：绪论	[美] 爱德华·铁钦纳	30元
社会心理学导论	[美] 威廉·麦独孤	36元
思维与语言	[俄] 列夫·维果茨基	30元
人类的学习	[美] 爱德华·桑代克	30元
基础与应用心理学	[德] 雨果·闵斯特伯格	36元
格式塔心理学原理	[美] 库尔特·考夫卡	75元
动物和人的目的性行为	[美] 爱德华·托尔曼	44元
西方心理学史大纲	唐钺	42元

21世纪教学活动设计案例精选丛书 （禹明 主编）

初中语文教学活动设计案例精选	23元
初中数学教学活动设计案例精选	24元
初中科学教学活动设计案例精选	22元
初中历史与社会教学活动设计案例精选	26元
初中英语教学活动设计案例精选	19元
初中思想品德教学活动设计案例精选	20元
中小学音乐教学活动设计案例精选	22元
中小学体育（体育与健康）教学活动设计案例精选	20元
中小学美术教学活动设计案例精选	29元
中小学综合实践活动教学活动设计案例精选	22元
小学语文教学活动设计案例精选	25元
小学数学教学活动设计案例精选	33元
小学科学教学活动设计案例精选	23元
小学英语教学活动设计案例精选	18元
小学品德与生活（社会）教学活动设计案例精选	24元
幼儿教育教学活动设计案例精选	36元